中國學術思想 研究輯刊

三 編

林 慶 彰 主編

第 5 冊

林雲銘《莊子因》「以文解莊」研究（上）

錢 奕 華 著

花木蘭文化出版社

國家圖書館出版品預行編目資料

林雲銘《莊子因》「以文解莊」研究（上）／錢奕華 著—初
版 — 台北縣永和市：花木蘭文化出版社，2009〔民98〕

目 6+198 面；19×26 公分
（中國學術思想研究輯刊 三編：第 5 冊）
ISBN：978-986-6528-75-0（精裝）

1.（清）林雲銘 2. 莊子 3. 學術思想 4. 研究考訂

121.337 98001660

ISBN - 978-986-6528-75-0

9 789866 528750

中國學術思想研究輯刊
三 編 第 五 冊 ISBN：978-986-6528-75-0

林雲銘《莊子因》「以文解莊」研究（上）

作　　者 錢奕華
主　　編 林慶彰
總 編 輯 杜潔祥
出　　版 花木蘭文化出版社
發 行 所 花木蘭文化出版社
發 行 人 高小娟
聯 絡 地 址 台北縣永和市中正路五九五號七樓之三
　　　　　 電話：02-2923-1455／傳眞：02-2923-1452
網　　址 http://www.huamulan.tw 信箱 sut81518@ms59.hinet.net
印　　刷 普羅文化出版廣告事業
封面設計 劉開工作室
初　　版 2009 年 3 月
定　　價 三編 28 冊（精裝）新台幣 46,000 元

林雲銘《莊子因》「以文解莊」研究（上）

錢奕華　著

作者簡介

目前於國立空中大學人文學系、台灣師範大學華語文學科兼任助理教授，曾擔任泰國甘丙碧皇家大學中文教育專業負責人。畢業於台灣師大國文系學士、高雄師範大學碩士、博士，碩士論文：《宣穎南華經解之研究》台北：萬卷樓出版，2000 年 5 月。《林雲銘《莊子因》「以文解莊」研究》為博士論文。學術研究以莊學詮釋為主軸，教學以通識博雅教學、華語教學為重。

提　　要

　　本論文從莊學史中「以文解莊」之詮釋過程與意義為主，以文學角度論述《莊子》，運用文章章法以剖析《莊子》，以《莊子》為文本（text），在歷代注疏《莊子》者，作「可讀的」與「可寫的」無限的揮灑下，後世的讀者，不但在作「恢復」文本原來的意義與脈絡的工作，更是不斷的「開發」文本內涵意義的容量與理論的潛力而努力，歷代的學者，也都在詮釋的角度下，「重建」（reconstruction）經典，發展其內具的潛在力，人人探驪得珠，《莊子》予以後世無限寬廣的空間，在哲學、文學、經學、史學、社會學、政治學、生死學、宗教學等等，都蘊含著無窮的意義與潛力。本論文分八章：

　　第一章〈緒論〉：說明研究動機、文獻回顧與研究方法，以勾勒出論文之組織架構。

　　第二章〈「以文解莊」釋義〉：由縱向的莊學詮釋的歷史中，在歷時研究（Diachronic Study）之下，歷代莊學無論從義理方面：「以儒解莊」、「以佛解莊」，或從語言文字上的訓詁方式解莊，即使言：「以莊解莊」，亦根據自己的特質，闡發莊子之義涵，尋求另一種詮釋莊子之契機。由此歸納出以文學角度詮釋莊子的詮釋方法：由援用莊子到評注莊子，從以文評莊、以脈絡評莊，進而到以文解莊。

　　第三章〈清初「以文解莊」之形成背景〉：以並時研究（Synchronic Study）為主，作橫向的政治、文化、文章、科考、社會、學術風氣等等影響下，說明「以文解莊」的形成背景，清初林雲銘《莊子因》可說是將《莊子》由文學理念建構成文學理論最具代表的作品。當時是由注轉評，制義科考、書院教育、選本講學、科舉取士、文章講求文理兼具等學術環境，以形成了「以文解莊」的風氣。

　　第四章〈莊子因以讀者角度對莊子之詮釋〉：林雲銘不但以其讀者身分，以對世事抑鬱哀憤之情以解莊，更運用其優越的古文造詣，為後世讀莊者，引導閱讀方向與方法。

　　第五章〈莊子因對莊子文本之詮釋路徑〉：林雲銘再就莊子表層的文字、句讀、段落、大旨、章法，提出「眼目所見，精神所匯」以內七篇相因之法，結合外雜篇相因之理，以結構論、形式論、言意詮釋論、批評論說明《莊子》之形式結構。

　　第六章〈莊子因以文解莊之深層意涵〉：而《莊子》之深層意涵，林雲銘亦以社會價值、生死觀點、虛靜無為最後化入「道體」，作為其詮釋的方法與理論的建構。

　　第七章〈莊子因之影響與評價〉：林雲銘「以文解莊」能掌握《莊子》文本之文學理論的意義，以讀者作家與作品進而化于宇宙之「道」的觀點詮釋莊子，以「因」為全書詮解之主軸，建立《莊子》之詮釋理論，將莊子的文學性與哲學性加以連結，在詮釋方法的運用上、莊學史「以文解莊」的詮釋上，日本漢學解莊的方法上，及對學術所產生的意義與效用上，都產生一定的影響性。

　　第八章〈結論〉：林雲銘同時發揮莊子文學與哲學特質，運用有效率、科學的方法解莊，此書有系統、有方法的文學理論的建構，做到了：哲學、科學與文學的結合之詮釋。

　　《莊子因》從字面意義入手，再進入到形上意義時，運用洞見去看出超越之道，憑文字、旨意、章法入手，再化諸忘己之工夫、灌注至精神層面，本論文藉由東方與西方的對話，古與今之詮釋，期待能作更精準客觀的論證。

目

次

附表檢索

第一章 緒 論

第一節 研究動機

　　《莊子》成書以來，以「謬悠之說、荒唐之言、無端崖之辭」（《莊子·
天下》），展現奇奧瑰瑋的文學與哲思之風格，其人、其書，歷經時代的洪流，
不斷的與後世之學者，相接觸、相對話，將後代學者個人的生命力與時代的
激盪，鎔鑄其間，人人由此探其玄珠，會其宗極，使得《莊子》歷久不衰，
成爲開放、多元、的文本，〔註1〕透過註解者與作品之對話，學者在往復迴旋
《莊子》之中，而得其環中，且和以天倪，共同經營出多重的思想內涵，與
不朽的精神價值，體現多樣的面貌與魅力。

　　歷代學者是讀者、引用者、註解者、更是創作者，他們閱讀《莊子》、評
議《莊子》〔註2〕、歆羨《莊子》、註解《莊子》、引用《莊子》〔註3〕、重新

〔註1〕文本（text）的提出，由於早期文學研究，一向以文學作品（work）爲主軸，
　　　進行作者思想及內容分析，如歐美新批評理論（New Criticism）是以根據作
　　　品，進行細部分析，直到結構主義（Structuralism）後期，開始以閱讀者爲中
　　　心，關注文學作品的接受、反應和效果，法·羅蘭·巴特（Roland Barthes）
　　　（1915～1980）〈從作品到文本〉（1971）一文，提出文本（text）是分「可讀
　　　的」傳統式作品，與「可寫的」文本，即可由讀者根據原來作品，給予每一
　　　位讀者不同的意義，而各自發揮其義，於是作品不再只是單純的作品，經由
　　　後人不斷的創發產生新義，成爲開放、多元的文本。見龍協濤，《讀者反應理
　　　論》，臺北：揚智文化，2000年1，頁47～55、楊大春，《後結構主義》，臺北：
　　　揚智文化，1996，頁145～188。
〔註2〕《荀子》討論莊子是蔽於天的一曲之見。《荀子·解蔽》中，文中認爲先秦墨
　　　子、宋子、慎子、申子、惠子、莊子等學者之道，皆「凡人之患，蔽於一曲

－1－

詮釋《莊子》〔註4〕各自體現一己的悟通。從魏晉南北朝崔譔、司馬彪由音義入手，向秀、郭象由義理詮解，支道林的「逍遙」義別解，爲後代莊學奠下多彩的基石〔註5〕；隋、唐時陸德明音義的保存〔註6〕、成玄英玄理、道理、與佛理之開展，〔註7〕下啓宋、明莊學百花齊放的新天地，宋、明三教的融攝，合流注入《莊子》後，詮釋《莊子》方法的更加豐富，有以儒者身分解莊，

而闇於大理。」只是道之一隅、一曲之見，論莊子是「蔽於天而不知人」、「由天謂之道盡因矣！」唐・楊倞注：「因任其自然，毋復治化也」見《文淵閣四庫全書》子部・儒家類・荀子・卷十五。

〔註3〕《呂氏春秋》、《韓非子》中都有引錄《莊子》中之文字，劉笑敢，《莊子哲學及其演變》論及《呂氏春秋》、《韓非子》中抄引《莊子》的部分，條列成表格，列出《莊子》被引用十四篇三十段，《呂氏春秋》16 篇，《韓非子》4 篇。中國社會科學出版社，1988 年 2 月初版，頁 36～39。其中意義關聯性，如：《呂氏春秋》〈盡數〉：「精氣之集也」、「精氣之來也」，談養生之道，與《管子・內業》：「一物能化謂之神，一事能變謂之智」及〈心術下〉：「一氣能變曰精，一事能變曰智」皆討論到精氣的論述；又如《韓非子》〈解老〉：「新和氣曰至」等篇其中有關精氣、養生等內容，與《莊子》多有相關，見裘錫圭〈稷下道家精氣說的內容〉收錄於《道家文化研究》，第二輯，上海：古籍出版社，1992 年 8 月，頁 167～192；陳鼓應，《管子四篇詮釋》，臺北：三民書局，2003 年 2 月，頁 46～53；黃漢光，《黃老之學析論》，臺北：鵝湖出版社，民國 89 年，頁 10～14。

〔註4〕 魏晉時期，易、老、莊，「三玄」之說，嵇康、阮籍、向秀、郭象等建立《莊子》形而上的玄思。

〔註5〕 魏晉南北朝時期注莊文獻上紀錄雖多，但多亡逸或散闕，可區分爲字句音義的訓釋，如崔譔、司馬彪注莊；義理的拓展，如向秀、郭象注莊；有別出心意，調和道釋者，如支道林《逍遙論》。其他尚有許多魏晉南北朝註疏者，書目部分可參考嚴靈峰，《列子莊子知見目錄》，香港：無求備齋出版社，民國 50 年 10 月 10 日；及嚴靈峰，《老列莊三子知見目錄》，中華叢書編審委員會出版；嚴靈峰，《周秦漢魏諸子知見書目》，第二冊，北京：中華書局，1993 年 4 月出版。郎擎霄，《莊子學案》，上海：商務出版社，民國 23 年 11 月，頁 318～377；謝祥皓，《莊子導讀》，四川：巴蜀書社，1988 年 3 月，頁 45～65；關鋒，《莊子內篇譯解和批判》，北京：中華書局，1961 年 6 月，頁 370～403；陳師品卿，《莊學新探》，臺北：文史哲出版社，民國 73 年 9 月增訂再版，86 年 8 月增訂再版三刷。

〔註6〕 唐・陸德明，吳縣人，名元朗，以字行，善名理，高祖時爲國子博士，封吳縣男，著有《經典釋文》、《莊子音義》三卷等。

〔註7〕 成玄英，唐陝州人，字子實，隱居東海。貞觀五年召至京師，加號西華法師，永徽中流郁州，著有《莊子疏》十二卷，其注解重視對天道玄理之闡釋，通過對道德、天人、自然無爲、有無、獨化等闡發，以窮理盡性爲方法，作爲莊子玄學意義的發揮。見湯一介，〈論魏晉玄學到初唐重玄學〉、李剛，〈成玄英論「有無」〉、強昱，〈成玄英建立重玄學的方法〉等篇，見《道家文化研究》，第十九輯（玄學與重玄學專號），北京：三聯書局，2002 年 6 月第一版。

如宋・呂惠卿、王元澤、林希逸、劉辰翁等，〔註8〕明・焦竑、方以智；有以道士身分解莊，如宋・陳景元、褚伯秀；〔註9〕有以釋家身分解莊者，如宋・釋性通、明・釋德清、覺浪道盛等，都藉由《莊子》提出自己獨特的見識，企圖用儒、道、釋互補之進路，重新賦予莊子新義，產生多樣的理解與創發，另有宋・蘇軾等疑莊之發端，更為莊學史上，篇章辨偽、及義理看法上，做更深入的反思，因此《莊子》之地位，不斷由學者的推昇與闡發，共同匯聚成莊學史之長流。

　　大抵而論，先秦至宋代之學者，大都重視莊子之文字詮解及義理闡釋，直至明清學者才正視《莊子》文學藝術性的層面，發展《莊子》藝術性創作力與文學文藝美之特質，開始有分析《莊子》藝術思想的論述產生。

　　明清時期，古文章法學、評點學，已趨成熟，因此總結前人文學的基礎與素養，重新詮釋《莊子》，開展《莊子》文學的面貌，在《莊子》之「文學性」與「藝術性」上尋求新的意義與詮釋方法，是清初莊學很重要的建樹。但是經學學者如清・顧炎武直指莊子為：「演說老莊，王（弼）、何（晏）為開晉之始，以致國亡於上，教淪於下」，〔註10〕以《莊子》為清談之空言，如同宋明之談心性，而成為衰世之書；清《四庫全書總目提要》之論點是當時學術界之重要指標，對以時文之法評莊，以作文章的方法解《莊子》，深表不然，皆持譏諷不屑之態度。此種態度影響至鉅，以致「以文解莊」之研究，一直闇而不彰。

〔註8〕　宋・呂惠卿，《莊子義》、《莊子解》，王元澤，《南華真經新傳》、《南華真經拾遺》，林希逸，《南華真經口義》，劉辰翁，《莊子評點》（《莊子南華真經點校》）是以儒者的角度，在莊子文義的脈絡以及章法要義上作一番發揮。參見簡光明，《宋代莊學研究》，國立台灣師範大學國文研究所博士論文，1997年4月，頁169～231及《林希逸口義研究》，逢甲大學中文研究所碩士論文，1991年1月。

〔註9〕　宋・陳景元，《南華真經章句音義》、《南華真經章句餘事》、《莊子闕誤》、《南華章句餘事雜錄》、《南華總章》另有《莊子註》收錄在褚伯秀，《南華真經義海纂微》中，兩人一北宋，一南宋，陳景元分篇與眾不同分外篇七篇、雜篇十九，並隨旨命題標為章義，強化道教思想；褚伯秀以儒、道、釋三者融和解莊，亦強調道教在修鍊上應注意學習的解釋。參考郎擎霄，《莊子學案》，頁318～377；謝祥皓，《莊子導讀》，頁45～65；關鋒，《莊子內篇譯解和批判》，頁370～403；簡光明，《宋代莊學研究》，國立台灣師範大學國文研究所博士論文，1997年4月，頁168～173。

〔註10〕顧炎武，《日知錄》〈正始〉卷十三，見明・顧炎武撰，清・黃汝成集釋，京都：株式會社中文出版社，1978年10月，頁307。

　　義理固然是《莊子》本文之第一要義，然無文采修辭的繪飾，義理只覺詰屈聱牙，如此儀態萬千之姿的《莊子》如何成爲藝術創作、文學、美學之源頭活水呢？明清以來的學者，能別具隻眼的體現《莊子》文學之美，進而理出一文章章法、結構、整體脈絡的理論系統，將文學性、哲學性之《莊子》立體地呈現其文學理論之架構，是非常具有時代意義與學術特色的。

　　尤以清初特殊之時空環境，學者在詮釋《莊子》時，處於時代遽變、國破家亡、異族入侵、生靈塗炭之下，有識之士，逃禪以避世、歸隱山林、著書立說、全形養眞，只有通過詮釋經典中，與先哲對話，找到生命的立足點與出口。

　　因此清初學者註莊時，承接宋明理學的百川競流，收攝匯通於儒釋道之間，再以時文章法評點的方式，呈現《莊子》隱含於文本中，與世「相刃相靡」之痛。此種藉由《莊子》跨時代、跨宗教、跨學術的思想，結合註莊者本身生活際遇、生命情懷、學術思維、表現各家之擅場，呈現集體潛在思維的共相，〔註11〕是結合時代與人心，重新尋覓學術的新空間，在莊學史上另具特色的新思維。

　　故清初莊學學者，在註解《莊子》時，其文中所呈現的感情，常令人爲之動容，如清・宣穎所云：

　　　　直是世間原未有我，風聲甫濟，眾竅爲虛，眞氣將歸，形骸自萎；
　　　　不特大命既至，自家不得主張，抑且當場傀儡，未知是誰提線？我
　　　　讀到此，直欲大哭！

注解者藉由與著者之心靈對話，召喚〔註12〕出自己深沉的痛楚，這份發自內

〔註11〕潛意識（unconscious）是精神分析學派創始人西格蒙德・佛洛伊德（Sigmund Freud）（1856～1939）所提出，經由阿德勒（Alfred Adler）、容格（C. G. Jung）等人修正，進而容格提出集體潛意識（Collected unconscious），潛意識是心理結構的核心，是精神實質，是人人所具有的。集體潛意識則是表每個人心理底層積澱著，整個人類自史前時代以來所有的內容。見佛洛伊德著吳康譯，《精神分析引論新講》，臺北：桂冠圖書公司，1998年7月，頁66～69；張國清，《後佛洛伊德主義》，臺北：揚智文化，1996，頁5～14；朱剛，《二十世紀西方文藝文化批評理論》，臺北：揚智文化出版，2002年7月，頁88。

〔註12〕在讀者反應理論中，德・沃爾夫岡・伊瑟（Wolfgang Iser）提出「召喚結構」（appellstruktur）指文學作品，本身具有召喚功能，把潛藏在文本中，言而未盡的部分，藉由閱讀者的想像，加以召喚出來。龍協濤著，《讀者反應理論》，臺北：揚智出版，1997，頁100～109。及參見伊瑟（Wolfgang Iser）著單德興譯〈讀者反應批評的回顧〉中外文學，第十九卷，第十二期，1991年5月，

在的感動，交互激盪的共鳴，是吸引筆者自碩士論文《宣穎南華經解之研究》以來，仍欲持續進行此論題之因。希望藉由同爲《莊子》的讀者身分，能感受前賢在時代壓力下，如何轉化內在力量，呈現時代面貌，做「以意逆志」的解讀，更希望藉由整理林雲銘《莊子因》，如何運用「以文解莊」的詮釋策略，呈現不同之閱讀視野之後，而能展現《莊子》在文學理論的藝術特色。

第二節　文獻回顧

本論文涉及三個論題：一是莊學史上，對《莊子》詮釋策略的討論、二是清初莊學，在學術環境與背景的論述、三是林雲銘《莊子因》「以文解莊」的內容說明。

在莊學詮釋策略上，學術上的討論，有「以儒解莊」（援儒入莊）、「以佛解莊」、「以文評莊」、「以莊解莊」、「儒道互補」等部分。與本論文有相關的清初部分，在莊學詮釋方法上的討論有：李素娓《方以智藥地炮莊中的儒道思想研究》〔註13〕、陳琪薇《清代學者「以儒解莊」之研究》〔註14〕、黃申如《晚明諸子學的復興——以道家的儒學化爲例》〔註15〕、余姒倩《宣穎南華經解之儒道性格蠡測—以道爲核心之開展》；〔註16〕在「以文評莊」部分，只有簡光明《宋代莊學研究》〔註17〕與筆者《宣穎南華經解之研究》〔註18〕及筆者〈宣穎以文評莊探微〉〔註19〕有「以文評莊」的議題提出；另外蔡師

頁 85～100。
〔註13〕 李素娓，《方以智藥地炮莊中的儒道思想研究》，國立臺灣大學中文研究所碩士論文 1978 年
〔註14〕 陳琪薇，《清代學者「以儒解莊」之研究》，國立暨南大學中國語文學系碩士論文，民國 90 年 6 月。
〔註15〕 黃申如，《晚明諸子學的復興——以道家的儒學化爲例》，國立清華大學歷史研究所碩士論文，民國 89 年 6 月。
〔註16〕 余姒倩，《宣穎南華經解儒道性格之蠡測——以道爲核心之開展》中央大學碩士論文，民國 91 年。
〔註17〕 簡光明，《宋代莊學研究》，國立台灣師範大學國文研究所博士論文，1997 年 4 月。
〔註18〕 錢奕華，《宣穎南華經解之研究》，國立高雄師範大學國文研究所碩士論文，民國 88 年 6 月。後印成書於，臺北：萬卷樓出版。
〔註19〕 錢奕華〈宣穎以文評莊探微〉此單篇論文發表於上海復旦大學，2000 年 11 月；並出版於《中國古代文論研究的回顧與前瞻》，2002 年 8 月，頁 491～503。

宗陽《莊子之文學》〔註20〕、王中文《莊子思想轉化爲文學理論研究》〔註21〕則專就《莊子》文學本身而言，並未以注疏者詮釋的角度去討論。

清初莊學綜合論述方面有許多：以王船山爲主軸，如曾昭旭《王船山哲學》〔註22〕、曾春海《王船山周易闡微》〔註23〕、戴師景賢《王船山之道器論》〔註24〕、林安梧《王船山人性史哲學之研究》〔註25〕、林文彬《王船山莊子解研究》〔註26〕、林文彬《船山易學研究》、謝明陽《明遺民的莊子定位論題》〔註27〕等，目前學界在清初莊學的論述上，王船山的論述甚爲豐富，〔註28〕以上筆者只略舉重要之學位論文以爲代表；以林雲銘《莊子因》爲論述對象者，目前未見學位論文有專門的討論，只有期刊部分，如簡光明〈莊子評注初探——以「莊子口義」、「莊子因」爲主的考察〉〔註29〕處理從宋代莊學《莊子口義》到《莊子因》脈絡系聯。

在清初莊學史部分，目前多以王船山，或明末遺民的部分爲主；在詮釋

〔註20〕 蔡師宗陽，《莊子之文學》，臺北：文史哲出版，民國72年9月初版。

〔註21〕 王中文，《莊子思想轉化爲文學理論研究》東吳大學碩士論文，民國81年6月。

〔註22〕 曾昭旭，《王船山哲學》，國立台灣師範大學國文研究所博士論文，民國67年。

〔註23〕 曾春海，《王船山周易闡微》，輔仁大學哲學研究所博士論文，民國66年。

〔註24〕 戴師景賢，《王船山之道器論》，國立臺灣大學中國文學系博士論文，民國71年。

〔註25〕 林安梧，《王船山人性史哲學之研究》，國立臺灣大學哲學研究所碩士論文，民國75年。臺北：東大圖書公司民國76年9月初版，80年2月再版。

〔註26〕 林文彬，《王船山莊子解研究》，臺灣師範大學國文研究所碩士論文。1986年5月。及《船山易學研究》，臺灣師範大學博士論文，民國83年。

〔註27〕 謝明陽，《明遺民的莊子定位論題》，國立臺灣大學中國文學研究所博士論文，民國89年6月。

〔註28〕 近幾年以王船山著作爲主之論文亦多，如劉用瑞，《王船山論語詮釋之研究》（台灣師範大學，國文系在職碩士班，民國92年）莊凱雯，《王船山讀四書大全說研究》（東海大學中文系碩士論文，民國92年）涂治瑛，《王船山宋論之研究》（高雄師範大學碩士論文，民國91年）傅淑華，《王船山老子衍之研究》（中央大學中文碩士論文，民國90年）以船山詩詞論爲主者，如翁慧宏，《王船山詩學理論新探》（成功大學中文碩士論文，民國89年）陳民珠，《王夫之薑齋詞研究》（政治大學中文碩士論文，民國84年）以文學總論船山者，如郭鶴鳴，《王船山文學研究》（台灣師範大學博士論文，民國80年）哲學性以杜保瑞，《論王船山易學與氣論進路並重的形上學進路》（臺灣大學哲學博士論文，民國82年），實在有許多船山論文，以上所述仍未齊全，尚有未載入者。

〔註29〕 簡光明〈莊子評註初探—以「莊子口義」「莊子因」爲主的考察〉，《逢甲中文學報》創刊號，民國80年11月。

方法上，則以莊學中義理的脈絡「以儒解莊」為主，對莊學文學理論的討論，並無專著說明。就以上所討論可知：清初莊學大多重視義理的討論，在「以文解莊」的部分，則付之闕如。

　　林雲銘《莊子因》的重心在「以文解莊」，以文學角度出發，重視《莊子》書中散文功能，結合宋、明評點學、文章章法學、敘事技巧、風格論，以評點莊子文句，解構莊子脈絡，由文學理論之方法入手，析論《莊子》書中文學特性，建立莊子思想系統，以文理解義理，這一部份，是在眾多《莊子》義理闡發論述中，顯得獨樹一幟的，也是宋、明以來，注解《莊子》運用「以文評莊」的詮釋，完整而豐贍的總結，做「以文解莊」承先啓後的開展者。

　　林雲銘《莊子因》在歷史文獻上所載之評論，如《四庫全書總目提要》以附於林希逸《口義》之下提及此書，清‧吳世尚《莊子解》下面云其目錄後附記：「稱向來解莊子者，惟林西仲可觀，但有不洽乎文義者；是不知古有向郭。」〔註30〕錢穆《莊子纂箋‧序目》曰：「此就文章家眼光解莊，不免俗冗，而頗能辨真偽。上承歐陽，下開惜抱，亦治莊之一途也！」〔註31〕其評價不高。

　　但是「以文解莊」之詮釋方法，直接影響宣穎《南華經解》、劉鳳苞《南華雪心編》等，他們以《莊子》為主要文本，從整體結構，到篇章要旨，謀篇布局，立意深旨無不一一論證，詳加引述，故有其一定的學術意義與價值所在。且《莊子因》一書，傳入日本，重新翻刻，對江戶中後期（1789～1867）古文辭學派，學習林雲銘解讀莊子之法，詮解經典，及版本資料的保存與傳播，有很大的影響與啓發。〔註32〕

　　筆者經由整理以文學角度解莊之著述中，發現二點疑問，一是學術界文獻，對「以儒解莊」、「以佛解莊」大多取得共識，以文學角度解莊者，多併於「以儒解莊」，並未分別定名「以文解莊」；二是諸如劉辰翁《莊子南華真經點校》（又稱《莊子評點》）、歸有光《南華經百大家評註》等，學界皆以「評莊」名之，並無討論「以文解莊」者，提及「以文解莊」此名者，僅見於黃師錦鋐《宣穎南華經解之研究》〈序〉言：

〔註30〕《四庫全書總目提要》所說之此段文字，見清‧吳世尚，《莊子解》目錄後附記。藝文印書館據民國九年劉氏刊貴池先哲遺書本影印，嚴靈峰編輯，《無求備齋莊子集成初編》，第22冊，頁19。

〔註31〕錢穆，《莊子纂箋‧序目》林雲銘條目下，臺北：東大圖書股份有限公司，民國74年11月初版，82年1月重印四版，頁4。

〔註32〕詳見本論文第七章第三節〈莊子因對日本漢學之影響〉部分。

於是從歸震川氏以文解莊以下，取宣穎《南華經解》一書，詳其篇
章之結構，解其評注之意趣，悟其批詞之妙旨，深會其書之與儒學
互融會，與中庸相表裡。〔註33〕

「以文評莊」此名詞，論文之引用僅簡光明及筆者有論及「以文評莊」
部分，〔註34〕而「以文解莊」的詮釋方法，則未正式提出，故於文獻回顧與
探討後，希望藉由對「以文評莊」、「以文解莊」之整理與辨析後，能提供後
學對此論題作進一步之論述。

第三節　研究方法

本論文的架構是以莊學史為主軸，由歷代讀莊、解莊者，以何種方式接
受《莊子》、理解《莊子》、欣賞《莊子》、批評《莊子》、詮釋《莊子》，以方
法與策略作考量；再專就「以文解莊」部分作為重點，歸納出整體莊學史之
縱向脈絡，從「以文評莊」至「以文解莊」作說明；再歸至清初莊學的時空
背景，如何形成「以文解莊」之詮釋法；並以「以文解莊」之代表作：林雲
銘《莊子因》，作為論文主題，做一全面的論述，歸納出其理論的系統，並對
當時、後世、異域之影響與建樹作結。

本論文所涉及之問題，是《莊子》因具有豐富的哲學思維與文學描繪，
其內在意義，足以讓歷代閱讀者，不斷地在其中，挖掘到不同的新義。《莊子》
文學性創發，影響到韓愈、蘇軾、柳宗元等文學家的文學創作，又對文學理
論的建構，深具影響，然而《莊子》書中，雖然具有完整的文學理念，卻無
實際論述的文學理論，從文學理念到文學理論之建構，應是由註解者與閱讀
者去闡發的，由林雲銘《莊子因》「以文解莊」的論述中，可以歸納出林雲銘
對《莊子》文學理論的概念，對《莊子》作品本身、對閱讀者立場、對道體
宇宙、對莊子這位作家，林雲銘《莊子因》都有全面的討論，因此本論文的
內容，就幾個方向作說明：

一、莊學詮釋史上，其策略方法之整理。

二、「以文解莊」在莊學詮釋史之脈絡。

〔註33〕見拙作，《宣穎南華經解之研究》前面之〈序〉臺北：萬卷樓出版，民國 89
　　　　年 5 月。
〔註34〕簡光明，《宋代莊學研究》及筆者《宣穎南華經解之研究》。

三、林雲銘《莊子因》「以文解莊」時空背景之說明。

四、析論林雲銘《莊子因》「以文解莊」理論之建構。

　　本論文爲解決以上問題，在莊學史詮釋方法上，是借由整理前人對莊學詮釋時的說明，加以整理、歸納；進而討論解莊時，種種詮釋法之同異，與值得商榷之論述；在詮釋歷史之脈絡部分，則以整理「以文評莊」與「以文解莊」的著作，歸納其同異，加以定義；再分析清初莊學產生「以文解莊」，受到莊學史的影響、學術背景時間、空間，三者交互激盪下產生；在林雲銘《莊子因》理論之建構上，筆者以劉若愚《中國文學理論》〔註35〕之圖表參考後，改成如下圖：

表一：《莊子因》文學詮釋理論建構圖

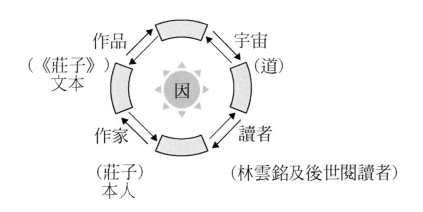

〔註35〕劉若愚著，杜國清譯，《中國文學理論》，臺北：聯經出版社，2001 年 5 月，頁 12～13，其中的圖（如下）是美・M. H 艾布蘭斯（M. H. Abrams），《鏡與燈》（北京大學出版社，1989 年 12 月）所設計，艾氏運用此圖形進行藝術理論之比較：艾氏認爲構成文藝理論之所以產生的四要素，在於此四項：宇宙是作品描述的對象，藝術品是被創作出來的成品，藝術家是創造藝術品的人，欣賞者是欣賞藝術品的人。劉若愚則將藝術家改成作家，欣賞者改成讀者，並藉以說明中國文學理論。筆者依照其架構，改「宇宙」爲「道」，作《莊子因》因於讀者、作者、作品、道的理論結構。內容詳見本論文第七章第一節。

　　本論文以「讀者」、「作品」、「作家」、「宇宙」四個角度，論析《莊子因》之內容：讀者部分，以身爲讀者之林雲銘生平、寫作動機作說明，以及所運用之評點方法、後世讀者閱讀方法，作爲讀者讀莊的方法說明；作品部分，藉由謀篇章法、敘事技巧、言意討論作爲作品的論述；作家部分，由林雲銘解讀時以傳奇法讀莊、莊子行文之特色作說明，納入林雲銘之批評論中說明莊子行文特色；「宇宙」部分改成深層意涵之「道」，並由社會價值觀、死生是非之論述、創造者虛靜無爲等作論述，全書以「因」爲軸心，成爲《莊子因》理論建構整體的說明。

　　論文進行時，方法與策略之運用，是融合西方詮釋學的方法〔註36〕、讀者反應理論、新批評理論〔註37〕等觀點與方法，而不依傍西方理論，作言詮的論述，因此解構內容意義，還諸整體的《莊子因》理論方法爲準，作整體敘事結構、符號意義、文章章法、修辭方法、與形上意義的建立。

　　期望本論文，位於現代與歷史的不同定點，運用不同之閱讀視域，藉由融合之中，把前人智慧的結晶，分析清楚，以供後人易於理解前人注書之苦心，若能藉由不同詮釋，供後人研發解莊之新途徑，使古今智慧交會，讓更多的人喜愛《莊子》，因而建立出自己「上與造物者遊，而下與外死生無終始者爲友」的逍遙。

〔註36〕 詮釋學（Hermeneutics），其語源是指希臘諸神中的赫爾默斯（Hermes），他是諸神的信差，足上有雙翼，傳遞神的意旨給予凡夫俗子，故需轉換及解釋語言；後來詮釋學指用於解釋聖經之方法，德‧史萊馬赫（Friedrich Schleiermacher）擴大使用於所有文本的解釋，狄爾泰（Wilhelm Dilthey）移作對人文學科作品之解釋。詮釋學其意義有說話、說明、翻譯之意，這種理解、解釋、應用，互不分離，無前後之分，是詮釋之技巧，理解有歷史、語法與精神之理解，其發展與說明，稱之爲解釋，統合言之的認識和領悟就稱之爲「詮釋學」；並提出「詮釋學的循環」（hermeneutic）說明解釋者必須在作品，全部與部分之間移動，才能達到深入了解作品的程度。見帕瑪（Richard E. Palmer）著，嚴平譯，《詮釋學》，頁13～35；洪漢鼎主編，《理解與解釋》——詮釋學經典文選，北京：東方出版社，2001年5月，頁7～10。

〔註37〕 新批評（New Criticism）理論，是美國1930～1960最具影響力的文學批評流派，以文學批評中心爲作品爲主，作品本身即是自我完足之個體，是有機的結構。見張雙英，《文學概論》，臺北：文史哲出版社，民國91年10月，頁402～404。本論文以新批評「細讀」方法，以封閉式閱讀方式，視作品爲一完整之有機結構，作細部的分析。

第二章 「以文解莊」釋義

第一節 歷代莊學之詮釋方法

一、「莊學」之意蘊

　　「莊學」〔註1〕就其意義而言，前人的論述相當多。早期討論莊學，多以莊學史的角度做討論，以時代作爲莊學發展的分期，如郎擎霄《莊子學案》〔註2〕、黃師錦鋐《莊子》〔註3〕、謝祥皓《莊子導讀》〔註4〕、先就歷史爲軸，將歷代注解莊子者，以斷代分期說明特色，再就研究方法與內容作討論，如謝祥皓《莊子導讀》就分梳爲：字句訓詁、莊子特有概念、範疇、莊子篇章派別、莊子思想體系、莊子思想的對比、莊子與現代文明〔註5〕等研究。

〔註1〕 莊學，又稱莊子學，狹義應就《莊子》爲範疇，歷代注疏、解釋、闡述爲主，非言莊子後學。《莊子》書中已包含莊子思想與後學之論述，見劉笑敢，《莊子哲學及其演變》，北京：中國社會科學出版社，1988年2月，另外張恆壽，《莊子新探》湖北：人民出版社，1983年9月，亦認爲內七篇爲莊子主要哲學思想，外雜篇是莊子後學的說法，故劉氏分述莊派、黃老派、無君派等不同的繼承與闡發稱之「莊子後學」，在此不列入本論文討論範圍。

〔註2〕 郎擎霄，《莊子學案》〈歷代莊學評述〉上海：商務印書館，民國23年11月，頁318～376。

〔註3〕 黃師錦鋐，《新譯莊子讀本》〈歷代的莊子注〉臺北：商務印書館，民國76年8月四版，頁70～79。

〔註4〕 謝祥皓，《莊子導讀》〈莊學史簡介〉四川：巴蜀書社1988年3月一版，1991年1月二刷，頁45～65。亦見《莊子研究論集新編》，臺北：木鐸出版社，民國77年9月，頁50～71。

〔註5〕 謝祥皓，《莊子導讀》，四川：巴蜀書社1988年3月第一版，1991年1月第二刷，頁139～149。

這是最初以中國歷代詮釋《莊子》者為範圍的莊學義涵。

嚴靈峰《老列莊三子知見目錄》、《列子莊子知見目錄》及所編《莊子集成初編》〔註6〕、《莊子集成續編》〔註7〕、《老列莊三子集成補編》，〔註8〕則以中國《莊子》專著為主，並將日本、韓國、歐美中舉凡《莊子》之論述解義者，全部納入莊學範疇。陳師品卿《莊學新探》〔註9〕則在附錄中將歷代莊學版本及其現藏，整理為圖書與論文二大類，書目包括中國、日本、韓國、越南、歐美、附楊朱、老列莊同卷之版本，及莊子博、碩士論文等，在詳盡的蒐集之下，莊學的範疇亦隨之加以擴大。

黃師錦鋐〈六十年來的莊子學〉〔註10〕一文，以民國元年至民國六十年止，凡研治莊子之著述，分為總論、校詁、義理、哲學、新解五類；馬森《莊子書錄》〔註11〕以中國歷代書目為範疇，分莊學為注釋、音義、論說、評校、篇什、雜類六大類，此等是將莊學中重要之研究項目加以訂定。

陳師品卿《莊學新探》、崔大華《莊學研究》皆以「莊學」為名，所提出之「莊學」將重心放諸莊子本身的思想定位上，做一放射性、外擴式的理解。如陳氏以莊子傳略、其書版本、篇章以及《莊子》思想體系、〈逍遙遊〉與內外篇之關係、與老、孔、墨、孟、荀作比較；崔氏則以《莊子》為主軸分：莊子其人其書考論、莊子思想評述、莊子思想與歷代思潮三編，作莊子思想之歷史考察，二者的「莊學」定義，則以莊子其人為主，其書、思想，與其他時代之交涉的脈絡為主，重心是在《莊子》作者與書，對歷代的論述與影響。對歷代研究《莊子》、註解莊子者，陳氏則納入歷代莊學版本及現藏書目；崔氏則重在《莊子》與先秦子學、漢經學、魏晉玄學、宋明理學之思想批評與援用上，未論及歷代注疏。此「莊學」是以莊子思想的影響為主的討論。

以上對「莊學」的論述，從歷史的角度、範疇的擴大、內容的確定、哲學的影響，這些重心多放在作品與作者上，並未重視歷代讀莊者，由不同時

〔註6〕嚴靈峰編輯，《無求備齋莊子集成初編》，民國61年5月，臺北：藝文印書館。

〔註7〕嚴靈峰編輯，《無求備齋莊子集成續編》，民國63年12月，臺北：藝文印書館。

〔註8〕嚴靈峰編輯，《老列莊三子集成補編》，民國71年，臺北：成文出版社。

〔註9〕陳師品卿，《莊學新探》，臺北：文史哲出版，民國73年9月初版，86年8月三刷。

〔註10〕見黃師錦鋐，《莊子及其文學》，臺北：東大圖書，民國66年7月初版，民國73年9月再版，頁208～280。

〔註11〕馬森，《莊子書錄》自印本，民國47年。

代、不同環境、不同際遇的讀者在讀莊子後或注解莊子時，提出莊子在不同時代下的評價與定位，甚而發展出莊子的全新面貌，如郭象注莊、成玄英注莊，其中所呈現莊子不同風貌，其緣由之深入探討，這一部份的論述較少。

近年簡光明《宋代莊學研究》提出：所謂「莊學」是指以莊子其人其書爲對象，進行詮釋或評價的活動，因而形成的一種專門學科的知識。這門學科的知識所涉及的層面相當廣泛，認爲主要有六層面：一、莊子的生平、性格、思想的描述與詮釋。二、對於作者歸屬權及分篇立意的辨訂。三、對於《莊子》的詮釋與批評。四、莊子與各家思想的比較。五、莊子文學特色及其在文學史上的影響。六、《莊子》中的音韻、文法、地理、神話、文化等專題的研究。簡氏認爲歷代學者，對於「莊學」各個層面，所做的研究，形成之莊學史，〔註12〕研究範圍，以歷代解莊者爲主，對《莊子》以不同層面去理解，所形成之專門學科。

近十餘年來，由於學術風氣的開放與多元，中西文化相融相攝，海峽兩岸往來頻仍，網路資訊的無遠弗屆，莊學的研究也走向新的途徑；藉由中西新方法，自然或人文的新發現，加上最新出土的材料，將傳統形式、或內涵性的論點，加以提出，供大家有更多的視野與面向；甚至打破傳統思維，從文學哲學各種不同角度，作莊學立體式的建構，諸如新考據學研究、哲學思想研究、現代詮釋學的研究方法‧〔註13〕等等，跨越專門學科、以不同時代、不同空間、或東西方不同的見解以爲法則，由學術性的批判，知識論的哲學視野，藉著「以理掩情」的方式談物與理。〔註14〕其實這種種的論述，是將《莊子》中最深的至情，大化流行於萬事萬物的道體之中，藉由道器中「其中有象，其中有物」、「以理章道」的方式，作一不同角度與面向的論析。

不管任何對莊學範疇或分類的討論，也往往是一曲之見，不易容納《莊子》多層的面相，與豐富的內涵，筆者試以目前學術上對莊學的討論，從古

〔註12〕簡光明，《宋代莊學研究》，國立台灣師範大學博士論文，民國86年4月，頁1～4。

〔註13〕張京華〈莊子研究新途徑——略評近十餘年出版的四部莊子研究博士論文〉見孔子2000網站 www.confucius2000.com

〔註14〕見陳少明〈現代莊學及其背景〉其內容提出三點，一、是找東西的眼光。二、是以理掩情。三、是鬥爭哲學。四、是理性與意識型態，作者中山大學哲學系教授，提出現代之莊學眼光，找東西指找出莊子中之「物」、以理掩情，是把握有系統內容，鬥爭指爭是非，求進步，以眞理、科學、改革方式看莊子。中國哲學史季刊2002年第一期，2002年2月25出版。

至今，海峽兩岸中國人，甚至英、美、德、法、日、韓，在莊子的比較研究下，作不同層面的視野論述，約略提出全面區分如下〔註15〕：

（一）以莊子其人為主的史傳性論述

　　1. 莊子生平、出生地、時代背景整體性的討論〔註16〕

　　2. 思想淵源與影響〔註17〕

（二）《莊子》注解者的歷史流傳衍義論述

　　1. 歷代注疏家介紹與比較〔註18〕

　　2. 儒、釋、道相互涵攝的分析〔註19〕

　　3. 詮釋方法的討論〔註20〕

（三）莊子與其他思想家之關係比較論述

　　1. 莊子與先秦其他思想家之關係比較〔註21〕

　　2. 莊子與歷代文學家、思想家之比較〔註22〕

　　3. 莊子與西方或其他國家思想家之比較〔註23〕

〔註15〕莊學的論述如今已呈現多元的發展，筆者如此分類，是參考西方比較文學所形成之學科體系，包括「影響研究」、「平行研究」、「跨學科研究」的方式，「影響研究」包括聲譽學、淵源學、媒介學、文類學；「平行研究」包括主題學、類型學、文體學、比較詩學；「跨學科研究」包括文學與社會科學、文學與自然科學、文學與其他藝術，見季進〈比較文學與中國文學批評〉收入朱棟霖、陳信元主編，《中國文學新思維》（上）嘉義：南華大學，2000 年 7 月，頁 293〜294。

〔註16〕崔大華，《莊學研究》，北京：人民出版社，1992 年 7 月、孫以楷、甄長松，《莊子通論》，北京：東方出版社，1995 年 10 月、莊萬壽，《莊子史論》，臺北：萬卷樓出版，民國 89 年 7 月。

〔註17〕吳怡，《禪與老莊》，臺北：三民出版社，1970 年 4 月初版、2003 年 4 月二版、顏世安，《莊子評傳》南京大學出版社，1999 年 12 月、張松輝，《莊子考辨》長沙：岳麓書社，1997 年 5 月。

〔註18〕郎擎霄，《莊子學案》〈歷代莊學評述〉上海：商務印書館，民國 23 年 11 月、謝祥皓，《莊子導讀》〈莊學史簡介〉四川：巴蜀書社 1988 年 3 月一版，1991 年 1 月二刷。

〔註19〕潘雨廷，《易與佛教、易與老莊》，瀋陽：遼寧出版社，1998 年 12 月。

〔註20〕唐華，《讀莊子的方法學》，臺北：玄同文化公司，民國 85 年 12 月。

〔註21〕錢穆，《莊老通辨》，臺北：東大圖書公司，民國 80 年 12 月、王葆玹，《老莊學新探》，上海：上海文化出版社，2002 年 5 月。

〔註22〕王叔岷，《莊學管闚》，臺北：藝文印書館，民國 67 年 3 月、姜聲調，《蘇軾的莊子學》，臺北：文津出版社，1999 年 12 月。

〔註23〕陳鼓應，《悲劇哲學家尼采》〈尼采哲學與莊子哲學的比較研究〉，北京：新華

（四）《莊子》其書思想觀點的影響論述

　　1. 《莊子》一書篇章眞假、次序之討論〔註24〕

　　2. 專就《莊子》某一篇章作專題的研究，如〈逍遙遊〉、〈齊物論〉〔註25〕

　　3. 人與人之間文化、社會學、倫理學、修養論的討論〔註26〕

　　4. 人生身心靈更高境界的追尋、與宗教的結合〔註27〕

　　5. 語言學、文學、美學、藝術創作觀〔註28〕

　　6. 形上思維的哲學論證〔註29〕

　　7. 現代社會商場、人際關係之應用〔註30〕

　　　　書店，1987年12月一版1994年5月二版、劉笑敢，《兩種自由的追求：莊子與沙特》，臺北：正中書局，1994年7月初版、馮曉虎，《老莊與尼采的文化比較》，北京：知識出版社，1995年5月。

〔註24〕劉笑敢，《莊子哲學及其演變》，北京：中國社會科學出版社，1998年2月、劉榮賢，《莊子外雜篇研究》，臺北：聯經出版社，2004年。

〔註25〕顧實，《莊子天下篇講疏》，臺北：臺灣商務印書館，民國69年12月、譚戎甫，《莊子天下篇校釋》，臺北：臺灣商務印書館，民國74年、牟宗三，《莊子齊物論義理演析》，香港：中華書局，民國87年12月、沈善增，《還吾莊子——〈逍遙遊〉〈齊物論〉新解》，上海：學林出版社，2001年6月、王凱，《逍遙遊——莊子美學的現代闡釋》湖北：武漢大學出版社，2003年12月、陳少明，《〈齊物論〉及其影響》，北京：北京大學出版社，2004年2月。

〔註26〕李錦全、曹智頻，《莊子與中國文化》貴州：人民出版社，2001年10月、傅佩榮，《逍遙自在的人生》，臺北：幼獅文化，2001年11月。

〔註27〕奧修，《莊子：空船》，臺北：奧修出版社，民國84年10月。

〔註28〕黃師錦鋐，《莊子及其文學》，臺北：東大圖書，民國66年7月初版，民國73年9月再版、蔡師宗陽，《莊子之文學》，臺北：文史哲出版社，民國72年9月、顏崑陽，《莊子藝術精神析論》，臺北：華正書局，民國74年7月、朱榮智，《莊子的美學與文學》，臺北：明文書局，民國81年3月、董小蕙，《莊子思想之美學意義》，臺北：學生出版社，民國82年10月、陳引馳，《莊學文藝觀研究》，臺北：文史哲出版社，民國83年3月。顏崑陽，《人生是無題的寓言——莊子的寓言世界》，臺北：躍昇文化出版，民國83年2月。

〔註29〕陳鼓應，《莊子哲學》，臺北：臺灣商務印書館，1966年9月、金白鉉，《莊子哲學中天人之際研究》，臺北：文史哲出版社，民國75年8月、陳燿森，《莊子新闚》，臺灣商務印書館，民國77年6月、葉海煙，《莊子的生命哲學》，臺北：東大出版，民國79年4月初版、鄭世根，《莊子氣化論》，臺北：學生書局，民國82年、胡哲敷，《老莊哲學》，臺北：中華書局，民國82年3月、趙衛民，《莊子的道》，臺北：文史哲出版，民國87年1月、吳汝鈞，《老莊哲學的現代析論》，臺北：文津出版社，1998年6月、譚宇權，《莊子哲學評論》，臺北：文津出版社，1998年6月、張京華，《莊子哲學辨析》，遼寧教育出版社，1999年4月、邱榮鐊，《莊子哲學體系論》，臺北：文津出版社，1999年7月、高柏園，《莊子內七篇思想研究》，臺北：文津出版社，民國89年5月。

其中第三、第四項,是近代學者仍然不斷開發的議題,〔註31〕是開放的空間,藉由各種專門學養,豐富的知識,以科技整合的觀點融入,在不同角度的切入下,補足莊子書中多層次隱而不顯的意義與空白處,供後世的學者專家,盡情表述,在與《莊子》之對話中,激盪出智慧的火花,〔註32〕將莊子視作開放的文本,以立體化,多元化展現《莊子》全面的風貌、深層的意義、藉由歷代注疏者提出新的理解、新的思考方向,或者其他專業思考的注入下,不斷進行創造性詮釋,顯出莊子更多的面向,透視出莊子「意在言外」的詮釋空間,也創發了《莊子》其中深層義涵。其意義不在於內容義理的對與錯之爭議,或是標榜誇示新方法或新步驟的卓越性,而是提供當代人對傳統文化重新、全面、深入地思維,體現出中國文化的全新異彩,對現當代之時代精神能重新體認,以期供給全人類智慧的提昇與躍進,相信在這樣的思維下,未來莊學一定會揮灑出另一片天地。

二、莊學詮釋法之提出

歷代詮釋《莊子》者,經由閱讀作品,以自我的理解,對作品綜合的認識,在與《莊子》做心靈之對話時,在循環反覆的閱讀中,形成更深的體驗與了解。《莊子》的詮釋,從訓詁至重玄,宋以來則以有「以儒解莊」、「以佛解莊」、「以道解莊」及「以莊解莊」,到明清因古文、八股文風行、詩話評點風氣興盛,產生學者以文章制藝方式評論《莊子》,有「以文評莊」、「以文解莊」等。

〔註30〕 劉紹樑,《從莊子到安隆:A＋公司治理》,臺北:天下雜誌,民國 91 年 11 月、李克莊,《將帥運新法──莊子與兵家之間擇要》,臺北:中國文化大學出版。

〔註31〕 有關《莊子》之論述,臺灣、中國大陸都相當豐富,西方論述亦有,在此不做討論。屬於大眾文學之《莊子》書籍,如漫畫式之蔡志忠,《自然的簫聲──莊子說》,臺北:時報出版,民國 75 年、王心慈,《莊子,你在說什麼?》,臺北:揚智文化,2003 年 10 月;及名言佳句式如:黃晨純,《莊子名言的智慧》湖南:岳麓出版社,2004 年 6 月、蘇民、方興主編,《莊子語錄》武漢:人民出版社,2002 年 2 月,在此不作論述。

〔註32〕 由文本引發出火花之論點乃是姚斯(Hans Robert Jauss)接受美學與伊瑟(Wolfgang Iser)讀者反應理論中,所謂文學作品具有召喚功能,作品之內容中具有太多之留白,供閱讀者去填補;作者在寫作的同時,心中亦期望有一隱含讀者(Implied reader),也是有水準的理想讀者,作為作者之知音,能解讀出作者之原始本義來。見伊瑟(Wolfgang Iser)著單德興譯〈讀者反應批評的回顧〉中外文學第十九卷第十二期,頁 85～89。

這些詮釋方式，只是歷代注解《莊子》時所運用的方法之一，而且注莊者往往也不只運用一種詮釋法，如宣穎《南華經解》則「以儒解莊」、「以文評莊」兩者並用，憨山《莊子注》則偏重以佛解莊，以儒解莊比例較少，因此詮釋時，運用比例的多寡，各家都不盡相同。綜而言之，歷代注莊的方式較明顯的注解方式有：以儒解莊、以佛解莊、以道解莊、以文字訓詁解莊、以文章章法解莊、以莊解莊；亦有揉攝各家，看不出明顯思想脈落之以己意解莊等。

歷代莊學之詮釋方法，可由《四庫全書總目提要》的說明略知一二。《四庫全書總目提要》所收錄《莊子》書目以明、清較多，〔註33〕《提要》中約略以「附之儒家」、「詮以佛理」、「以時文之法評之」、「循文衍義」等語評論之，在義理方面，如評宋・褚伯秀《南華眞經義海纂微》：「主義理不主音訓」，對以儒義解莊者如清・吳世尚《莊子解》則謂其：「附之儒家，且發撥文字之妙觀」，進而明白指出以佛或以禪解莊者如：明陸西星《南華經副墨》：「欲合老釋爲一家」、明方以智《藥地炮莊》：「詮以佛理，借洸洋恣肆之談」、明・釋德清《觀老莊影響論》：「其書多引佛經以證老莊，大都欲援道入釋」、清・張世犖《南華摸象記》：「其學以禪爲宗，因以禪解莊子」。

《提要》中以時文之法解莊，語多評騭，如林希逸《莊子口義》：「所見頗陋」「殊不自量，以循文衍義，不務爲艱深之語」，並言《口義》只是「差勝後來林雲銘輩以八比法詁莊子者」，又評論明・朱得之《莊子通義》爲：

議論陳因，殊無可採，至於評論文格，動至連篇累牘，尤冗蔓無謂矣！〔註34〕

〔註33〕《四庫全書總目提要》所收錄《莊子》書目，分見卷一百四十六子部五十六〈道家類〉及卷一百四十七子部五十七〈道家存目〉卷一百三十四子部四十四〈雜家類存目〉，共計十九本，而附屬其條目下略說者有二本。有晉・郭象，《莊子注》、宋・王雱，《南華眞經新傳》、林希逸，《莊子口義》、褚伯秀，《南華眞經義海纂微》、明・焦竑，《莊子翼》、朱得之，《莊子通義》、陶望齡，《解莊》、陸西星，《南華經副墨》、文德翼，《讀莊小言》、方以智，《藥地炮莊》、明末・林屋洞藏書，《古今南華內篇講錄》、釋德清，《觀老莊影響論》、清・張坦，《南華評註》、吳世尚，《莊子解》、孫嘉淦，《南華通》、林仲懿，《南華本義》、徐廷槐，《南華簡鈔》、張世犖，《南華摸象記》、錢澄之，《莊屈合詁》（唯一放入〈雜家類存目〉者），附於林希逸，《口義》條下有林雲銘、附於焦竑，《莊子翼》下有宋・李士表，《莊子九論》，計晉一本、宋五本、明八本、清七本，莊學書目見於《四庫全書總目提要》共計二十一本。

〔註34〕〈四庫全書總目提要〉卷一百四十七。見《文淵閣四庫全書》。

如此完全以義理的的角度出發的論點，應是宋、明以來，一向重視義理思想，清朝又重經世致用之經學緣故，《莊子》以義理爲尚，用時文解莊畢竟屬於第二義，修纂《四庫全書》之大學士等，自是不以爲然。《提要》這種以經爲尊的看法，忽視歷代注《莊》有多元發展的現象。從宋代開始，就有一群以文學觀點讀莊、解莊，闡述《莊子》文學特點、爲文之法、文章結構者，他們對後代文學的影響，對莊學廣度的推擴，是具有相當大的貢獻的。〔註35〕

後人對前代注疏詮釋方法與策略，一直相當關注，其實是藉由學習前人的「洞見」以切入《莊子》，更由此觀出前人之「不見」，再融合自己的素養，提出新的「創見」來，因此在莊學的詮釋歷史上，吾人可以看出除了以語言文字解莊子之歷史語意之外，注莊者多半會根據自己存在於當下社會的時代背景，個人生平遭遇自己學術的根基，或宗教的涉入，生活經驗的融攝，而產生注疏者個人創造性的闡釋，注解的意義成爲另一項「洞見」的創造。〔註36〕

民國以來，學者專家不斷在整理前人的解莊方法，如二十年代學者郎擎霄《莊子學案》中，對解莊方法以歷史的角度切入，以魏晉重玄，唐取莊子文章，宋則哲理、文章並進，明、清多以論文爲主；葉氏並將王夫之《莊子解》稱之：「空絕依傍自創新義」列入自成一格派〔註37〕基本上亦是承襲《提要》之說：「以儒、佛釋莊論之」的義理解莊爲主。

五十年代之關鋒《莊子內篇譯解和批判》在〈莊子注解書目〉中就清楚的提出宋、金、元、明，注莊者亦多有標榜「援莊入儒」者，但實際上也常常暗中以「佛義解莊」，正式提出「援莊入儒」、「以佛義解莊」之詞，對張世犖《南華摸象記》則承襲《提要》云：「以禪解莊」，林仲懿《南華本義》則是：「以理學解莊」，胡文英《莊子獨見》則是「以論莊子文章爲主」。〔註38〕至此，莊學中詮釋方式已然舉舉大端，清晰可見。

分爲儒家派、道家派、釋家派、集解派及其他；〔註39〕黃公偉《道家哲

〔註35〕簡光明，《莊子評註初探—以「莊子口義」、「莊子因」爲主的考察》《逢甲中文學報》創刊號，民國80年11月。

〔註36〕參考龍協濤，《讀者反應理論》，臺北：揚智文化，1997，頁7；及廖炳慧〈莊子的洞見與不見〉《中外文學》，十一卷十一期，1983，頁98～145。

〔註37〕葉國慶，《莊子研究》，頁130。

〔註38〕關鋒，《莊子內篇譯解和批判》，北京：中華書局，1961年6月一版，頁371～403。

〔註39〕葉國慶，《莊子研究》〈注莊的派別〉收錄於，《莊子研究論集》，臺北：木鐸出版社，民國71年9月，頁112～132。

學系統探微》更是發揚爲分玄學派、佛道派、道士派、丹道派、儒學派、理學派、內丹派、綜合派、集注派、古文派、考據派等十一派。〔註40〕曹礎基《莊子淺注》〈前言〉:「從現存的晉人郭象《莊子注》算起,評注《莊子》的數以百計。有的說《莊子》與法家同源,有的把莊子與儒家合流,有的說《莊子》等同佛家,有的以陰陽家、神仙家的觀點去解說《莊子》」,〔註41〕張默生《莊子新釋》亦云:「第一派,是用老子眼光看莊子,說莊子是闡發老子的學理的;第二派,是用儒家的眼看莊子,說莊子是儒家的一位藩臣,他是以怪說止怪說的;第三派,是用佛家的眼光看莊子,說莊子是暗通佛理的。」從這些琳琅滿目的分派論述角度而言,其詮解皆一以義理爲準,以派別區分之,不但不能全面理解闡釋方式,反而更加含混而不明,故簡光明云:

> 分派的目的原在使各注家的思想傾向有一清楚的區別,進而彰顯注
> 家在詮釋《莊子》的特色。若在派別劃分上,未能有效達成目的,
> 反而使各家特色消失殆盡,則不如不要分派。〔註42〕

莊學闡釋的立場如僅以義理上的分派,則失之詮釋之特色,因爲詮釋者在解讀莊子時,未必是要堅守某一派別之理念,其實注者常是在閱讀《莊子》一書後,發抒自己之壘塊,表現注者校詁的功力、義理的深義、融合學術之素養、文學的造詣,往往幾個詮釋策略單獨使用或合併運用,顯示出注者個人的特色與風格,故以解莊方法來看莊學詮釋策略,是比較合乎注莊者當初註解時的情況及其最初目的。

三、莊學詮釋法之分類

從以上各家的論述,歸納歷代莊學之詮釋方法,可區分爲三大類:以文字訓詁解莊、以義理思想解莊,兼融文學與哲學之以文解莊。

(一)以文字訓詁解莊

由文字訓詁解莊者,是以訓詁意義爲主之解莊方式者屬之。所謂以「文字」方式詮釋者,是以文字、聲韻、訓詁爲主,說明《莊子》內容與意義。從晉向秀《莊子音》、司馬彪《莊子註音》、郭象《莊子音》、李軌《莊子音》、

〔註40〕黃公偉,《道家哲學系統探微》〈莊子南華經注疏之歷程〉,臺北:新文豐出版社,民國70年8月,頁339~341。

〔註41〕曹礎基,《莊子淺注》〈前言〉,北京:中華書局,1982年10月,頁2。

〔註42〕簡光明,《宋代莊學研究》,臺灣師範大學國文研究所博士論文,民國86年4月,頁98。

徐邈《莊子音》、《莊子集音》，到唐·陸德明《莊子音義》、《莊子文句義》、宋·陳景元《南華章句音義》、明·賈善翔《南華眞經直音》、清·姚鼐《莊子章義》以來，以音義、訓詁是解莊之基本工夫。如陳景元《南華章句音義·敘》所言：

> 逐章之下，音字、解說、解義，釋說事類，標爲章義書成。〔註43〕

解讀經典由字之音義，到句之句讀，成爲注疏解經之基本要項，如此進而在義理或文學的發揮，才有意義。故賈善翔《南華眞經直音·序》云：

> 不識字則不知義，不知義則无味，无味則不樂，不樂則欲无倦怠其可得耶！〔註44〕

故而藉由文字、音義、訓詁的了解，再求文句意義的了解，理解先秦文字意義之運用情形，然而對《莊子》哲學義理的深入理解，相對而言，著墨較少，因此，晉·郭象注莊才能進一步在玄學的思維下，開拓《莊子》另一片詮釋的天空，以義理解莊成爲莊學詮釋上重要且豐富的過程。

（二）以義理思想解莊

就義理思想方面而言：又分儒家及宗教兩方面。以儒家角度解莊者有：「以儒解莊」、「以易解莊」、「以理解莊」等屬之；以宗教角度解莊者有「以佛解莊」、「以道解莊」屬之。

「以儒解莊」是解讀《莊子》思想之大宗，從《莊子》思想溯源作爲主軸，系聯儒家與道家，認爲莊子亦出於孔門子夏、田子方的系統，莊子對孔子是「陽擠而陰助之」，因此莊子文中意義，可與《易經》匯通、《中庸》、《大學》相銜接。其中「以易解莊」、「以理解莊」，都是這個系統。

持這種看法的學者非常多，最早由從向秀、郭象、成玄英至王安石、韓愈〈王塤秀才序〉、宋·蘇軾〈莊子祠堂記〉正式提出以來，眾多儒者在自己儒道思想互攝互融的觀點下，幾乎都抱持這種看法，而形成相當普遍的觀點，更有以儒進取，以道安身立命，莊子乃孔子之託孤，另闢儒家心理無待逍遙的新天堂。故將莊子視作「與《中庸》相表裡」（宣穎語），因此「以儒解莊」蔚爲龐大體系。

〔註43〕見陳景元，《南華眞經章句音義》，頁3，藝文印書館據清道光間錢熙祚指海本影印，嚴靈峰，《無求備齋莊子集成初編》，第5冊。

〔註44〕賈善翔，《南華眞經直音》，頁2，藝文印書館據明刊正統道藏本影印，嚴靈峰，《無求備齋莊子集成初編》，第5冊。

「以佛解莊」、「以道解莊」，以佛教之禪機，道教神仙之說，與莊子眞人神人之境，互爲說解，因佛教的超脫物外、道教神仙冥通，與莊子獨立於逍遙之境，有很多異曲同工妙悟之處，相互輝映，互爲發明，便自成一格。如釋德清《莊子內篇注》解莊多以佛義解、張世犖《南華摸象記》多以禪解莊等。〔註45〕

莊學注疏詮解方式中屬獨立特殊者，如王船山《莊子解》，關鋒評曰：

此書實非解莊，而是借以發揮自己的哲學思想，很有見地。〔註46〕

此種是以己意解莊，既不落於儒之義，亦不限於佛之解，是獨標出己見，卓然不群者。

但是仔細考量，詮釋者在經由閱讀、理解、表達時，除了以自己才學爲基準，運用所熟悉之詞彙，加上體會而詮釋其義，若不是引用前人註解，則哪一個不是以己意詮釋，大陸學者以莊學應物化、鬥爭、革新，不也是以己意解莊？

（三）兼融文哲之以文學解莊

在文字訓詁之不足，義理思維多偏向自我學術、宗教思維的理解之下，宋、明以來以、逐漸產生一種兼融並蓄義理之枯澀與文字訓詁之簡約之「以文評莊」、「以文解莊」的以文學方式詮釋之方法。

「以文評莊」、「以文解莊」兩者看似相同，其實「文」廣義而言應包括「文字」與「文學」，所謂以「文字」方式詮釋者，是以文字聲韻訓詁解莊，從魏晉崔譔以來或清乾嘉訓詁大興之後，諸如此者，本論文定之爲「以訓詁解莊」；所謂以「文學」方式詮釋者，是自明清以來，許多注解者，因具有相當豐富的閱讀古文與書寫古文的經驗與學養，自是以古文家的角度切入《莊子》，進而全面運用詩話、評點、文章章法等方法重新理解莊《莊子》，建構出一套文學的理論與架構的新《莊子》，此之謂「以文解莊」。

「以文解莊」的前身應是「以文評莊」，由「評莊」發乎端，由「解莊」完其後。名稱的界定是宋・劉辰翁《莊子南華眞經點校》又名《莊子評點》，以「評點」莊子爲書名，開始發其「以文評莊」之端，其後明・歸有光《南華眞經評注》、孫鑛《莊子南華眞經評》、譚元春《莊子南華眞經評》一一以

〔註45〕關鋒，《莊子內篇譯解和批判》，北京：中華書局出版，1961 年 6 月，頁 375 〜396。

〔註46〕關鋒，《莊子內篇譯解和批判》，北京：中華書局出版，1961 年 6 月，頁 387。

此方式評點莊子，作者羅列眾議以陳己見，立下總論與讀法，這是受到當時詩話、評點盛行之影響。

因為「評莊」是眾多論述平行排比，偶在某段眉批中說明、或評論，驚鴻一撇，吉光片羽式的論點，欠缺全面與整體性。影響所及清代如林雲銘《莊子因》卷首題目下，題曰：「三山林雲銘西仲評述」〔註47〕、劉鳳苞《南華雪心編》題目旁曰：「武陵劉鳳苞采九甫評釋」〔註48〕、胡文英《莊子獨見》旁：「晉陵胡文英繩崖評釋」〔註49〕以「評述」、「評釋」為名並且加上自己的論點，已經由「評莊」進一步轉為「解莊」，若是僅僅「評」如嚴復《莊子評點》、鍾文烝《手評莊子後附佚文》即專以「評」為名。

「以文解莊」則是指解讀莊子時，一是以文學角度、批評的視野，建構一文學理論，一是以章句脈絡、全篇照應作整體性的理解，從文學性的角度，進入哲學性的思維，吸納其內涵意義，作為詮解。這種詮釋方法，是文學與哲學並融，在雄姿英發的文采處，見諸妙趣橫生的關鍵意義。〔註50〕應由林希逸《口義》中視其文句血脈而影響至《莊子因》重視全書篇章結構，章法脈絡，段落之銜接，而提出全面的論證。

四、「以莊解莊」之探討

近年來許多學者在解莊時，標榜自己解莊是「以莊解莊」。「以莊解莊」此語宋·湯漢《南華真經義海纂微·序》即提出：

> 須以《莊子》解《莊子》，上絕攀援，下無拖帶……切不可翼以聖人
> 之言，挾以禪門關鍵〔註51〕

此「莊子解莊子」，認為就莊子之言以說明莊子，才是解莊之道，用佛家禪門

〔註47〕林雲銘，《莊子因》藝文印書館據清乾隆間刊本影印，嚴靈峰編，《無求備齋莊子集成初編》，第18冊，頁25。

〔註48〕劉鳳苞，《南華雪心編》藝文印書館據清光緒二十三年晚香堂刊本影印，嚴靈峰編，《無求備齋莊子集成初編》，第24、25冊，頁7。

〔註49〕胡文英，《莊子獨見》藝文印書館據清乾隆十六年三多齋刊本影印，嚴靈峰編，《無求備齋莊子集成初編》，第21冊，頁17。

〔註50〕此論點經由指導教授周師虎林先生，點撥而時豁然得解，筆者不敢專美，特在此提出說明。

〔註51〕明·孫應鰲，《莊義要刪》前附宋·湯漢（宋度宗咸淳乙丑，西元1265年），《南華真經義海纂微·序》明萬曆八年陶幼學等刻本，《四庫未收書輯刊》參輯，北京：北京出版社，2000年1月，頁27～280下。並見葉國慶，《莊子研究》，臺北：木鐸出版社，民國71年9月，頁44。

語言去解，是「翼」、是「挾」、是上有攀援，下有拖帶之義，並非是解莊的
好方法。宋・王雱《南華眞經新傳・序》即自言：

> 世之讀莊子之書者，不知莊子爲書之意，而反以爲虛怪高闊之論，
> 豈知莊子患拘近之世，不知道之始終，而故爲書，而言道之盡矣。
> 夫道不可盡也，而莊子盡之，非得已焉者也。蓋亦矯當時之枉，而
> 歸之於正，故不得不高其言而盡於道，道之盡則入於妙，豈淺見之
> 士得知之，宜乎見非其書也，吾傷不知莊子之意，故因其書而解焉。
> 〔註52〕

由王雱此語，看出宋代學者已經有「傷不知莊子之意，故因其書而解焉」的
看法，而欲明「莊子爲書之意」。又如，明・陳繼儒《南華發覆・序》云：

> 蘊輝老人長於詩，無服屠語。與之談方內方外之書，旁及《南華經》，
> 往往能結吾輩舌。蓋少而習之，長而遊於空山大澤間，所見無非莊
> 者，積三十年而後《發覆》之註出焉。……它人以我解莊，而蘊公
> 以莊解莊。蘊公潔古有道人也，此語亦從三十年破我得來耳。〔註53〕

陳繼儒所以謂《南華發覆》是「以莊解莊」言之，是由於釋性通《自序》
謂以前解《莊子》者，「皆己之《南華》，非蒙莊之《南華》也」，〔註54〕並指
出內外篇「內外」二字、逍遙遊「遊」字、乘天地之正之「正」字，前人皆
未明指歸，因爲之解曰：

> 內外者，道德二字也：內以道言，外以德言。內雖有七，只發揮
> 道之一字；道之眞以治身，是以言內。外篇有十五，只發揮德之
> 一字：出其緒餘，以爲天下國家，無爲爲之之謂德，是以言外也。
> 逍遙遊者，遊於道也。爲道集虛，人能虛己遊世，其孰能害之？天
> 地之正，祇是無己私、無己愛、無己無功無名，便是乘天地之正
> 之人也。〔註55〕

由上面所述得知，「以莊解莊」在此之義是：以莊子之語解讀莊子，說明其中
義涵，用前後對照的方式解讀其義。

〔註52〕王雱，《南華眞經新傳》藝文印書館據明刊正統道藏本影印，嚴靈峰編，《無
求備齋莊子集成初編》，第6冊，頁2～3。
〔註53〕釋性通，《南華發覆》藝文印書館據清乾隆十四年刊本影印，嚴靈峰編，《無
求備齋莊子集成續編》，第5冊，頁9～18。
〔註54〕釋性通，《南華發覆》，頁2。
〔註55〕釋性通，《南華發覆》〈逍遙遊〉題目下方，頁21。

至清‧林雲銘《莊子因》亦認爲：「無不如還以《莊子》解之」，又云：「合三氏之長者（儒、道、釋三氏之學），方許讀此書」，〔註56〕林雲銘言「以莊解莊」，考察其書，是以明句讀爲根本，文章章法爲技巧，得其脈絡聯繫，借用評點的眼目，繫連莊子全文，以莊子之文學性之說明解釋莊子。故林氏於〈莊子雜說〉云：

> 惟先求其本旨，次觀其段落，又次尋其眼目、照應之所在，亦不難曉。……止玩上下文，來路去路，再味其立言之意，便迎刃自解矣！……莊子當隨字隨句讀之，不隨字隨句讀之，則無以見全書之變化，又當將全書一氣讀之，不將全書一氣讀之，則不知隨字隨句之融洽。……

林雲銘所指「不如還以莊子解之」，應是就莊子一書之旨意論莊子，不談及莊學流派，思想來源，而是根據現有《莊子》書中語意、全章主旨、脈絡的條理作分析，就莊子文中語句，說明莊子前後之義，如以「知」與「言」，縱貫莊子〈齊物論〉及生死觀點，是用《莊子》之語言，說解《莊子》之義。

因此「以莊解莊」之說，宋、明學者即開始言之，但確切要義並未統一，由陳繼儒、林雲銘之解，是認爲以莊子之語言，解莊子之意，才能全面體會莊子全義者稱之，得莊子之眞精神的見解，但《莊子》三十三篇未必一人之作，以其書中所言解其言，未必盡得莊子本義，往往會使後學更加迷其要津，而更無解。

「以莊解莊」近幾十年來，學者專家又開始全面思索，很多人皆以自己是「以莊解莊」爲推論的特色，認爲在解莊時，一個字或一個詞或重要觀點，必須全面去關照莊子三十三篇的前後義之對照，才能解讀其全面意義，才能深入其中眞正的涵義。

如張默生《莊子新釋》談「以莊解莊」部分認爲：

> 不過我以爲研究一家的學說，最要緊的是切切不可舍本逐末。大能成「一家之言」的學說，必有他的中心思想，這中心思想，就是他對於一切事理的變化去觀察，去經驗，去思考的結晶品。這種結晶，

〔註56〕見林雲銘，《莊子因》〈莊子雜說〉：「莊子旨近老氏，人皆知之，然其中或有類於儒書，或有類於禪教，合三氏之長者，方許讀此書；莊爲解不一，或以老解，或以儒解，或以禪解，究竟牽強，無不如還以莊子解之。」藝文印書館據清乾隆間刊本影印，嚴靈峰編，《無求備齋莊子集成初編》，第 18 冊，頁 20～21。

或是一句話，或是幾個字，甚至是一個字就可以把全部學說包舉無

遺。此外儘管是千言萬語，無非為他的中心思想作注腳。〔註57〕

他又認為《莊子》其書是以「道」與「因」為主軸，用以解莊，才能體現莊
子之全貌，此為「以莊解莊」故云：

　　我們研究《莊子》，也當取同樣的態度，莊子的中心思想。可說是一

　　個「道」字和一個「因」字。「道」是他的本體論。「因」是他的人

　　生論。這裡不去討論他學說，只來討論如何去研究他學說的方法。

　　〔註58〕

胡楚生《老莊研究》亦以「以莊解莊」作為解莊的方法，其中〈從「物
化」論「蝴蝶夢」的究竟意義〉就認為：

　　其實，「物化」的意義，應該是以莊解莊，仍然應該從《莊子》書中

　　去尋求答案才是。〔註59〕

胡氏就詳細的將「物化」放諸《莊子》全書去考量，找出〈寓言〉、〈秋水〉、
〈至樂〉、〈逍遙遊〉、〈知北遊〉、〈大宗師〉、〈天道〉、〈刻意〉等篇中有關「化」
相關意義作一個整體的關照，提出自己的看法是：「宇宙中生物與生物之間的
相互變遷轉化」，再引用前人註解此處部份，合理與否作說明，作一完整的「以
莊解莊」之示範。

　　由胡氏所運用之方法，以一個詞語為重點，全面照應全書相同的語詞，
將部分意義作整體的聯繫，全面一貫的掌握《莊子》之精神義涵。此「以莊
解」之法，足以為法式，供後學學習。

　　近年來「以莊解莊」已成為研究《莊子》者，引用的研究方法與策略，
其內容根據自己討論的主題而解釋不同，有以《莊子》文句為主，貫穿前後
脈絡、理解內在思想概念與理路，如：王櫻芬《莊子〈逍遙遊〉研究》云：

　　採「以莊解莊」的方式，直接就莊子文句入手，這是從上、下文意

　　的脈絡裏，商榷概念的內涵，以推究故事的旨意，而釐析出莊子思

　　想的內在思路。〔註60〕

〔註57〕張默生，《莊子新釋》濟南：齊魯書社，1993年12月一版，1996年7月二刷，
　　　　頁24～25。
〔註58〕張默生，《莊子新釋》〈莊子研究答問〉亦提出「以莊解莊」之說，臺北：明
　　　　文書局出版，民國83年1月，頁29～30。
〔註59〕胡楚生，《老莊研究》，臺北：學生書局出版，民國81年10月，頁164。
〔註60〕王櫻芬，《莊子〈逍遙遊〉研究》，國立中正大學，中國文學系碩士，民國88

林育慶《莊子・養生主》研究：

> 則這義理脈絡自不能離於《莊子》而求，於〈養生主〉原文內容不
> 明朗處，基於內七篇義理具一致性，儘可能運用內篇中哲學內容相
> 關的文獻來理解，此即所謂「以莊解莊」。唯以詞語有其脈絡義，故
> 所引內篇文獻非依字詞相同為準，而以義理內容相同、相聯貫者為
> 準。〔註61〕

邱茂波《從「內聖外王」論莊子哲學及其重要詮釋》

> 「以莊解莊」之立場，我們想從一批判、考查、釐清之態度與立場，
> 以廓清莊子思想之本質，藉以彰顯莊生自言所學之宗旨〔註62〕

有以《莊子》貫通為主，其他相關註家為輔相互印證者，如：謝靜惠《莊子養生主研究》、黃憶佳《由養生主看莊子的養生觀》兩位持相同看法：

> 「以莊解莊」即是援用莊子書中相同或相聯貫、融通的論解為主，
> 而以後人之注疏，或近人之能合莊旨的詮釋為輔助資料。〔註63〕

有以《莊子》為主，旁及先秦諸子、或相關文獻者，如連清吉《莊子寓言研究》：

> 是以「以莊解莊」為前提，披閱莊子全書，搜集所有的寓言。然後
> 取證於子書、先秦典籍，及莊子注書對於寓言訓解。歸納出寓言的
> 界說：寓言者藉外而論之言，是假借他人、他事、他物曲達莊子的
> 旨意的敘述。〔註64〕

以上論點則全部強調以《莊子》文本為主，前後文意的脈絡、思想概念務求一致性，能全面觀照《莊子》文本，獲得全面的、貫通的理解，是為「以莊解莊」。

「以莊解莊」如同「以經解經」是種解莊詮釋策略之一，就張默生而言，是把莊子主旨「道」放入全部《莊子》三十三篇中，體現它的真正意含，這是屬於形上意義，作者精神主體性的掌握與了解；胡楚生則就全書語義、語法的對照性的理解，進而以歷史各家的註解作印證。近幾年之研究者，則以

年。

〔註61〕林育慶，《莊子・養生主》研究國立中正大學中國文學系碩士論文，民國 89
年。

〔註62〕邱茂波，《從「內聖外王」論莊子哲學及其重要詮釋》中國文化大學哲學研究
所博士論文，民國 92 年。

〔註63〕謝靜惠，《莊子養生主研究》文化大學哲學研究所，民國 82 年；黃憶佳，《由養
生主看莊子的養生觀》輔仁大學中文系碩士，民國 91 年。此論兩人所言相同。

〔註64〕連清吉，《莊子寓言研究》東海大學中國文學研究所碩士論文，民國 70 年。

所研究的項目，考察全書，甚或龐及同時代的典籍，都可說是此詮釋方法由古至今的一種推演。由於此方法尚未有一定的標準，故需注意以下幾點：

（一）外雜篇雜揉其他思想

莊子內、外、雜篇其實成書年代、編寫次序、作者等，因年代湮遠，已無肯定之成書時代及作者，學界之共識爲：內七篇爲莊子主要思想，外、雜篇可能爲莊子後學雜揉當時陰陽五行的觀點綴述而成，甚至認爲古書乃分別傳抄，後人掇集而成。

因此由《史記》所云：《莊子》有五十二篇，與今日所見篇數不同，自宋・蘇軾懷疑〈讓王〉等篇非莊子所寫，恐怕是後人贗作以來，許多論者如劉笑敢《莊子哲學及其演變》、劉榮賢《莊子外雜篇研究》等學者，都認爲《莊子》書中作者的成份，可能不止一人，其書又不爲一時之作，其間亦非一貫之思考，其中是否有誤傳之作，可否貫通全部三十三篇之意義，是需要研究者再求詳加考證的。

（二）考量作者思想是否一致

《莊子》以寓言、重言、卮言行文，人物、動、植物皆確實存在的實體，但時代錯綜交換，兩相設問對話，全部角色皆在莊子大筆揮毫下，操之在莊，以展現莊子的思維，因此「以莊解莊」，是否爲眞實意義的還原，詮釋效用的完足，都值得吾人仔細評估與考量。

詮釋學中有一方法，名曰「詮釋之循環」（hermeneutic circle）〔註65〕意義爲：部分須在整體上才能理解，整體也須靠部分才能獲得。〔註66〕就詮釋而言，這種詮釋方式能夠前後照應，前後一致，意義完足。

然而同一位哲學家作品，即使作者相同，不同年齡、心境下，作品的詮釋亦會不斷更改，如朱熹在死前還在修改四書，更遑論《莊子》作者不明、

〔註65〕「詮釋之循環」（hermeneutic circle）最早出自弗里德里希・阿斯特（Friedrich Ast1778～1841）強調整體精神是通過部分的內在和諧得到理解，此理解分歷史，語法與精神三部份，及德國新教牧師施萊爾馬赫（Friedrich Schleiermacher）正式提出，所謂「詮釋學循環」是通過整體與部分間的辯證之相互作用，把意義互給對方，理解就成爲一種循環，一種語法與心理上理解的藝術。見帕馬 Richard E. Palmer 著嚴平譯，《詮釋學》，臺北：桂冠圖書公司出版，1992 年 5 月初版一刷，2002 年 10 月初版四刷，頁 85～99。

〔註66〕朱剛，《二十世紀西方文藝文化批評理論》，臺北：揚智文化出版，2002 年 7 月，頁 132。

時代不一，因此「以莊解莊」是否與原作者想法一致，仍應評估。

（三）邏輯上的矛盾

在邏輯上要注意，是否涉及邏輯上的矛盾，因為假若在理解部分之前，就必須把握整體，既然部分是從整體中獲取其意義，那麼如何由整體開始毫無差別的進入部分呢?則詮釋學之循環這一概念有效嗎？

在詮釋學學者德·施萊爾馬赫（Friedrich Schleiermacher）認為，學者對作品及作家之思想，具有整體方向的了解，若具有前知識、前理解等基本的理解，進而「飛躍」、「直覺」的理解全部意義。就如同莊子談道，這是大家共同了解的，於是每個人從文本中找出論證，合一之後，「妙悟」出原來這些組合是道，這結果真是莊子之道呢？還是研究者以自己能力所解之道呢？

一旦「以莊解莊」的詮釋方法成立，就勢必涉及詮釋學之循環，就必需考量，所解之莊子是否是全部意義的理解，其內容應包括：歷史、語法與心理義涵等。《莊子》本身成書、作者尚有爭議，歷史定位、意義的解釋也有所出入，加上語法、心理層面的不同，因此「以莊解莊」必然有層層的困擾與限制，成為各自表述或拼貼接合的解釋，如同德國哲學家馬丁·海德格（Martin Heidegger）所謂的，提出「存在」之狀況，以此為前提，再推論其他命題時，使得原來不清楚的論題，加以清晰、展露、深入釐清，並容納它所引申出來的一切意義，再運用詮釋時，運用事先的洞見、純粹的直觀，達到事物的本身，〔註67〕最終對「存在」之命題作全面的理解，如《存在與時間》此書即以「存在」、「此在」、「時間性」三者之意義與相互關連，作一層層細部分析，〔註68〕這是一個作者，對一個「主題」作反覆的論證，才能清楚的對所討論的議題作細膩、清楚的分析，但是《莊子》一書，並非同一個人的著作，若以多位學人所著「莊子之文」以解「莊子之意」，其中會不會有謬誤之處，都是學者專家在引用時要細心分辨與考慮的。

「以莊解莊」是一種解莊的詮釋方法，也是目前學者喜歡運用，覺得有效又合乎科學的方法，但是需考慮是否是最有效的理解，是否是最好的解答，是否合乎莊子之本意，不被錯誤的理解誤導，都是研究者要仔細考慮的。

〔註67〕陳榮華，《海德格哲學──思考與存有》，臺北：輔仁大學出版社，民國 81 年 4 月，頁 36～43。

〔註68〕德·馬丁·海德格（Martin Heidegger）著，王慶節、陳嘉映譯，《存在與時間》（SEIN UND ZEIT）臺北：桂冠出版社，2002 年 2 月。

其實依照任何詮釋方法以解莊，都是以意逆志，皆不足以說明莊子其人、其書最早之原始意涵，只不過是取其糟粕，以求自我詮解，體悟世間真正之道，其實充塞天地，無一式以為法則，順其自然，因任自然，此其解莊之道也。因此明・孫應鰲《莊義要刪・序》即云：

故齊桓輪扁之喻、老聃迹履之喻，正示人當自信自證，勿徒附會緣飾於是書也。故泥六經以讀莊，則莊無稽；執六經以讀莊，則莊無用；外六經以讀莊，則莊無據；融六經以讀莊，則莊無忤。〔註69〕

因此融會貫通，以應於物，以化解世事，以得其天命，是運用各種詮釋方法以解莊之真正意義。故筆者在論述詮釋方法與理論建構時，仍以「以文解莊」、「以儒解莊」等法詮釋，依照內容論述，作整體的討論，再提出說明。希冀以詮釋方法學的角度，論述解莊者運用之法，作客觀說明，以理解前賢解莊之法，進而學習或加以融會運用，做為後學解讀莊子方法之應用。

第二節　從「以文評莊」到「以文解莊」

一、源　起

從莊學詮釋的歷史發展而言，魏晉以來一直是以郭象《莊子注》之義理為主，而崔譔、陸德明標音、訓詁為輔，絕少注意《莊子》之文學價值，但從唐代韓愈、柳宗元始，為文之法，曾以莊子為宗，如韓愈〈進學解〉在「作為文章」之源就提及《莊子》。宋代王安石、蘇軾喜援用莊文，如蘇軾在文學上援用莊子，常師其意用其辭，或轉化其意、或取其氣，或仿效其寓言的方式論述。〔註70〕

莊學史中以文學角度解釋《莊子》的風氣，始於宋代。由上述學者，援用莊子文句，到解釋《莊子》內容之注莊者，都有別於過去以義理解莊之看法。因此，對於這一系列的注莊作品，用「以文士看莊周，以文章求莊子書」

〔註69〕明・孫應鰲，《莊義要刪》十卷二十冊，明萬曆庚辰（八年）雲南宮刊本，國立中央圖書館善本序跋集錄，子部，民國82年，頁351。又見明萬曆八年陶幼學等刻本，《四庫未收書輯刊》參輯，北京：北京出版社，2000年1月，頁27～271。

〔註70〕其例證詳見簡光明《宋代莊學研究》，國立台灣師範大學國文系博士論文，民國86年4月，頁152～158及姜聲調《蘇軾的莊子學》，臺北：文津出版社，1999年12月。

稱之，龔鵬程認為：

> 以文士看莊周，以文章求莊子書，如宋・林希逸《莊子口義》、劉辰
> 翁《莊子評點》、明・孫應鰲《莊義要刪》、歸有光《道德南華評注》、
> 孫鑛《莊子南華真經評》、譚元春《莊子南華真經評》、林雲銘《莊
> 子因》、吳世尚《莊子解》、高秋月《莊子釋意》、宣穎《南華真經解》、
> 胡文英《莊子獨見》……等，都屬這一系統。〔註71〕

「以文士看莊周，以文章求莊子書」，這是以文學角度解莊的重要特色，與郭
象以降，重視以義理解莊者，涇渭判然，如清・宣穎說郭注：「於莊子行文之
妙，則獨未涉藩籬。古今同郭注者，謂其能透宗趣；愚謂聖賢經篇，雖以意
義為重，然未有文理不能曉暢，而意義得明者，此愚所以不敢阿郭注也」《南
華經解・莊解小言》云云，即可以顯示以文理為著眼點上，已有新的見解。
這一派「以文章求莊子書」者，或評點圈批，或加諸評語、解釋《四庫全書・
總目提要》評之為

> 謂廣求古註數十餘家，採其簡當，刪其繁蕪，又參以己意，為之評
> 釋；別為或問十條，列於卷首。今案其書分段加評，逐句加註，皆
> 不言本某家之古註。其註似徐增之說唐詩，其評一如金人瑞之評西
> 廂記、水滸傳而已。觀其或問第二條，以莊子為風流才子，可知其
> 所見矣。〔註72〕

這些註解家如宋・劉辰翁、明・歸有光、鍾惺等，都評點過許多詩文，運用
其素養以文解解莊，讀出莊子行文之妙，藉由文義以透旨趣，求得文理兼具，
意義曉暢明白，是這群「以文章求莊子」者，共同的期望與目標。

　　但如果細部來看，其文士求莊，文章求莊的這群注莊者，其實注莊的內
容與形式，仍是有所不同的。以文學方式解莊，初期是「援用莊文」，如王安
石、蘇軾將《莊子》的思想與文字融入文學作品中，文士讀莊、援莊直到文
士解莊，從宋以來，至明、清之學者，站在當時文學、文章、評點的角度看
《莊子》，解莊的方式，從「援用」變化成「以文評莊」的評點方式解莊。

　　宋代就形成解莊方式多元的時代，原由義理為出發者，以儒家、佛教、
道教等不同思想，融入《莊子》中，在宋、明陸續有承繼者；而以文學角度

〔註71〕龔鵬程，《文學批評的視野》，臺北：大安出版社，1990 年 1 月初版 1998 年 4
　　　　月二刷，頁 396。
〔註72〕見《四庫全書總目・南華評註提要》評張坦《南華評註》之語，卷一百四十七。

解讀《莊子》者，開始用文理的觀念解之者，如宋・林希逸《南華眞經口義》是用文章血脈角度解莊子，接著以評點的方式評莊者，如劉辰翁《莊子南華眞經點校》，將個人讀莊的感受，以及文章的呼應處，寫在眉批上，此時可稱之爲「以文評莊」時期。

從宋代發乎端「以文評莊」之風，延續至明人接踵進行，不斷的在《莊子》散文藝術特色上作發揮，但純就「評」的角度，已經不能滿足學者，於是由個人評：如孫鑛《莊子南華眞經評》到歸有光《莊子南華經》集合眾人之評，「以文評莊」的方式與內容，開始有所轉變。

逐漸的綜合許多家的註解，純就文而評，也不足以說明《莊子》全文之意義，於是有「以文解莊」的出現，如明・陸西星《南華眞經副墨》等，不但以散文角度解莊，對內容意義又有詳盡之說明，到清初的承接、總結與開展，將「以文解莊」的詮釋方式，充分發揮，就屬林雲銘《莊子因》了。

二、定　義

此節先釐清「以文評莊」與「以文解莊」其中的歷史變革，與其差異性，再就實例說明之。

「以文評莊」，應是以文學角度爲出發點，對《莊子》文本加以評論，有時是用別人已有的注本，如歸有光《南華眞經評注》上面加上「百大家評註」，主要章句內容用的是郭象之注本，眉尾之處、篇末處，充滿各家論述，所以完全是以評爲主。在形式上，會加上圈點、批評（眉批、尾批）、前後有評論（總評、文評、亂辭〔註73〕）、夾注或旁注；在內容上，都會特別留心：篇旨、章義、段意、文章脈絡、文句呼應、字句、文格之修辭或照應之說明；註解者會加上對文章的感受、修辭的境界、章法的說明及讀法的說明；有的是一人評點，有的是多人之集評。

「以文評莊」之形成與流派約分三期，第一期是啓蒙期，以宋代文士援用與解其章句爲主；第二期是建立期，正式在註解中，以文字血脈來看莊子，以宋・林希逸《南華眞經口義》及劉辰翁《莊子南華眞經點校》爲主；第三期是發展期，從明朝至清初爲說明；第四期是承繼期，繼承者亦多，但由於

〔註73〕陸長庚《南華眞經副墨》篇末有「亂辭」，以四言方式，句數不等，論述《莊子》內容要義，從〈逍遙遊〉至〈寓言〉爲止。在篇末亦有「文評」，對篇章有評點，做文學性描寫，有四言，有散文，但只見於〈逍遙遊〉、〈齊物論〉、〈養生主〉三篇。

其後評點沒落，因前人遺緒者逐漸式微。

由於「以文評莊」是由評點出發，乃因評點之風，在宋、明流行使然，閱讀者動輒在書上大加批評，圈點狼籍，受到後來學者駁斥，於是逐漸沒落，而欲振乏力，出版業者，也把圈點抹去，不再用朱青墨色等套印書籍，因而「以文評莊」之風，漸銷聲匿跡。

「以文解莊」，、則亦是以文學角度為出發點，不但在文句評點、文章脈絡、文意主旨上有所說明，更進一步要求，需綜合評點與文理的說明，加上文句的注疏，以通解《莊子》全文，字句皆需解釋清楚。是以一家之言為宗，其他各家作輔助說明，目的在求《莊子》文本，字句、章法、結構全盤的說明，以求通解全書。

「以文解莊」的肇始，亦源自宋・林希逸《南華眞經口義》，由於以文理脈絡說明《莊子》文義，又是成一家之言，成為影響後來學者的重要論述，明・陸長庚《南華眞經副墨》是明代受其影響之代表，眞正「以文解莊」的總結與開展，成一家之言者，應屬清初林雲銘《莊子因》，並影響與後來如吳世尚《莊子解》、宣穎《南華經解》、胡文英《莊子獨見》等，開始注意《莊子》之文學性，而沿用「以文解莊」的方式解之。

由於本章節主要說明「以文解莊」之歷史源流，因此其影響部分，置於第七章「以文解莊」的影響上，再進一步說明。以下從宋代「以文評莊」的初具規模，到明代之散文藝術特色之發展，至清初「以文解莊」作承接、總結、開發、闡述之影響作論述。

表二：「評莊」、「解莊」定義對照表

「 評 莊 」 、 「 解 莊 」 定 義 對 照 表		
名　稱	以　文　評　莊	以　文　解　莊
方　法	文學角度為出發點。	以文學角度為出發點。
特　色	感性多於理性有時非一家之言、評論。	理性多於感性，有自己見地、有一套系統。
形　式	會加上圈點、批評（眉批、尾批）、前後有評論（總評、亂辭）、夾註或旁註。	圈點、批評、前後評論。
文　本	會根據前人的注本加上評。	用原來莊子原文，以自己註解為主。
內　容	篇旨、章義、段意、文章脈絡、文句呼應、字句、文格之修辭或照應之說明。	文句評點、文章脈絡、文意主旨說明，需綜合評點與文理的說明，加上文句的注疏，字句篇章皆需解釋清楚。

注　者	有的是一人評點，有的是多人之集評。	是以一家之言爲宗，其他各家作輔助說明。
批　評	註解者會加上對文章的感受、修辭的境界、章法的說明及讀法的說明。	文與理的脈絡說明，修辭意境。
目　的	亦以通解莊子爲目的，但由於侷限於一偏之見，或雜錄多家看法，亦嫌駁雜。	《莊子》文本，字句、章法結構全盤的說明，以求通解全書。
作　品	以明代居多。	以清代居多。

三、「以文評莊」之發展

宋代莊學是「以文評莊」的發端，以推擴至「以文解莊」，剛開始的情形是援用莊子之文句、故事與典故，屬「援用莊子」部份，接著進一步，對《莊子》內容上、段落上，有所發揮，屬「解莊子章句」部份，進而評論莊子，才正式屬於「以文評莊」部分。

（一）啓蒙期

1. 援用莊子

「援用莊子」自魏晉以來，如阮籍〈大人先生傳〉、〈達莊論〉等就明顯以《莊子》爲題，唐‧李白《大鵬賦》：「吐崢嶸之高論，開浩蕩之奇言」〔註74〕；陸機《文賦》：「是蓋輪扁所不得言，亦非華說之所能精」〔註75〕；劉勰《文心雕龍‧神思》：「至精而後闡其妙，至變而後通其數，伊摯不能言鼎，輪扁不能語斤，其微矣乎！」〔註76〕；潘岳〈秋興賦〉：「澡秋水之涓涓兮，玩游儵之瀲瀲；逍遙乎山川之阿，放曠乎人間之世，優哉游哉，聊以卒歲。」〔註77〕此多在文句上直接引用莊子者。

借莊子瑰瑋之文，抒己之情懷，表達一己之識見，是《莊子》從魏晉唐以來，文人不斷的加以引用之源頭活水。柳宗元寫〈黔之驢〉云：「聲之宏也，類有能，向不能出其技」的外貌有能與實質之技窮，其間寓意深遠；蘇東坡〈日喻〉以「道，可致而不可求」之譬，除了繼承先秦諸子用寓言之法，學習《莊子》以遊於藝的寓言形式，其文中亦託化《莊子》對「道」的體會；東坡另一篇〈問養生〉，更是明顯的寓含《莊子‧齊物論》：「與接爲構，日以

〔註74〕《四庫全書》集部‧別集類，王琦撰《李太白集注》，卷一，古賦八首第一首。
〔註75〕《四庫全書》總集類，梁昭明太子蕭統編《六臣注文選》，卷十七。
〔註76〕《四庫全書》集部，詩文評類《文心雕龍選》，卷六，神思第二十六。
〔註77〕《四庫全書》總集類，梁昭明太子蕭統編《六臣注文選》，卷十三。

心鬭」之無限深意：

> 則雖與之接而不變，安之至也，安則物之感我者輕，和則我之應物
> 者順，外輕內順而生理備矣！〔註78〕

蘇軾除了援用莊子之外，他同時撰《廣成子解》，以《莊子·在宥》中廣成子與黃帝的對話：「至道之精，窈窈冥冥；至道之極，昏昏默默。無視無聽，抱神以靜，形將自正。必靜必清，無勞汝形，無搖汝精，乃可以長生。目無所見，耳無所聞，心無所知，汝神將守形，形乃長生。慎汝內，閉汝外，多知為敗。」作為發揮，蘇軾並提出：

> 廣成子以窈冥昏默立長生之本，以無思、無為、無欲去長生之害，
> 又以至陰至陽堅凝之，吾事足於此矣。〔註79〕

將「物之質」、「物之殘」的物質世界的真實世界看破，而進入「無思、無為、無欲」去長生之害，而走入學道、修道、致道的永恆之境，足見蘇軾除了援用莊子又進一步推擴其意；〈莊子祠堂記〉中提出自己對《莊子》質疑的論述云：「余嘗疑〈盜跖〉、〈漁父〉則若真詆孔子者？至於〈讓王〉、〈說劍〉皆淺陋不入於道」。

蘇軾身兼援莊、解莊、與論莊者，給予後人注疏立論者，開發一條新的視野，在音義的註解之外，「陽擠而陰助之」（〈莊子祠堂記〉）的以儒解莊，對莊文篇章的真偽，提出討論，根據《莊子》發揮自己的論述，都是引起後世重要的啟發與熱烈的迴響。

2. 解析章句

初具規模的「解莊子章句」者，在宋開其端者，應為宋·陳景元〔註80〕（1025～1094）《南華章句餘事》七卷（西元1084年），〔註81〕能用章法看莊

〔註78〕《四庫全書》集部·別集類，《東坡全集》，卷一百，雜文。

〔註79〕見《蘇軾文集》，第1冊，北京：中華書局，1986年，頁178。

〔註80〕陳景元，宋·南城人，字太虛，自稱碧虛子，為道士，讀書至老不倦。神宗聞其名，召對天章閣，累遷至右街副道錄，賜號真人。乞歸廬山，行李百擔，皆經史詩書畫，皆清婉可喜。

〔註81〕宋·陳景元《南華章句音義》七卷，今藝文印書館據清道光間錢熙祚刊指海本影印，見嚴靈峰編《無求備齋莊子叢書集成初編》，第5冊。著有《南華章句音義》七卷，〈南華真經章句音義敘〉，〈南華真經章句餘事〉（一卷）及《莊子闕誤》一卷、〈南華真經餘事雜錄〉（參見關鋒《莊子內篇譯解和批判》，北京：中華書局出版，1961年6月，頁378；馬森《莊子書錄》及嚴靈峰《無求備齋莊子集成初編》，第5冊。

子，定莊子篇章的章目者，陳景元可說提出最完備者，也是「以文解莊」規
模的初建者。對篇章之看法，陳氏自敘曰：

> 今於三十三篇之內分作二百五十五章，隨指命題，號曰章句。逐章
> 之下，音字、解義、解說、事類，標爲章義。〔註82〕

陳景元在《南華眞經章句音義・序》中，清楚的說明其對《莊子》篇章的獨
到見解，他將篇章做一重新的整理，《莊子》共三十三篇，分爲內外雜篇，內
篇七，外篇十五，雜篇十一，自郭象以後大致依照此一劃分。陳景元另有新
解：分爲內篇七，外篇七，雜篇十九，內篇相同，原來屬雜篇的〈說劍〉、〈漁
父〉被放到外篇，而〈天地〉、〈天道〉、〈天運〉、〈秋水〉、〈至樂〉、〈達生〉、
〈山木〉、〈田子方〉、〈知北遊〉全被放到雜篇。

陳景元在《南華眞經章句音義・敘》中，曾說明他對篇章的看法：

> 以〈逍遙遊〉、〈齊物論〉、〈養生主〉、〈人間世〉、〈德充符〉、〈應帝
> 王〉七篇爲內，實漆園命名之篇也。

> 其次止以篇首兩字或三字爲題，故有外篇十五，雜篇十一。或謂外
> 雜篇爲郭象所刪修，又陶隱居曰：「莊子作內外篇。」而不言其雜篇，
> 復覽前輩注解，例多越略，殊難稽考。

> 今輒於二十六篇之內，取兩字標目而一段成篇者，得〈駢拇〉、〈馬
> 蹄〉、〈胠篋〉、〈刻意〉、〈說劍〉、〈漁父〉七篇以配內立名而曰外
> 篇。

> 其次〈讓王〉、〈盜蹠〉、〈天地〉、〈天道〉、〈天運〉、〈秋水〉、〈至樂〉、
> 〈達生〉、〈山木〉、〈田子方〉、〈知北遊〉、〈庚桑楚〉、〈徐無鬼〉、〈則
> 陽〉、〈外物〉、〈寓言〉、〈列禦寇〉、〈天下〉，十有九篇，比乎內外之
> 目，則奇偶教貫，取其人物之名則條列自異，考其理則符陰陽之數，
> 究其義則契其言默之微，故曰雜篇。〔註83〕

陳景元以內篇是「漆園命名之意」，故仍其舊；至於外雜篇則殊難稽考，故可
以重新編定。再以「分章篇目」標舉其書以「章句」命名者，是取其「離章
辯句，委曲枝派」（《南華章句音義・敘》）之意。定出章目後，篇章的要義，

〔註82〕宋・陳景元《南華章句音義・敘》藝文印書館據清道光間錢熙祚刊指海本影
印，嚴靈峰編《無求備齋莊子集成初編》，第5冊，頁3。

〔註83〕宋・陳景元《南華章句音義・敘》藝文印書館據清道光間錢熙祚刊指海本影
印，嚴靈峰編《無求備齋莊子集成初編》，第5冊，頁2。

即可勾勒出大要，給予後人一個整體謀篇的概念。簡光明認為：

> 從「分章篇目」中，不難看出外雜篇的分別，所有外篇都是一篇只
> 有一章，如〈漁父〉就只有「貴眞」標其章旨；雜篇則每篇各分數
> 章，如〈秋水〉分為七章：夸大、藏用、聖勇、曲見、養形忘利、
> 糠秕爵祿、樂全。〔註84〕

簡氏的觀察相當仔細，另外筆者再加以補充，除了外篇各章只有一個章
旨之外，《莊子》一書，內七篇皆三個字為名，外七篇都是二個字為名，陳氏
自言「取兩字標目而一段成篇者」是為外七篇，雜篇則是「奇偶教貫，取其
人物之名則條列自異，考其理則符陰陽之數，究其義則契其言默之微。」除
了篇名字數的三字、二字，奇偶相對應之外，內容章旨內七篇章旨多，外七
篇章旨只有一個，兩兩繁簡對應之外，內七篇與外七篇意義的遙遙相聯繫、
相對應，也是陳氏考量之一。以下就內外篇之對應，及對照陳氏所定之章目，
列成表格，即可立見眞章：

表三：《南華真經章句》分章細目表

內篇　七	外篇　七	雜篇　十九	
逍遙遊（7章） 順化逍遙　極變逍遙 无己逍遙　无功逍遙 无名逍遙　適物逍遙 无爲逍遙	騈拇　養正 　　　性命	讓王（7章） 治內　處身　自得　高蹈 尊生　惡患　知輕重　完身 遠非義　遵法度　守節　養 志　行修　趣高　道樂　羞 辱　廉清　避世	山木（10章） 顯晦在道　文皮爲災　虛 己免害　因循成化　无能 遠禍　天屬相收　德隱 大達　失照　自賢
齊物論（10章） 齊我　齊智　齊是非 齊道　齊治　齊物 齊死生　齊同異　齊 因　齊化	馬蹄　智慧 　　　生僞	盜跖（3章） 率性　行義　安處	田子方（11章） 眞瘖　冥會　密移　才德 自然　踐言　內得外豐 藝精忘形　詢眾任賢　有 心未妙　道充不動　治身 保存
養生主（5章） 養性分　得生理　遺 刑累　遠樊籠　釋懸 解	胠篋　絕聖 　　　棄智	在宥（7章） 處无爲之事　聖人虛心 清靜民正　无爲民化 持勝任道　持後處先 道无不爲	知北遊（14章） 沖默　神解　常道　可道 中極　道无　无有一際 〔註85〕　得道秋毫　淵 之又淵　光景都亡　守一 不先物　合境　背俗

〔註84〕簡光明《宋代莊學研究》，頁 169。

〔註85〕「无有一際」在《南華眞經章句餘事》，頁 11，做「无爲一際」，以《南華眞
　　　　經章句音義》爲準加以更正，頁 150。

人間世（8章） 化導　命使　師促	刻意　守純 素	天地（17章） 以道均化　循道爲治 體道任化　役心失眞　視聽 喪道　聖人不惑　明君不愧 脩德復古　忘形幾道　不尙 賢　抱朴矯俗　神人无迹 均治民足　至德自治　忠孝 不顯　民不願惡　趣舍失性	庚桑楚（9章） 去智　自定　移是　禮僞 虛无　德性　拙僞　智籠 忘形同天
德充符（6章） 鑑道　遊內　務全 德平　德忘　无情	繕性　恬智 相養	天道（9章） 靜鑑　有无利用　本末須道 堯則天地　仁義迂闊　智巧 爲竊　至德不遷　塵垢書語 糟魄聖言	徐无鬼（15章） 遷善　修誠　放心　樂固 謬妄　亡質　公舉　戒驕 鬻名　貴默　相形　外賢 偷安　自晦　棄數
大宗師（10章） 眞人行　不遯化　得 道妙　才道相胥　死 生友　相忘友　无情 死　遊道域　坐忘 推極委命	說劍　神武	天運（8章） 調攝陰陽　兼忘天下　樂和 入妙　道不應時　受道有器 大惑易性　求治則亂　質悟	則陽（8章） 抑進　止鬪　遠佞　治形 涉塵　循物　素定　究理
應帝王（7章） 儒道　墨教　明治 論法　贊老　敘莊 評惠	漁父　貴眞	秋水（7章） 夸大　藏用　聖勇　曲見 養形忘利　穄秕爵祿　樂全	外物（12章） 无必　急難　趣遠　迹弊 矜鷔　智困　无用之用 流遁　內通　遠眞　蕩性 忘筌
		至樂（6章） 至樂无爲　遣情累　化空 兩謬　名實　化機	寓言（6章） 中道　時化　係祿　敘學 獨化　去驕
		達生（14章） 達生　專氣　一志　矜重 善牧　戒微　趣異　釋疑 不爭　習成性　擇材　過巧 忘伎　審授	列禦寇（14章） 出異　自伐　內照　无益 乖理　敝淺　濫進　觀迹 察行　眞德　必達　竊祿 樂生　規葬
			天下（7章） 儒道　墨教　明治　論法 贊老　敘莊　評惠

　　陳氏將內篇、外篇二者兩兩相依，互爲補充，將義理脈絡，如〈逍遙遊〉對應駢拇之養正性命，互補其義，眞是所謂：「考其理則符陰陽之數，究其義則契其言默之微」。故褚伯秀《南華眞經義海纂微》在徵引各家註解時，注意到陳景元分章的方式，如〈至樂〉莊子與髑髏的問答一段，陳景元標章名爲「兩謬」，褚伯秀評論說：

> 如是則以生而無勞，死而無苦，從然以天地爲春秋，何往而非南面
> 王樂耶！陳碧虛名此章爲「兩謬」，所以破二見之惑，其論得之。
> 〔註86〕

褚伯秀認爲陳景元以「兩謬」名章，確能掌握到該段的主要思想。是頗能勾勒出要義，以解莊的好方法。從陳景元《南華章句餘事》各個篇章自訂其標目，將《莊子》各篇內容分其幾個段落，使其內容有綱舉目張，立意清楚的效用，除了對義理脈落清楚理解之外，對《莊子》文學性的章法結構亦有建樹；其次，陳景元是道士身分，釋道在解經時常以分段落說明其中要旨，陳氏此舉是以解道教經典方式解莊，亦或是開風氣之先，是值得詳加深入研究的。

（二）建立期

「以文評莊」有兩階段，一是林希逸《莊子口義》，做爲「以文評莊」的先聲，對《莊子》除了以口義方式，提出字句的說明之外，對《莊子》文章的起承脈絡，首次加以注意，影響所及，二是劉辰翁《莊子南華眞經點校》全面以評點爲主，是文學角度論莊的開始。

1. 林希逸《莊子口義》——「以文評莊」的先聲

宋·林希逸〔註87〕《莊子口義》十卷，〔註88〕（景定元年，1260年）以讀莊子有五難，「又必知文字血脈」，在論述《莊子》時，以口述而簡要之方式，求其通曉莊子，強調重在分章析句，明其大旨，了解段落意義。該書不引諸家，只述己意，自云：「以『口義』名者，謂其不爲文，雜俚俗而述之也。」這的確是一部善於解莊的書，不爲莊子文章中「鼓舞處」所惑，而又注意從莊文全體著眼，非因字碎句爲注者可比。其自序云：

> 莊子有五難，必精於語、孟、學、庸等書，見理素定；又必知文字
> 血脈，知禪宗解數，而後知其言意。〔註89〕

蓋希逸之學本於陳藻，藻之學得於林光朝〔註90〕。由其師而知文字血脈

〔註86〕見明·朱得之《莊子通義》引《義海》，頁506。

〔註87〕林希逸，福建福清人，字肅翁，號竹溪，又號鬳齋，善畫能書，工詩。端平進士，景定間官司農少卿，終中書舍人。有《易講》、《春秋正附篇》、《老莊列三子口義》、《考工記解》、《竹溪稿等書》。

〔註88〕宋·林希逸《莊子口義》十卷（西元1260年，景定元年），藝文印書館據明刊正統道藏本影印，見嚴靈峰編《無求備齋莊子叢書集成初編》，第7冊。

〔註89〕見宋·林希逸《南華眞經口義》〈莊子口義發題〉明刊正統道藏本，頁3。

〔註90〕陳藻，宋·福清人，字元潔，師林亦之，爲林光朝再傳弟子，開門授徒，不

之梗概，又因希逸在《莊子口義發題》中自稱：

> 文字血脈，稍知梗概，又頗獵佛書而悟其縱橫變化之機。〔註91〕

希逸認爲郭象之注，是旨意於町畦，王雱、呂惠卿之說，又大旨不明，愈使人有疑於莊子。因由章句、段落清晰條暢，以衍文說義，是其要旨。卻被《四庫全書總目提要》視作：

> 所見頗陋，即王呂二註，亦非希逸之所及，遽相詆斥，殊不自量。
>
> 以其循文衍義，不務爲艱深之語，剖析尚爲明暢，差勝後來林雲銘
>
> 輩以八比法話莊子者，故姑錄存之，備一解焉。〔註92〕

由上述可以觀出清乾嘉以來，重經世致用，輕忽文學辭章效用之一二。但正因爲希逸能另具隻眼，別具一格，遂首先開拓出《莊子》文學特色者。其書特色在於不引諸家，而論述己意，林經德《南華眞經口義・後序》就指出：「以『口義』名者，謂其不爲文，雜俚俗而述之也。」〔註93〕而林希逸亦自云：「自謂於此書稍有所得，實前人所未盡究者」〔註94〕，因以口語化方式論述，且注意到前人所未詳盡之處，故其特色有：注解淺顯暢達、明白易懂、識得莊子文字血脈、以禪宗解莊、以四書解莊、融會各家觀點以會通莊子。

　　而《口義》在「以文解莊」上的貢獻，則是爲「以文評莊」的先聲，林氏在「以文評莊」上的努力主要在提出「見理素定」、「文字血脈」兩方面上。在「見理素定」上，文有文理，篇有篇義，段有段意，這是林氏首先關注的層次，因此提出五難，以說明文理之不易理解。他說：

> 此書所言仁義性命之類，字義皆與吾書不同，一難也。其意欲與吾
>
> 夫子爭衡，故其言多過當，二難也。鄙略中下之人，如佛書所謂爲
>
> 最上乘者說，故其言每每過高，三難也。又其筆端鼓舞變化，皆不

足自給，至浮游江海，崎嶇嶺海，歸買田數畝，輒爲人奪去，顏其室曰樂軒，有樂軒集。林光朝，宋・莆田人，字謙之，專心聖賢踐履之學，動必以禮，南渡後以伊洛之學倡東南。自光朝始隆興初第進士，累官廣西，提點刑獄，移廣東，後知婺州，卒諡文節，有艾軒集。

〔註91〕宋・林希逸《莊子口義》十卷（西元1260年，景定元年），藝文印書館據明刊正統道藏本影印，見嚴靈峰編《無求備齋莊子叢書集成初編》，第7冊，頁4。

〔註92〕《四庫全書總目提要》，卷一百四十六。

〔註93〕宋・林經德《南華眞經口義・後序》所言，見藝文印書館據明刊正統道藏本影印，《無求備齋莊子集成初編》，第8冊，頁1232～1233。

〔註94〕見宋・林希逸《南華眞經口義》〈莊子口義發題〉，藝文印書館據明刊正統道藏本影印，《無求備齋莊子集成初編》，第7冊，頁4。

可以尋常文字蹊徑求之，四難也。況語脈機鋒，多如禪家頓宗所謂
劍刃上事，吾儒書中未嘗有此，五難也。〔註95〕

故於義理中先得論、孟、中庸、大學，禪宗解數，在「理」的眼目見識具足
後，再識文章之跌蕩、戲劇性，自是了透於心。義理得解，再求文理，自然
大綱領、大宗旨，一一得解。故希逸〈莊子口義發題〉云：

（莊周）所著之書，名以《莊子》，自分為三：內篇七、外篇十五、
雜篇十一，雖其分別次第如此，而所謂「寓言」、「重言」、「卮言」三
者，通一書皆然也。外篇、雜篇則即其篇首而為之，內篇則立為名字，
各有意義，其文比之外篇雜篇尤精，而立言之意則無彼此之異。

「見理素定」的底定，使得希逸對篇章強調內七篇，以寓言、重言、卮
言貫通全書，這是由義理至文理的把握。

接著就是求「文字血脈」上的理解，可以區分為（1）破題起語（2）文
勢收攝（3）文字轉換（4）脈絡相承，四個部分討論〔註96〕：

（1）破題起語

論識文字血脈，林氏首推重起語，起語是開啟題意，如〈繕性〉篇首段
以「繕性於俗，學以求復其初；滑欲於俗，思以求致其明，謂之蔽蒙之民」
為起語，簡潔有力，林希逸注云：

文字起語最難，如此喝起三句，方說古之治道者，真是好文字。東
坡言因讀《莊子》而悟作文之法，履之而後知也。〔註97〕

希逸如此點題，提出作文之法，真是一語道破章法的學習，對後學者的助益
頗大。

（2）文勢收攝

林希逸在〈應帝王〉篇末對內七篇的結語，筆勢皆不相同，提出：

文字最看歸結處。如上七篇，篇篇結得別，〈逍遙遊〉之有用無用，
〈齊物論〉之夢蝶物化，〈養生主〉之火傳也，〈德充符〉之以堅白

〔註95〕宋・林希逸《南華真經口義》〈莊子口義發題〉，藝文印書館據明刊正統道藏
本影印，《無求備齋莊子集成初編》，第 7 冊，頁 2～3。

〔註96〕論點的提出是根據簡光明《宋代莊學研究》，頁 118～201；及馬森《莊子書錄》，
頁 261～262；並參見林希逸《南華真經口義》（藝文印書館據明刊正統道藏本
影印）；宋・林希逸著，陳紅映校點《南華真經口義》歸納而成，雲南大學出
版，2002 年 10 月，頁 2～3。

〔註97〕宋・林希逸著，陳紅映校點《南華真經口義》，頁 235～236。

鳴，〈人間世〉之命也夫，自是箇箇有意到，七篇都盡，卻粧撰儵忽
渾沌一段，乃結之曰七日而渾沌死，看他如此機軸，豈不奇特。〈中
庸〉一篇起以「天命之謂性」三句，結以「上天之載無聲無臭至矣，
此亦是文字機軸，但人不如此看得破耳。〔註98〕

林氏能於內七篇中看出結語特別，機軸之處而特別拈出，使讀者在閱讀時，
不但能欣賞其文字起結之妙，進而能夠領悟到文章的起結之法。

（3）文字轉換

林希逸論文章作法說：「文字最要看轉換處。」認為文章不可一成不變，
必自換筆法，始能有轉換之妙。〈庚桑楚〉：「古之人，其知有所至矣」段，林
希逸注云：

雖知有我，猶以死生有無爲一，是知其分，而又知其不分者也。三
者雖有次第而皆未離於道。譬如公族分而爲三，姓則同也……上言
三者雖異，同乎公族，卻四也字之下，以非一也結之，就上生下，
絕而不絕之體，此皆文字妙處。〔註99〕

此處以絕而不絕，言文章宜聯絡照應，文章有其伸縮活法，卻又能前一段之
結，成爲下一段之始的爲文之變。

（4）脈絡相承

在文義脈絡的看法上，如〈逍遙遊〉：「之二蟲又何知！」一段，下註解曰：

二蟲者，蜩鳩也。言彼何足以知此，故曰：「又何知？」「小知不及
大知，小年不及大年」此兩句又是文之一體。以小知大知一句，結
上鵬鳩，又以小年大年一句，生下一段譬喻。〔註100〕

希逸說解文義時，提出前後照應脈絡的部分，能夠讓讀者對前後義理，脈絡
清楚。

由上所述，可以看出林氏意欲發前人之所未發，由於以前研究莊子的多
爲注音解字，闡發義理，面對莊子的文學性則絕少涉及。因此希逸云：

蓋莊子之書，非特言理微妙，而其文獨精絕，所以度越諸子。〔註101〕

希逸以慧眼點出《莊子》「言理微妙」、「文獨精絕」、「度越諸子」，故用文學、

〔註98〕宋・林希逸著，陳紅映校點《南華眞經口義》，頁130。
〔註99〕宋・林希逸著，陳紅映校點《南華眞經口義》，頁343。
〔註100〕宋・林希逸著，陳紅映校點《南華眞經口義》，頁6～7。
〔註101〕宋・林希逸著，陳紅映校點《南華眞經口義》，頁82。

文章的視野閱讀《莊子》，先融通儒道佛之義理，就《莊子》書中，文章章法、結構、層層變化作血脈的聯繫與貫通，才是真正理解《莊子》。這種包括文學章法的論述，以及義理解說的推論，注重分析莊子文章妙處，為莊學研究拓寬了領域。又影響到劉辰翁專就評點論莊，及清人林雲銘、宣穎、劉鳳苞等，對莊子散文研究深入探討，而成績豐碩，但其所論及者，希逸已開其端，故可譽為「以文評莊」之先聲。〔註102〕

2. 劉辰翁《莊子南華真經點校》──「以文評莊」的形成

宋・劉辰翁〔註103〕（1232～1297）《莊子南華真經點校》〔註104〕（西元1294年）是根據林希逸《莊子口義》為藍本，分段評語，正文並加圈點。以評點為主，所謂評點，指的是評論及圈點，是以《口義》為底本，是「以文評莊」之開端之代表作。

劉辰翁解莊，義理並非所長，其特色在於拈出莊子文章特色、評林希逸註文，但就以文學角度解莊部分，其特點為（1）以評點方式解莊（2）提出莊子文學定位（3）提出作文之法（4）標舉莊子文學特色，是完全「以文評莊」的代表作。

（1）以評點方式解莊

劉辰翁是文學批評史上第一位評點巨擘，著作豐富，有文學批評部分及文學創作部分，評點之詩人自漢唐迄宋諸大家詩文，所著《須溪集》原有百卷之多，是位創作與文批皆強之學者，今人楊玉成以「閱讀專家」譽之，〔註105〕在《莊子南華真經點校》中，以「、」「。」二符號標出其要義。再以評點詩文的方式，在段落間提出看法，全書不在字詞音義上說明，卻重在散文章法的解讀，無論在形式上或內容上，都可以說是擺脫了前人的窠臼，而以另一種眼光重新詮解《莊子》者。

〔註102〕宋・林希逸著，陳紅映校點《南華真經口義》〈校點說明〉提出《口義》三特點：注解通俗易懂、善於從整體著眼，又立足於字句篇章、注重分析文章妙處，為莊學研究拓寬了領域。雲南大學出版，2002年10月，頁2～3。

〔註103〕劉辰翁，廬陵人，字會孟。少舉進士，時賈似道專國，固辭官。宋亡，託方外以歸。有《須溪集》、《班馬異同評》、《放翁詩選後集》等。

〔註104〕劉辰翁批點本《莊子南華真經》三卷，據鬳齋《口義》批點，但凡例已言明用徐倓弦刪定本，非如老子、列子錄全文也。今見嚴靈峰編《無求備齋莊子集成續編》，第1冊。

〔註105〕楊玉成〈劉辰翁：閱讀專家〉，彰化師範大學國文系《國文學誌》，第三期〈宋代文化專號〉1999年6月，頁204。

（2）提出莊子文學定位

對劉辰翁這位優秀的閱讀專家而言：莊子的文章是：「不知文字之妙，何從得之？」（〈養生主點校〉）而且也「是他人千年萬歲看不破，千言萬語道不透者。」（〈田子方點校〉），《莊子》能道盡人間世「人情世態玩索略盡。可人語，自不厭。他書敘此等常困。」（〈徐無鬼點校〉），故劉氏對《莊子》文字運用之妙，能藉助文字，道盡人間世事，其書由文學出發，進而提昇成看破道透人情，突破語言文字的困境，是非常肯定其價值的。

劉氏不時會將《莊子》與其他著作或作者相題並論，如在文字運用上，即使秦漢文字，皆不及《莊子》，故云「偶然一語，亦自可誦，秦漢文字安得此。」（〈天地點校〉），不但運用得宜，甚至能作文如繪圖，歷歷如在目前，先秦諸子之著書，都未有如《莊子》者，故云：

> 此與《戰國策》同。《戰國策》不及者，又彈黃雀之故也。作文如畫者，當留不盡之意，如執彈而留是也，此間妙意在捐彈而走。〔註106〕

對《莊子》一書是推崇備至的。辰翁甚至認爲歷代文家，即使如漢·揚雄再世，也會辭窮，他說：

> 忽得「南越有邑焉」五字，真不知其所窮。子雲吃吃至所不能言，
> 曰：期期可以。面頸發赤，羞恨不可及而死。〔註107〕

《莊子》文字運用妙絕，辰翁指出唐·韓愈學其文：「韓愈說：『築河隄、障屋簷』，如何得似此語妙趣。」〔註108〕古文大家韓愈在辰翁眼中，亦僅習得表象；而宋·蘇軾學莊文，如嬰兒學語，故云：

> 舊見東坡書，解魚不畏網，而畏鵜鶘，畏其天也。此與羿之雀養由
> 基之猿，無異嬰兒語，皆零碎別出，附之前段，則未必盡通。〔註109〕

可以見得辰翁在諸文家文句中，已見出學習《莊子》之端倪與方法。

更重要的是，文字的深層意義在提昇人的心性，《莊子》予魏晉清談自覺與自省的影響，是非常肯定的，所以說：

> 只此一句，慷慨明達，談笑有餘。晉人清談相尚，臨難往往不懼，
> 概得此意，不可奈何！非衰颯之謂也，其自決如此。〔註110〕

〔註106〕〈山木〉點校：「螳螂捕蟬」的故事，頁380。
〔註107〕〈山木〉點校：「市南宜僚見魯侯」段，頁364～365。
〔註108〕〈德充符〉點校：「使之和豫，通而不失於兌」頁135。
〔註109〕〈外物〉點校：「宋元君夜半而夢」段，頁512。
〔註110〕〈人間世〉：「仲尼曰：天下有大戒二，其一命也，其一義也」段，頁104～

《莊子》一書文學的價值及其在心理上或歷史上之功效，辰翁已經爲後學者點出。

（3）標舉莊子文學特色

《莊子》在辰翁眼中，是具有其文學定位，因此對《莊子》文學上特點，以「奇」、「雄」、「畫樂之境」、「小說筆法」，突顯其與眾不同，且多樣的特色。

在「奇」的方面，辰翁常以「語奇」、「未奇」、「亦奇」〔註111〕等語評之，甚至一句有三奇，見〈齊物論〉：「罔兩問景」段評說：

> 影已無形之物，罔兩又非影之比也。寓又寓者也。意奇、文奇、事又
> 奇，待有所待甚精，相待之無窮而實者皆無所待，則俱空矣。〔註112〕

說明莊文意義、意象、文章、文筆、敘事眞是奇之又奇，那種溢於言表的佩服，已不言而喻。

在「雄」的方面，〈秋水〉：「秋水時至」四個字爲起語，劉辰翁認爲是筆力的展現：

> 據此起語四字，便非數百語所能盡，非辯論之博，亦不足以稱之。
> 莊子言至人之事，必歸之「齊物」之要，必主於「知不知」，此河海
> 之喻又有是從知上生，故中間專說大人以道眼看世界，與所自處者，
> 眞從地上說到天上，從海至風，句句實話。文字之豪雄不在論也。
> 〔註113〕

筆力豪雄，有壯闊之氣勢，一向是《莊子》文中通天下一氣的大格局、大氣勢的展現，辰翁在此細心的點撥出。

在「畫樂之境」上，辰翁以莊子筆下展現身歷其境，如畫如樂，將境界再現，及文學筆法重疊迴蕩的技巧，都令人視覺、聽覺、感覺直如入化境，對其文章章法之運用非常欽佩，故言：

> 「翏翏」一語便有描摸其下，不過山木二物，舉其概甚疏，雜以七
> 八者字，而形與聲若不可勝數，紗（妙）在「于」、「喁」一語，映

105。

〔註111〕「語奇」見〈德充符〉：「物視其所一而不見其所喪，視喪其足猶遺土也」，頁122；「未奇」「益奇」見〈徐無鬼〉：「夫爲大不足以爲大而況爲德乎」段，劉辰翁註云：「前所言未奇也，雖鶉詳諸語，亦未奇也，至盜跖之罵則奇矣。渠公之街猶言某公之廟，以爲罵則市罵之耳，故曰街也，亦奇語也。」，頁469。

〔註112〕劉辰翁，《莊子南華眞經點校》，頁71～72。

〔註113〕劉辰翁，《莊子南華眞經點校》，頁306～307。

帶前後皆活。重出愈奇，調調习习又畫中之遠景，形容之所不盡也。
〔註114〕

及在〈胠篋〉末段註云：「不過大亂收結，聽之如樂三疊三歎。」〔註115〕辰翁對文句修辭之描摹，用力之深，如上所見。

在「小說筆法」上，如〈胠篋〉中的情節「小說家時時有之」，〔註116〕其首段更明言是小說家的寫法：

起語突兀，本是小說家。充拓變態至不可破，他人著書證以數語，已不啻其妙在三反四覆，馳驟之極，卒歸於道德之意，雖盡人間情偽，終以設喻，此其不可執著者。謂其憤疾，直淺淺者。〔註117〕

劉辰翁不愧是評點閱讀專家，讀遍古書，幾筆就點出莊子爲文之特色，由筆法、技法、境界一一分析，所見的確別具文學家隻眼獨具之長。

（4）提出莊子爲文之法

劉辰翁傾其全力，投注於評點，使評點從狹隘的科舉考試閱讀的功能，進而提升爲教導讀者或考生學習古人爲文之法，爲其心力所在。劉辰翁認爲莊子的文章，一氣呵成、枝葉雖橫生、卻是首尾救應，較諸經書、子書爲高，辰翁云：

語至刻急，每結皆緩，若深厚不可知者；優柔有餘，得雄辯守勝之道，自經而子，未有成片文字，枝葉橫生，首尾救應，自爲一家若此。〔註118〕

劉辰翁認爲：「作文之法必如莊子，而後氣力俱盡，毫髮無恨。」，〔註119〕此指筆力雄健而言，亦即作文之法與文章風格，皆在於作者深切體悟而後化諸文字，產生其文字雄深雅健之效果。

因此他提出《莊子》爲文之法，首在「起結有力」，進而「轉折適切」，結構上「不犯正位」。在文章起結方面，他認爲《莊子》的起語簡潔有力，能使整篇文章生出波瀾來，如〈胠篋〉首段「起語突兀，本是小說家」，〔註120〕

〔註114〕劉辰翁，《莊子南華眞經點校》，頁26～27。
〔註115〕劉辰翁，《莊子南華眞經點校》，頁211。
〔註116〕劉辰翁，《莊子南華眞經點校》，頁204。
〔註117〕劉辰翁，《莊子南華眞經點校》，頁202。
〔註118〕劉辰翁，《莊子南華眞經點校》，頁195。
〔註119〕劉辰翁，《莊子南華眞經點校》，頁229。
〔註120〕劉辰翁，《莊子南華眞經點校》，頁202。

〈則陽〉的首段「雖小說，說亦有情致」，〔註121〕結語與起語一樣重要，如〈逍遙遊〉：「湯之問棘」一段，劉辰翁便認為莊子「小大之辨」作為首段結語是由於「然本不欲為變化同異」，〔註122〕結束之後，下一段再另做議論。至於〈田子方〉的首段，則起結皆有力，評之以「首尾皆善」。〔註123〕

在文章脈絡上，莊子能「轉折適切」上，起語有開啟全文的作用，結語可以收束全文，至於技巧的發揮則須重視如何轉折，使文章波瀾不盡。結語如果能再予以轉折，更為可觀。如〈齊物論〉末段「莊周夢為胡蝶」，劉辰翁云：

> 夢覺齊人物、齊小大、齊是非、齊生死，齊盡在是矣！奇又奇也！
> 他人於此必在「齊」上收結，他卻冷轉一語，翻盡從前許多話柄，
> 曰周與胡（蝴）蝶必有分矣，不知者以為尚生分別，知者以為人牛
> 俱失之機也，正言似反。〔註124〕

若在一般人處理，必在「齊」上收結，辰翁認為《莊子》卻將之做適當的轉折，使「夢覺齊人物、齊小大、齊是非、齊生死，齊盡在是矣！」，更能照應全文的義理。「冷轉一語」確為作文之法重要的關鍵，其特質即是在「齊」之後，語意再翻轉直上，一般的人只在大小、是非、生死之處作分辨與區別，從來不會由更高遠的空間或距離，理解生命共同的歸屬或化約的終極，其實是在大小、是非的不同處尋求「齊一」的根本，因此正言往往是在反象或反面中悟得或體會的。

在文章結構上應求「不犯正位」。所謂「正位」是就文章的邏輯結構而言，寓言的安排常以正言若反的方式呈現，讀者往往會誤解是作者寫錯了，是否前後錯置，不合乎邏輯思考，其實如此安排，實際上更足以突顯主題，明白其內容真正的含義。如〈人間世〉：「匠人之齊」一段，劉辰翁注云：

> 其相物匠石之意又高，所謂「散人又惡知散木」是與之之辭也。其
> 意以為惟散人然後能知之也。語不犯正位如此。〔註125〕

「散人又惡知散木」一語表面上似在批判匠石不懂散木之用，實際上卻是正言若反。可見散人（匠石）確知散木以無用為大用。在櫟樹入夢之前，匠石

〔註121〕劉辰翁，《莊子南華真經點校》，頁479。
〔註122〕劉辰翁，《莊子南華真經點校》，頁14。
〔註123〕劉辰翁，《莊子南華真經點校》，頁383。
〔註124〕劉辰翁，《莊子南華真經點校》，頁72。
〔註125〕劉辰翁，《莊子南華真經點校》，頁114。

告訴弟子：「是不材之木，無所可用，故能若是之壽。」亦符合〈逍遙遊〉以無用爲大用之意，故認爲「散人又惡知散木」是「與之之辭」頗爲合理。由此匠石的見解就更高了，能深入體驗在才與不才中，如何以不才爲大用。

在篇章眞僞上，劉辰翁並未有系統地說明《莊子》中僞作的篇章，以其判爲僞作的標準，在《南華眞經點校》中僅〈盜跖〉有二條註文，其餘〈讓王〉、〈說劍〉、〈漁父〉三篇全無註文，可見在辨僞的觀點上，劉辰翁採信蘇軾的說法，故並無爲之注解。

劉辰翁解《莊》，突出前人者爲：評論《莊子》之文學定位及意義，不似一般字句訓詁與義理的闡發，就莊學史的發展而言，其「以文評莊」，開啓全面從文學角度去詮釋《莊子》的風氣，則亦有其意義與地位。

（三）開展期

「以文評莊」之蓬勃發展，應屬明代。明代不僅科舉程文之講章、墨選大盛，以文學觀點論經史諸子，也蔚爲風氣。如凌汝亨之輯評《管子》，自謂「總其例凡，曰通、曰評、曰演。評有細條、有總論。圈點：詞點俱勝用。意字瑰奇用△，條暢雋爽用」；如明代《韓子迂評》〔註126〕一書，每篇前有總評，

要緊處有夾批、眉批；李贄之評《墨子》，由茅坤校刊；孫月峯三子評，則批老、莊、列三子；凌稚隆之《史記評林》、《漢書評林》，歸有光以五色筆批《史記》……等。此風氣一直延續至近代吳闓生評點、高步瀛集解的《孟子文法讀本》。足見從宋明以來，幾乎無書不可以運用，以對章法的講求來閱讀經典，而且也因爲習慣於這樣的文學閱讀方式，所以批選圈點又幾乎成中國人讀書的基本方式。〔註127〕

藉由八股墨卷，圈點批注，所討論的破題、章法、段落、文氣，遣辭用字等，則是從經疏釋義的傳統和古文家對文章的分析中而來。〔註128〕如此評點之風，影響到文士，無書不評，無頁不點，因此在註解《莊子》上，也產

〔註126〕《韓子迂評》二十卷，舊本題：明・門無子評，前列元・何犿校，門無子不知爲誰，陳深序稱門無子俞姓吳郡人，篤行君子，然新舊志乘皆不載其姓名，《四庫提要》認爲：「所綴評語大抵皆學究八比之門徑，又出犿注之下，所見如是，宜其敢亂舊文矣！」見《四庫全書總目》，卷一百一，子部十一。

〔註127〕龔鵬程，《文學批評的視野》，臺北：大安出版社，1990 年 1 月初版，頁 407。

〔註128〕龔鵬程，《文學批評的視野》，臺北：大安出版社，1990 年 1 月初版，頁 396。

生了幾項變化。

接續著宋代莊學「以文評莊」的方式演變，在明代莊學詮釋方式上，呈現多樣的發展，可以略分為二：一是承自劉辰翁《莊子南華經點校》而來，以評點為主之「以文評莊」者；一是以文理脈絡為主「以文脈評莊」者。

「以文評莊」是以圈點、批評、或集解為主，形式上有眉批、夾註或旁註；「以文脈評莊」是加強文章脈絡、章義、段意、字句、文格照應說明、修辭境界、前後有評論（總評、文評、亂辭）及讀法說明為主，以文脈評莊，可說是以文解莊之前身，規模形式的建立階段；如此演變，也促使「以文解莊」能根據前人的成果，而綜合兩者兼具之美，結合了評點與文理的說明，加上注疏，作完整之說明。

1. 承襲以文評莊者

「以文評莊」是延續劉辰翁的評點方式，加以發揮，往往網羅眾議，點狀式的評述自己的看法，在文章義法、結構論述上較不完足，以歸有光《南華真經評注》、孫鑛《莊子南華真經評》、譚元春《莊子南華真經評》以批評方式作為論述為代表。

（1）**歸有光**〔註129〕**《南華真經評注》十二卷**（明神宗萬曆三三年，西元
　　　1605）

本書以郭象注本為底本，首題：「晉・郭象子玄輯注，明・歸有光熙甫批閱，文震孟訂正」，眉欄引林希逸、劉須溪、楊慎、王世貞、徐儆弦等各家雜說，底欄亦附簡注及音義雙行夾注，並加圈點，有郭象、馮夢禎序，並附司馬遷〈莊子列傳〉。

此書亦以評點方式，標出「。」、「・」，書上下兩端都有眉批，每篇篇末又有總評，計總評者有三十七人，眉詮者七十三人，音釋者七人，內容豐碩，除了文學性的闡發，茅坤、劉辰翁等並列齊鳴之外，義理方面如陸龜山、焦竑等亦加以發揮。內七篇篇下皆有小字說明要義，外雜篇則無通篇要義，但總評則篇篇皆有。每一句皆有句意說明，非常詳贍，可以說是集大成者。影

〔註129〕歸有光，崑山人，字熙甫，九歲能文，弱冠通經史。嘉靖十九年舉鄉試，徙居安亭江上，讀書講學二十餘年，生徒數百人，學者稱震川先生。有《震川集》、《易經淵旨》、《三吳水利錄》、《諸子彙函》、《文章指南》、評點《史記》諸書。歸有光，《南華經評註》藝文印書館據明天啓四年竹塢刊本影印，嚴靈峰編《無求備齋莊子集成》，第19冊；另見不同書名，但內容卻相同之《莊子南華經》，民國58年6月，臺北：宏業書局。

響所及，如王船山《莊子解》、郭慶藩《莊子集釋》，都喜歡藉此書以蒐集前人的評論作對照。

由歸有光所引諸家，可以看出一位古文家，用文學角度詮解，對莊學「以文評莊」的部分，由一家之言，進而百家爭輝，將莊子文學性更加推舉。例如〈齊物論〉篇末歸氏條列七家之言：

歐陽公曰：莊子文字快活，似其為人。不在深思曲說，但通大意，自是開發無限。

王介甫曰：〈齊物論〉其微意：正欲以不齊齊之，求其齊乃不可齊矣！諸君子所以失者，以其齊也。

劉須溪曰：或謂莊子欲齊物論，非也！欲齊則愈不齊矣！不是齊他物論，是自看得他物論，原自齊看得齊則心平，心平則無物論矣！物論謂指戰國時學問，亦非也！天地間自有人我，即有是非，從堯舜事業、六經議論、戰爭興廢、出處成敗死生，皆是非也。身外無第二物，切於此矣。此不足動，皆不動矣，故齊為上。

楊用脩曰：內篇之文繁而美者齊物論，簡而美者養生主。

李贄曰：此篇以至物喻至人，前後共二段，則言鯤鵬而以至人結之。

王宗沐曰：此篇長體，本以〈齊物論〉為主，卻借風起後始入題，四大柱入結中多顛倒紆散之語。

許孚遠曰：南華之言不可泥，于常調疑者闕之而已。

唐順之曰：此篇意在物我兩忘，則是非俱泯。〔註130〕

由上述可知，對〈齊物論〉各家對文章形式、內容、意義、境界，都各自提出自己的看法，以各種角度去剖析莊文，此為其優點，並保存了許多前人精湛的論述，以免亡逸而未見；只是優點亦蘊含缺點，百味雜陳，莫衷一是，往往會模糊了《莊子》本真之意，並影響全篇整體性的思想系統，以及歸有光在批點之外，所欲彰顯的宗旨，往往湮沒其間而不識，此其可惜之處。

（2）**孫鑛**〔註131〕撰**《莊子南華真經評》四卷**（明·神宗萬曆四十年，西

〔註130〕見明·歸有光批點，《百大家評註莊子南華經》，臺北：宏業書局，民國 58 年 6 月，頁 35～36。

〔註131〕孫鑛，餘姚人，字文融，號月峯。萬曆會試第一，為文選郎中，累官兵部侍郎，加石都御史，代顧養謙略朝鮮，累遷南兵部尚書。有《孫月峯評經》、《今

元 1612〔註 132〕）

本書即以文章論點批莊子，在形式上：以「。」、「·」標舉重點，以眉批的方式，說明文章起結、脈絡、優點，不重字句義理之陳述，因此關鋒云：「此書主要是批點文章」。〔註 133〕

如以〈逍遙遊〉爲例，說明其特色是：

> 千錘百鍊，篇章字句無不妙；力勁而色濃，調諧而味末。〔註 134〕

孫鑛評莊，語多簡練，以文章美的角度看《莊子·逍遙遊》運用文字精練，文章「千錘百鍊」是其特色。

在說明《莊子》爲文之敘事方法上，指出莊子爲文與眾不同之處，如鯤鵬之變是「一事兩敘」〔註 135〕；文章結構在起結之處是：「以結語作起意」〔註 136〕；承轉之處則看出莊文「錯落好」〔註 137〕、「一詳一略小具變法」〔註 138〕、「此三句本要形容下句，卻先安頓於此」〔註 139〕，有時並運用插敘之法云：「又插此一段議論發明，小不知大意。與後段小大之辨，句相應。」〔註 140〕、「中忽插此一段議論只發揮九萬里三字意」〔註 141〕，將莊文特殊的爲文方式，在眉批處點出。

對文章整體藝術境界的描摹，則以節奏感論敘，故云：「看他是何等節奏」、「換拍」、「又換拍」〔註 142〕，以音樂節奏對文章作境界之說明，是既具象，又有節奏感的聽覺描述。

文章整體性的評論，則說明文章簡繁收放部分，云：「繁」、「簡」、「明」、

文選》、書畫跋跋集等書行於世。見《孫月峰三子評》〈提要〉《中國子學名著集成》（67），頁 1，民國 66 年 4 月。

〔註 132〕明·孫鑛撰，《莊子南華眞經評》（西元 1612）與歸有光，《南華眞經評注》（西元 1605）根據嚴靈鋒，《老列莊三子知見目錄》孫鑛注疏時間應晚於歸有光，然歸氏，《南華眞經評注》眉批、總批處皆有孫鑛評注，其中出入，容後續再做考證，今先暫以歸氏列於孫氏之前作說明。

〔註 133〕關鋒，《莊子內篇譯解和批判》，北京：中華書局出版，1961 年 6 月，頁 381。

〔註 134〕孫鑛，《莊子南華眞經評》，頁 63。

〔註 135〕孫鑛，《莊子南華眞經評》，頁 63。

〔註 136〕孫鑛，《莊子南華眞經評》，頁 65。

〔註 137〕孫鑛，《莊子南華眞經評》，頁 68。

〔註 138〕孫鑛，《莊子南華眞經評》，頁 65。

〔註 139〕孫鑛，《莊子南華眞經評》，頁 63。

〔註 140〕孫鑛，《莊子南華眞經評》，頁 64。

〔註 141〕孫鑛，《莊子南華眞經評》，頁 64。

〔註 142〕孫鑛，《莊子南華眞經評》，頁 63～64。

「奧」、「撤開」、「至此則筆稍縱，然縱而不失其嚴」〔註143〕，而莊子文句語意是「華語點綴妙」、「冷語收有味」〔註144〕，以一位批評者之姿評《莊子》。

當然，孫氏亦有其對《莊子》一文不滿意處，則以「此處尚未盡鍊法」評〈逍遙遊〉不足之處。本書純然「以文評莊」的風格至爲明顯〔註145〕。從孫鑛評點的方式與內容而言，以文家感性的評論、文章筆法修辭居多，義理內容顯得薄弱。

（3）譚元春〔註146〕《莊子南華真經評》三卷（明・崇禎八年，西元1635）

全書每篇末皆有總論，並附眉評、圈點、旁注，首題：「景陵・譚元春友夏評閱，太倉・張溥西銘參正」並有張溥序，譚元春〈遇莊序〉：「崇禎乙亥夏五月，閉戶人譚元春序於嶽歸堂」，圈點則有「。」、「・」、「∟」三種，「∟」原是標段落的，在書中用得種類並不多。張溥在〈序〉提出說明：

> 若其文章變化，離奇神鬼，杳眇山川，風雨草木，其觀已止。先輩云：六經而外，惟左、史、莊、騷，爲天地四大奇書，非虛史也！〔註147〕

可以看出本書之主軸，在於說明《莊子》之文學特質，文章之變化。譚元春〈遇莊序〉更是發其異想，認爲：

> 益嘆是書，那復須注不易之言也。注彌明，吾疑其明；注彌貫，吾疑其貫。閱莊有法藏：去故我化身，莊子坐而抱想，默而把筆，汎然而游，昧昧然涉，我盡莊現。〔註148〕

在此，譚元春自覺已化身爲莊子，以己新意欲去除遮撥，雖名爲譚元春評閱莊子，闡發莊意，但言下之意此書猶如莊子再現，如此寫作動機與意識形態，覺得此書是模擬莊子，來評注莊子，有「以莊解莊」，莊子再生之意，如此著

〔註143〕孫鑛，《莊子南華真經評》，頁63～66。

〔註144〕孫鑛，《莊子南華真經評》，頁67。

〔註145〕孫鑛，《莊子南華真經評》《中國子學名著集成》（67），中國子學名著集成編印基金會印行，民國66年4月，頁63～64。

〔註146〕譚元春，竟陵人，字友夏，別署「嶽歸堂」天啓末鄉試第一。與同里鍾惺評選唐人之詩，爲唐詩歸，又評選隋以前詩爲古詩歸，鍾譚之名滿天下，謂之「竟陵體」。然兩人學不甚富，其識解多僻，大爲通人所譏。著有《嶽歸堂稿》、《鵠灣集》。

〔註147〕譚元春，《莊子南華真經評》藝文印書館據明崇禎八年刊本影印，《無求備齋莊子集成續編》，第27冊，頁4～5。

〔註148〕譚元春，《莊子南華真經評》，頁16。

書立說，是很特別的。

以吾人看來，這何嘗不是以己解莊，但作者如此言之，似乎覺得莊子再生，我爲莊子之代言人，故所言自然不同於他人。基本上，這是注者認爲能與作者心意相通的，以作者爲角度，作者的代言人去詮釋，與後世林雲銘以讀者角度觀察、欣賞莊子，是不一樣的。

此書在圈點處會用小字標出，特別說此圈處好在哪裡，如〈大宗師〉：

> 孟孫才其母死，哭泣無涕，中心不感，居喪不哀，_{無是三者，以善喪}○○○○○○○○○

夾注於圈與圈之間曰：「世俗禮法中，原無孝子」以說明譚氏自己的圈點意義，而加以說明。

全書詮釋重點不在句意字詞的了解，但每篇總論則洋洋灑灑，說明己見，如〈應帝王〉：

> 予竊謂《莊子》之妙，似不當豎一義，拈一語，信心遊行，隨手摹索，反在無字句處，有一漆園叟，栩栩見夢也。〔註149〕

以總論、眉批、點批等方式，說明莊子文章的妙處爲主。如〈齊物論〉總論曰：

> 莊子齊物，吾幾無以尋之，嘗瞪目直視，忽如有得，其得甚奇，不在中邊，則以逍遙遊有曰：「乘雲氣，御飛龍，而遊乎四海之外。」
> 是論亦曰：乘雲氣，騎日月，而遊乎四海之外。故知齊物即逍遙遊。
> 宋人齊物理齊物形，種種揣摩，如盲人枝，投諸坑窬，自錯自受。
> 夫齊物之書，非齊物也，物化之爲齊物，蝴蝶夢周，周在蝴蝶夢中，是謂物化。〔註150〕

由上所述可以見得，譚元春在分析的形式與內容上，已經較純以美感的評點，豐富許多，但是諸如「目瞪直視」等句，仍帶有主觀的情緒性語言在其中。因此仍是屬於以文評莊的性質居多。

2. 增加文脈評莊者

是承接自宋林希逸《莊子口義》文章血脈的建立，而「希逸乃以章句求之」（四全書總目提要），深入《莊子》的文章脈絡，作章法、段落、評論、讀法的客觀說明，明代重在文章脈絡評莊者，有朱得之《莊子通義》、方虛名《南華真經旁注》、陳榮選《南華全經分章句解》、潘基慶《南華經集解》、憨

〔註149〕譚元春，《莊子南華真經評》，頁129。
〔註150〕譚元春，《莊子南華真經評》，頁59～60。

山《莊子內篇註》等。

（1）朱得之〔註151〕《莊子通義》〔註152〕十卷，（明・嘉靖三九年，西元
　　1560年）

　　朱得之希望由《莊子》文辭之美、道德之秀，進而能通其義，而還其天地
之心，因此全書在義理的把握，文辭的縱橫討論，用力頗深，但現有之版本
並無評點，是以文章脈絡爲主體說明者。其〈自序〉即曰：

> 然則詩書固經世之準，而三子則立命之方。立命達於人人，經世存
> 乎一遇，安得守此而棄彼乎？是故求文辭於先秦之前，莊子而已。
> 求道德於三代之秀，莊子而已。易曰：「復其見天地之心。」欲見天
> 地之心者，必不忽莊子。好古畜德者，必不訝莊子。是用通其義而
> 托諸梓，祈與若人者共答莊子之賜。〔註153〕

因此全書內容除了強調義理的把握，文辭亦須講求。故對「以文解莊」之學
者，起了示範之作用。

　　在體例上，有朱得之〈自序〉、〈刻莊子通義引〉、〈讀莊評〉、〈莊子通義
目錄〉，內容將莊書原文，分段旁注，並以己見爲通義，每段下首列「通義」，
次附褚伯秀之「褚氏管見」並加以傍證，又附褚伯秀《義海纂微》之論述。
字裡行間，夾注音、義、短評、段落承轉說明，又附〈通義稿成告漆園莊先
生〉文一篇，末附褚伯秀〈褚氏後序自撰〉。

　　本書義理宗旨亦是欲附莊於孔，即是「以儒解莊」之詮釋，篇章的看法
則在〈讀莊評〉中認爲：「外篇、雜篇非莊子之言」。《四庫全書總目提要》對
其評論曰：

> 《莊子通義》十卷（兩江總督採進本），明・朱得之撰。得之有《宵
> 練匣》已著錄。此書以爲莊子書，命辭跌宕，設喻險奇，人多謂其
> 荒唐謬悠，不知異者辭也，不異者道也，故爲作通義，並加旁註以
> 詳釋之。先是宋咸淳間，錢塘道士褚伯秀嘗作《義海纂微》，未行於
> 世，王潼錄其遺彙以授得之。得之因附刻於每段下，先列《通義》，

〔註151〕朱得之，靖江人，一作烏程人，字本思，號近齋。貢爲江西新城丞，邑人稱
　　　　之。從學於王守仁，其學頗近於老氏。《莊子通義》外，尚著有《參玄三語》、
　　　　《宵練匣》。
〔註152〕今見藝文印書館據明嘉靖四十三年浩然齋刊本影印，嚴靈峰編，《無求備齋莊
　　　　子集成續編》，第3～4冊。
〔註153〕朱得之，《莊子通義》，頁2～3。

次及《義海》,前有得之〈自序〉。案伯秀《義海纂微》採掇詳博,
今原本尚存,已著於錄。得之所解,議論陳因,殊無可採。至於評
論文格,動至連篇累牘,尤冗蔓無謂矣!〔註154〕

寫《提要》的學者,對以文學筆法論莊認為是「評論文格,動至連篇累牘,
尤冗蔓無謂」,但詳考其書,所謂的「文格」應就篇章要旨而言,得之在篇
首目錄中即將褚伯秀《義海纂微》中義理要旨,列於篇目下,目錄上有篇名,
下面特訂定小節,小節之下又有小字,寫上此節義旨,例如目錄〈逍遙遊〉
第一下:

北冥有魚	順化逍遙	推變逍遙
堯讓天下與許由	无己逍遙	
肩吾問于連叔	无功逍遙	无名逍遙
惠子大瓠	適物逍遙	
惠子大樹	无為逍遙	

可以看出朱得之以把握《莊子》文中段落之旨為要,如其在〈齊物論〉篇末
評論可知:

逍遙遊乃一書之大旨,褚氏於卷前標列以:順化逍遙、無為逍遙、
推變逍遙、無名逍遙、無功逍遙、無己逍遙、適物逍遙等名,非指
此一篇而已:蓋一書每篇之中,各有一意,只是闡明道體之大能,
體此道者,無入而不自得,不以世運污隆,干於太虛之體耳!〔註155〕

朱得之能明其篇章要旨,以推及書中每篇即有一意,其目的亦在於解其道體
之大能與大用,如此舉一而反三,則無入而不得,因此其書已由評莊而進入
解莊之脈絡部分。

(2)方虛名〔註156〕《南華真經旁注》〔註157〕三十三卷(明・萬曆二十
二年,西元 1594 年)

其書將莊子全書加以旁注,上有眉評、圈點,此書多章法、句法、字法
之評,〈凡例〉即言:

章有法,句有法,字有法,常然者余衷而出之,雖然,此法也非法

〔註154〕《四庫全書總目提要》,卷一百四十七・子部・道家類存目。
〔註155〕朱得之,《莊子通義》,頁76。
〔註156〕方虛名,安徽歙浦人,字浮惰。
〔註157〕又名《南華真經評註》,書名不同,見馬森,《莊子書錄》、嚴靈峰,《老列莊
　　　　三子知見目錄》,頁147。

者也，法法者在乎手之法也，存可也，亡可也。〔註158〕

講求「法」爲其特色，以評論文章章法爲主，因此，關鋒評曰：「評就全是就文章的章句法、字法說。」可見得此書解莊，重視文章章法。

爲了便於初學者閱覽方便，方盧名亦在旁加上評點段落之標示，並於〈凡例〉言：

> 凡故也，或字而故之，或句而故之，故句以文，故字以字，然即字演文，因文見字，通義也。初學之士，得以覽焉，若無當於句與字，而乙於兩句間，以通上下之情者，因作 ⑧ 如是觀；吾篇而聯之，復章而絡之，因作 ∟ 如是觀；段之中又有段焉，因作 —— 如是觀；作……如是觀者純精也。〔註159〕

其所謂「旁注」即是一行一行之間加以說明，如「無名」則旁邊一行即言「神化而不測」，〔註160〕在眉批處評點時，多是標示其中要旨所在，並注重文章段落章法之主旨，作一說明。如〈逍遙遊〉：「魏王貽我大瓠之種」，上面眉批即言：

> 此章言物各有宜，苟得其宜，安往而不逍遙也。

本書強調《莊子》之文學性、文章性，要旨部分，評點又非常清楚，故爲以文脈解莊者。

（3）陳榮選〔註161〕《南華全經分章句解》〔註162〕（明・光宗泰昌元年，西元 1620 年）

形式上有圈點、眉注，段落分得很清楚，每一篇篇旨放在篇名之下，分章解說又題：「南華全經分章句解」首題：「輪山鼇海陳榮選著，七世孫廷信藩伯、廷尹達伯重梓」，前有遜庵蔡復一撰「陳鼇海先生傳」。

陳榮選的《南華全經分章句解》，此書的重點並不在於注釋，而在於它對每篇段落或重要的地方，往往有精到的眉批，文字雖不多，但能發前人所未

〔註158〕明・方盧名，《南華眞經旁注》，頁 548，《續修四庫全書》，九五六・子部・道家類，上海：古籍出版社，2003 年 5 月。

〔註159〕明・方盧名，《南華眞經旁注》，頁 548。

〔註160〕明・方盧名，《南華眞經旁注》，頁 552。

〔註161〕陳榮選，福建同安人，字克舉，號鼇海，別署「輪山」舉萬曆丙子順天試，選劍州，改儋州守，遷廣州府周知。

〔註162〕陳榮選的《南華全經分章句解》，日本，《京都大學文學部漢籍目錄》著錄，藝文印書館據明刊本影印，嚴靈峰編，《無求備齋莊子叢書集成續編》，第 25 冊，版本影印不清，因此有些分析處，實在難以全面指出。

發。對《莊子》散文的思想意義及其藝術成就，有許多簡要的評點，〔註163〕
如〈大宗師〉章旨是：

> 大宗師者道也，猶言聖法天、天法道、道法自然也。〔註164〕

又在眉批上曰：

> 此篇八章「大節」〔註165〕相承，其意義只是盡性，由人合天，入於
> 兩忘，即所遇順逆，何足介累，惟天惟命，師又何方乎？故曰大宗
> 師。〔註166〕

而章法上有云：「章中若然者三見，而安頓得法，便不見重疊」〔註167〕，是研
究《莊子》散文藝術性的較早著作之一。

　　（4）憨山〔註168〕《莊子內篇註》七卷（明・天啓元年1621年）

　　憨山的《莊子內篇注》，編撰者認為：「一全書三十三篇，只七篇已盡其
意。其外雜篇皆蔓衍其說耳。」因此他只作《莊子內篇注》，憨山將佛道作對
比，對了解佛道異同，有一定裨益。內容上有簡要注釋，對許多詞句作了講
解。每篇皆有題解、段落分析、篇末總評。對各篇宗旨及其思想意義，講解
較詳。對莊子散文的藝術性，偶有論及。

　　雖多以佛義解莊，少牽強附會之處。能根據林希逸之要旨，再做進一步
發明處。如林希逸正確解釋「海運」，但對「去以六月息者也」仍解為「一去
半歲」。而德清則解曰：

> 六月，周六月，即夏之四月，謂盛陽開發，風始大而有力，乃能鼓
> 其翼，息即風也，意謂天地之風，若人身中之氣息，此筆端鼓舞處，
> 以此證之，則言可信也。〔註169〕

不但清楚的說明海運之在六月之因，更加以譬喻，猶如人在寫作時，下筆時

〔註163〕見陸永品，《老莊研究》，頁186。
〔註164〕陳榮選，《南華經句解》《無求備齋莊子叢書集成續編》，第25冊，頁81。
〔註165〕此處刊本不清楚，不知是「大節」亦或「六節」，「節」亦望之似又不是，只
　　　　得推測可能之義，並另作註解，留待覺得更佳版本時，作更正。
〔註166〕見陳榮選，《南華經句解》《無求備齋莊子叢書集成續編》，第25冊，頁81。
〔註167〕見陳榮選，《南華經句解》《無求備齋莊子叢書集成續編》，第25冊，頁83。
〔註168〕釋德清，全椒人，字澄印，人稱憨山大師。吳康，《老莊哲學》附錄曰：「德
　　　　清，明季高僧，別號憨山，禪教並通，復興曹溪道場，人稱憨山大師。倡三
　　　　教一致之說，故亦治莊。以己意解內七篇，謂全書三十三篇，只內七篇已盡
　　　　其意，其外篇皆蔓衍之說耳。
〔註169〕釋德清，《莊子內篇注》《無求備齋莊子叢書集成續編》，第25冊，頁8～9。

所顯現的鼓舞之氣，視作「天地之風」。又解〈逍遙遊〉之旨曰：

> 此為書之首篇，莊子自云：「言有宗，事有君」，即此便是立言之宗本也。逍遙者，廣大自在之意，即如佛經無礙解脫，佛以斷盡煩惱為解脫，莊子以超脫形骸，泯絕知巧，不以生人一身功名為累、為解脫，蓋指虛無自然為大道之鄉，為逍遙之境，如下云無何有之鄉廣漠之野等語是也，意謂唯有真人能遊於此廣大自在之場者，即下所謂大宗師即其人也。

> 世人不得如此逍遙者，只被一箇「我」字拘礙，故凡有所作，只為自己一身上求功求名，自古及今，舉世之人，無不被此三件事，苦了一生，何嘗有一息之快活哉！獨有大聖人，忘了此三件事，故得無窮廣大自在逍遙快活。〔註170〕

故此篇立意，則以「至人無己，聖人無功，神人無名，為骨子」為其內涵。

憨山解莊不在零碎理解，在於把握要旨，此影響即及船山解莊，憨山會以佛道匯通的觀點，把握要義，掌握段落與全篇之系聯，此其優處，對文脈的理解較好。

另外吳伯與〔註171〕《南華經因然》〔註172〕六卷，文獻中提及其書重段落大意解說，〔註173〕但詳查其書後，其書在篇章要旨，及文章脈絡、文章章法上，本書說明甚少，只有〈逍遙遊〉下，有略說其修辭法，如下述：

> 言天地間待氣而動者皆然，而況大鵬突入野馬等句，是倒插法〔註174〕

此類敘述文法修辭之份量極少，亦無眉批、批點等記號，但其段落大意的說解，則相當豐，全書講究意義的說解，章法部分說明較少，因此不能視作以文評莊，或以文脈解莊之類。

以上所述僅就文獻上的記載所作之整理，「以文評莊」、「以文脈解莊」，在明代蓬勃發展，諸如潘基慶《南華經集解》〔註175〕、葉秉敬《莊子膏肓》

〔註170〕釋德清，《莊子內篇注》《無求備齋莊子叢書集成續編》，第25冊，頁2～3。

〔註171〕吳伯與，宣城人，字福生，萬曆癸丑進士，官江西副使廣東按察司副使。

〔註172〕吳伯與，《南華經因然》藝文印書館據明刊本影印，嚴靈峰編，《無求備齋莊子集成續編》，第21冊。為神宗萬曆二十一年，西元1593年出版。

〔註173〕嚴靈峰，《列子莊子知見書目》：「首題：『延陵吳伯與福生偶解』，內外雜三篇各分上下二卷，每篇標題後，均說明章旨，全書分段解說」，頁147。

〔註174〕吳伯與，《南華經因然》藝文印書館據明刊本影印，嚴靈峰編，《無求備齋莊子集成續編》，第21冊，頁4。

〔註175〕潘基慶，《南華經集解》嚴靈峰編，《無求備齋莊子集成初編》，第12冊。

〔註176〕、陳深《莊子品節》〔註177〕、藏雲山房主人《南華大義解懸參註》〔註178〕、陶望齡《解莊》〔註179〕、陳懿典《南華經精解》〔註180〕、徐曉《南華日抄》〔註181〕、韓敬《莊子狐白》〔註182〕、楊起元《南華經品節》〔註183〕、陸可教、李廷機《莊子玄言評苑》〔註184〕、黃洪憲《莊子南華文髓》〔註185〕等等，不勝枚舉，囿於論文篇幅，不一一詳敍，將來可作一專題論述。

（四）承繼期

「以文評莊」在明代蓬勃發展，有其解讀方便之利，又雜取各家說法，從明末到清代，亦有沿襲其方法者：

1. 周辰拱〔註186〕《南華真經影史》〔註187〕（明・崇禎十七年，丁丑1637年）

周氏身當明末清初，其書內容僅取內篇，附〈秋水〉、〈至樂〉二篇，一篇一卷，共九卷。其〈自序〉謂：

> 夫古人之書，亦古人之影也。某人已滅矣，已失矣，而吾從有有無無、斜陽淡月之下，追其所爲神情魂魄，曝然欲笑者，而一以誠然之筆出之，使人睹之躍然趨抱，欣然而欲語也，是眞不欺其影者也，是眞善詮影者也。〔註188〕

是故明其書曰「影史」，此書名爲解莊，實乃以釋說莊，故其〈條例〉曰：

> 莊子談道與竺西摩訶般若針鋒相對。今細案之：〈逍遙遊〉即圓通大

〔註176〕葉秉敬，《莊子膏肓》嚴靈峰編，《無求備齋莊子集成初編》，第16冊。
〔註177〕陳深，《莊子品節》嚴靈峰編，《無求備齋莊子集成初編》，第11冊。
〔註178〕藏雲山房主人，《南華大義解懸參註》，嚴靈峰編，《無求備齋莊子集成初編》，第1冊。
〔註179〕陶望齡，《解莊》嚴靈峰編，《無求備齋莊子集成續編》，第24冊。
〔註180〕陳懿典，《南華經精解》，嚴靈峰編，《無求備齋莊子集成續編》，第13～14冊。
〔註181〕嚴靈峰編，《無求備齋莊子集成續編》，第23冊。
〔註182〕韓敬，《莊子狐白》，嚴靈峰編，《無求備齋莊子集成續編》，第22冊。
〔註183〕楊起元，《南華經品節》，嚴靈峰編，《無求備齋莊子集成續編》，第17冊。
〔註184〕陸可教、李廷機，《莊子玄言評苑》，嚴靈峰編，《無求備齋莊子集成續編》，第15冊。
〔註185〕黃洪憲，《莊子南華文髓》，嚴靈峰編，《無求備齋莊子集成續編》，第18冊。
〔註186〕周拱辰，桐鄉人，字孟侯，歲貢生。著有《南華眞經影史》、《離騷草木史》、《離騷拾細》、《公羊墨史》、《聖雨齋詩文集》。
〔註187〕今見藝文印書館據清道光二十七年刊周孟侯先生全書影印，嚴靈峰編，《無求備齋莊子集成初編》，第22冊。
〔註188〕周拱辰，《南華眞經影史》《無求備齋莊子集成初編》，第22冊，頁11～12。

自在也，〈齊物論〉即諸相非相也，〈養生主〉即：不思善不思惡也，
〈人間世〉即：調御丈夫也，德充符即：妙莊嚴也，大宗師即：首
楞嚴王也，應帝王即：蒐盧遮那身攝化三千大千也。

其經文旁及書眉，常引譚友夏之言，上並有其子周宷之眉批。

本書在前人的引述，多以佛解莊視之，而筆者見其以評點方式圈點全篇，
前有〈影史條列〉列出七點讀莊要領，如「莊文有眼，須善讀莊文者以慧眼
對之」，〔註189〕內容參評者達八十四人之多，內文有眉批、總評、圈點，對莊
文中句法則云：「句法亦妙」〔註190〕段有段意、篇有總評，亦有藝術性評語，
雖多用佛家語彙，並無碎句解釋，但「以文評莊」是確定的。

2. 高秋月〔註191〕《莊子釋意》〔註192〕內外篇附雜篇三卷（康熙二八年，西元 1689）

高秋月寫此書時，是先為徐壇長講解《莊子》，蒐集、歸納、加上自己的
批點，為了保存前人註解、不願有遺逸之憾，而出刊此書。其友曹同春言：

嘗客宿邊，與陸瞻岐、逃丈、徐壇長諸子遊。請先生講莊子，閱數
年，先生集為完書。書成，名曰《莊子釋意》。攜其本以歸，余得見
之。或仍往說，或取己見，文約而旨明。余懼夫先生搜輯叢註之勤，
而久之或且失傳也，乃繼先生之志，著七篇大意於首，節分編次，
力加考訂，爰命梓人，公之當世。〔註193〕

可見得其書是以「搜輯叢註」別家之評，再用「文約旨明」的方式行文。

本書《莊子》原文詳加圈點句讀圈點旁注重要文字，並加圓圈，釋意詳
明，篇末均引歸震川、憨山大師評語之言以為總結。首題：「歸震川先生原批，
金壇高秋月素蟾集說，曹同春孟序論正，曹家權開遠，曹鳳采亭山重訂」字
樣。首有：康熙己巳曹同春序。

高秋月因其深深愛好《莊子》，並且體會莊子是「覺迷入道」之言，故曹
同春序曰：

吾鄉高素蟾先生，少喜讀書，老而不倦。其生平尤好讀莊子，沉思

〔註189〕周拱辰，《南華眞經影史》《無求備齋莊子集成初編》，第 22 冊，頁 21。
〔註190〕周拱辰，《南華眞經影史》《無求備齋莊子集成初編》，第 22 冊，頁 143。
〔註191〕高秋月，金壇人，字素蟾。
〔註192〕高秋月，《莊子釋意》藝文印書館據清康熙間刊本影印，嚴靈峰編，《無求備齋莊子集成續編》，第 31 冊。
〔註193〕高秋月，《莊子釋意》，頁 3～4。

　　研覈，不無苦心。竊懍然嘆曰：此覺迷入道之言，人不可一日不觀，
　　非獨文辭之瓌瑋也。〔註194〕

希望能由文辭瑰瑋而得其眞意。

　　然先生之於《莊子》也，務求其意，不屑屑於文辭，終身好之，但
　　離其句讀而已。余詢其故。先生曰：「莊子不云乎？『語之所貴者，
　　意也。得意則忘言。』且吾見評《莊子》者多矣，其善者惟太僕震
　　川耳。震川自謂讀書萬卷而得力於莊周，余遂求獲而附刻之，以見
　　世之工於文者。其留心於《莊子》如此，固非謂《莊子》之意盡於
　　文辭而已也。」〔註195〕

從上所述，得知「以意逆志」解莊子，是高秋月注解《莊子》所欲達之成效。

　　然全書圈圈點點、密密麻麻，圈點符號較林雲銘更多，有「。」「、」「ⓐ」
「－」「◎」「△」「∥」「▎」繁複到八種之多，論述時宗歸有光及憨山，段落
清楚說明，篇章義法有加以點出，由上述可知，高氏是以文評莊的方式解莊
義，仍重倚賴各家之言。其後吳世尚《莊子解》〈序二〉云：

　　止圈點濃密以爲贊嘆，段落句讀，一切混過，而亦號之曰注莊評莊，
　　吾不知莊與讀莊者，豈肯受焉否耶！〔註196〕

對明代評點《莊子》者，作如此之批判，眞是一針見血，一語道破。

　　最後補充說明張坦〔註197〕《南華評註》（康熙一七年西元1678），由於此
書今已未見，〔註198〕僅能以文獻上的記載，略述一、二，《四庫全書總目提要》
評曰：

　　南華評註，國朝張坦撰。坦字方平，號一菴，泰安人。是書成於康
　　熙戊午。自序謂廣求古註數十餘家，採其簡當，刪其繁蕪，又參以

〔註194〕高秋月，《莊子釋意》，頁3。
〔註195〕高秋月，《莊子釋意》，頁4～5。
〔註196〕吳世尚，《莊子解》藝文印書館據民國九年劉氏刊貴池先哲遺書本影印，《無
　　　　求備齋莊子叢書集成初編》22冊，頁8。
〔註197〕張坦，泰安人，字方平，號一菴，康熙貢生。
〔註198〕今已未見其書，僅《四庫總目》、《清朝文獻通考》著錄，有目無書，經查證
　　　　國立中央圖書館：《景印文淵閣四庫全書》（台灣商務印書館，75年3月28
　　　　日）、《四庫全書存目叢書》（台南：莊嚴文化公司，1997年10月）、《續修四
　　　　庫全書》（上海：古籍出版，2003年5月）、《四庫禁燬書叢刊》（北京：北京
　　　　出版社，2000年1月）、《四庫未收書輯刊》（北京：北京出版社，2000年1
　　　　月）、《四庫全書存目叢書補編》（濟南：齊魯書社，2001年9月）皆無此書。

己意，爲之評釋；別爲或問十條，列於卷首。今案其書分段加評，
逐句加註，皆不言本某家之古註。其註似徐增之說唐詩，其評一如
金人瑞之評《西廂記》、《水滸傳》而已。觀其或問第二條，以莊子
爲風流才子，可知其所見矣。

此書以「分段加評，逐句加註」，用評點方式論莊，爲其特色，可以看出是明
清以評點及散文方式研究《莊子》之著作。

（五）以文評莊有新意者

　　清代能承繼「以文評莊」且具有創新之意者，爲清・嚴復〔註199〕《莊子評
點》〔註200〕（西元 1916 年）其書以馬其昶《莊子故》爲底本，上面加上眉批
〔註201〕，篇章內容是評點莊子全文（惟蘇子瞻所疑四篇除外），計分「總評」、
「評證」、「註釋」、「圈點」四項。每項各以數字標次第，記所批某句某段，眉
目釐然，無虞淆亂。文中以西方哲理談莊，兼及其行文之趣。是：「實肇以西方
哲理解莊之濫觴，並兼及文趣」，內有嚴氏遺像及章士釗己巳秋題詩，曾氏〈序
言〉稱：「民國五年是年先生手評莊子」〔註202〕，因此知是民國五年之作。

　　承以文解莊之形式與內容，而增加細部的處理，綜合考證學之優點，諸
如傳統音義訓詁上，有校正文字，有詮釋字句訓詁，有章句疏釋；在以文解
莊上，有指示讀莊門徑、有申釋要義、有指點文章優劣；在提出自己見解上，
有駁正各家註解、有印證傳統學說；除此之外，能更進一步，參證西方新學、
比況當代局勢、評析莊學得失之處〔註203〕，如〈養生主〉：「依乎天理」下注：

　　　　依乎天理即科學家所謂 We must live according nature.〔註204〕

眉批中不時可以見到中西對照的說明，另外並夾有圖解以更正前說，如〈人間
世〉：「俯而視其大根，則軸解而不可以爲棺槨。」下面桐城學者吳汝綸注曰：

〔註199〕嚴復，福建閩侯（侯官）人，字幾道，初名宗光，字又陵。字幾道，自署「瘠
　　　　野老人」。初習海軍，卒業於英格林尼次海軍大學。民國元年，袁世凱稱總統，
　　　　聘爲北京大學校長，未久辭職，尋病終。嚴氏一生譯著甚豐。民國十年卒，
　　　　年六十九。
〔註200〕民國 42 年香港排印本，今見台灣：商務印書館。
〔註201〕錢穆，《莊子纂箋》序自曰：「嚴復有老子評，已見刻本。後有莊子評，乃就馬
　　　　氏《莊子故》書眉批注，辜鴻銘藏其書，余友曾君履川有傳鈔，假以示余。」
　　　　吳康，《老莊哲學》附錄中亦有說明，其所見書爲福州曾克耑所藏先生遺稿之一。
〔註202〕見嚴靈峰，《列子莊子知見目錄》，頁 235、236。
〔註203〕胡楚生，《老莊研究》〈嚴幾道對莊子思想的批評〉，頁 283。
〔註204〕《侯官嚴氏評點莊子》，頁十九。台灣：商務印書館，民國 42 年。

「軸」，粵之借字，《廣雅》：「粵，空也；軸，解連縣字」

嚴復則在上面繪圖說明如下：

> 軸解者：木橫截時，則見其由心而裂，至於外也，如左圖，吳以軸
> 為粵借字，求深反淺，又謂軸解為聯縣字，皆失之。〔註205〕

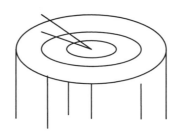

這都可以說是在原有評點的基礎上，除了文理脈絡外，又納入新的看法與中西的對話，在此，可說是「以文解莊」又向前跨了一步。另外文獻上記載有清·鍾文烝〔註206〕《手評莊子後附佚文》〔註207〕（1877）亦受到以文解莊之影響，其書有作者手評部分。

四、「以文解莊」之承轉

承自林希逸《口義》的文章血脈之說，但又綜合了當時極為風行而普遍應用的評點之風，明·陸西星撰《南華真經副墨》可謂當時融合「以文評莊」與「以文脈解莊」而成「以文解莊」的重要著作。文脈與文評兩相結合的成果，影響到清林雲銘《莊子因》：「林雲銘輩以八比法詁莊子」（四庫全書總目提要），此書是以「以文解莊」的代表作。此兼具評點與文脈「以文解莊」之發端，可以陸西星《南華真經副墨》為代表。

（一）綜合文理，成一系統

在明朝莊學之著作中，陸西星〔註208〕撰《南華真經副墨》〔註209〕八卷

〔註205〕《侯官嚴氏評點莊子》，頁八。台灣：商務印書館，民國42年。

〔註206〕鍾文烝，嘉興人，字子勤，舉人。生於嘉慶二十三年，光緒三年，卒年六十，著《穀梁補注》。

〔註207〕其書未見，馬敘倫，《莊子義證》〈附錄〉：「莊子佚文輯錄序」云：「民國二年在滬曾見此書」。

〔註208〕陸西星，興化人，字長庚，號碧虛，稱方壺外史。

〔註209〕有明·萬曆乙酉十三年刊本，陸西星，《南華真經副墨》藝文印書館據明萬曆六年刊本影印，嚴靈峰編，《無求備齋莊子集成續編》，第7冊。

（萬曆六年，西元 1578 刊本）是一個兼具文理解莊，自成一局的論述。西星〈自序〉一開始即稱：「南華者，道德經之註疏也。」〔註210〕而西星對此二書非常推崇，認爲南華經及道德經之注疏，妙竅同元，並通大乘之祕，故爲此注解，以匡昔賢之不逮之處。西星云：

> 故予嘗謂震旦之有南華，竺西之貝典也。貝典專譚實相，而此則兼
> 之命宗，蓋妙竅同玄，實大乘之秘旨，學二氏者，烏可以不讀南華。
> 〔註211〕

西星對《莊子》非常崇敬，以印度佛教之佛典稱之，並言佛經止就「實相」而論，《莊子》則深入至「命宗」，此爲大乘佛教不傳之秘旨，因此《莊子》是必讀之書。

其書以副墨爲名者，即取《莊子》：「副墨之子，聞諸洛誦之孫」（〈大宗師〉）句。考之於郭象注，「副墨」即「文字」之謂。因此西星以敘寫莊子意義之文字解莊，但卻又不可侷限於文，他說：

> 南華經皆自廣大胸中流出，矢口而言，粗而實精，矯俗而論，正而
> 若反，讀南華者，先須大其胸襟，空其我相，不得依以習見，　（參）
> 之，子書中第一部醒眼文字，不獨以其文也。〔註212〕

其書編次一依郭象本，而大旨認爲南華經是祖述道德經，又即佛氏不二法門，蓋欲合老釋爲一家。可以看出其詮釋義理方面，是以佛道解莊的。

在評點部分：其書特別列有〈批點南華眞經法〉，說明他用「｜」「　」「○」「‖」「―」等五種符號，來標明文章的標題、主意、肯綮、精粹、段落。篇章部分編，西星以〈天道〉篇：「虛靜恬淡寂寞無爲」八字，認爲此八字爲《莊子》一書的核心，因此用此八字，以分卷帙，每編逐節銓次，分爲虛集、靜集、恬集、淡集、寂集、寞集、無集、爲集。每篇皆有總論，段落分析（包括簡明注釋和串講）、篇末總評，最後還有「亂辭」，末爲用四言或五言之韻語，總論一篇之旨。前三篇，篇末有「文評」，扼要評論各篇藝術技巧。在篇章辨僞部分，則從蘇軾之說，認爲〈讓王〉、〈盜跖〉、〈漁父〉、〈說劍〉爲僞作，故論述甚少。

此書的優點，在於分析《莊子》散文的思想內容較爲詳盡，亦有精到的

〔註210〕陸西星，《南華眞經副墨》，頁 1。
〔註211〕陸西星，《南華眞經副墨》，頁 6。
〔註212〕陸西星，《南華眞經副墨》，頁 28。

藝術分析，如脈絡轉接處不但詮釋其義理，又時時不忘提醒讀者：

此篇首以鯤鵬寓言……看他文字變化之妙（〈逍遙遊〉）〔註213〕

論〈養生主〉時，在整篇解釋完了以後，云：「重宣此義，而作亂辭」，撰寫
四言十四句話：

緣督之經　解牛之丁　可以保身　可以養生　利害不涉　存沒吾寧
澤雉畜樊　介者其刑　哭死盡哀　聃必倍情　適來適去　胡喜胡驚
薪盡火傳　莫指其窮

下面又接著做文評曰：

此篇凡四段，謂養生主者，守中順理，利害不涉於身，死生無變於
己，其意皆在言外，深思而自得之，所以為妙。不似今之作文，一
開口便說主意，又或立做柱子，皆下乘也。〔註214〕

因此陸方壺的《南華經副墨》，在明代可說是「以文解莊」之代表之作，具有
文學性的看法，亦有義理部分的說明。

明代解莊呈現的面貌是：加評點、講段落、說章法、前有讀法、體例的
說明，後有總評、亂評的收結，有眉批兼夾注，明代解莊相當豐富，呈現一
多姿多彩的面向，五色相宜，音聲相諧，成為「以文解莊」上多樣的學習法
則〔註215〕。

〔註213〕陸西星，《南華真經副墨》，頁35。
〔註214〕陸西星，《南華真經副墨》，頁144～145。
〔註215〕尚有一本注莊之作，龔鵬程，《文學批評的視野》〈細部批評導論〉（臺北：大
安出版社，1990年1月初版1998年4月二刷，頁396）亦提出之明代以文章
求莊子書者：孫應鰲，《莊義要刪》（明神宗萬曆八年，西元1580年），根據
《莊子書錄》、《列子莊子知見目錄》資料整理如下：今收錄於《四庫未收書
輯刊》參輯27冊，明萬曆八年陶幼學等刻本，北京：北京出版社，2000年1
月。此書乃孫應鰲刪取諸伯秀，《南華義海纂微》及莊子古今注解而存其要，
由王篆錄藏經周光鎬、方揚、方沆三人，釐音義、正句誤，剔諸家蕪謬，並
益以蘇子瞻，《廣成子解》、張居正，《評莊》、張四維，《補注》、朱得之，《通
義》而成。
作者傳略：孫應鰲，貴州清平人，居如皋，字山甫。幼穎異，嘉靖進癸丑進
士，累遷鄖陽巡撫，後乞歸。有《淮海易談》、《律呂分解》、《學孔精言舍彙
稿》。
內容：是書先列一段經文，再附郭註、口義、義海等諸家解說。異文以小字
註於經文下方，間亦有註音者。校正至為精審，並重加斷句，佳句旁加圈點。
至其撫采書目，甚豐，且保留已佚之註頗多。如林疑獨、陳詳道、劉驥、吳
儔、趙以夫諸註，今均亡佚，於是書句略窺其一斑。由於以佳句旁加圈點，
重視擷取其他注家之說以正其音，以明其義，由於以集注方式解莊，因此不

（二）匯通前賢，承先啓後

　　清在前人豐厚的成果之下，從「以文評莊」、「以文脈評莊」到「以文解莊」，清初學者中首先作承先啓後者，先是周拱辰《南華眞經影史》，但眞正到林雲銘《莊子因》才開展了「以文解莊」的模式，中間亦有如張坦《南華評註》、高秋月《莊子釋意》等仍以「以文評莊」方式處理，但宣穎《南華經解》後，胡文英《莊子獨見》、孫嘉淦《南華通》、劉鳳苞《南華雪心編》的集大成，使得「以文解莊」蔚爲一種解莊的風氣。

　　清林雲銘〔註216〕《莊子因》〔註217〕六卷（康熙二年西元 1663）在形式上有：《莊子總論》、《莊子雜說》（二十六則），總論《莊子》宗旨、眞偽、讀法。此書注釋簡要，詳略不同。其長處在於每篇末有述評，對其宗旨、藝術技巧，作了許多分析。在注文中，對一些段落和部分章節描寫有特色之筆，亦有評論，能概括地說明其藝術特色之所在。並認爲書中有有許多章節不合莊意或筆法者，皆一一舉出，視爲贗品，稱之爲贗手之作。此書亦從蘇軾之說，認爲《說劍》、《盜跖》、《漁父》四篇爲偽作，藝文印書館影印乾隆白雲精舍本之《莊子因》只述《莊子》二十九篇。

　　由於評點、字句解、章法、篇末總評都很齊全，評文之法在當時頗受歡迎，可以說是「以文解莊」在清初總結前代之成果，又開展後學戮力爲之的轉折點，所以吳康《老莊哲學》附錄評云：「此編頗取制藝評文之法以釋莊子」錢穆《莊子纂箋》序目曰：

> 此書亦就文章家眼光解莊，不免俗冗，而頗能辨眞偽。上承歐陽，
>
> 下開惜抱，亦治莊之一途也。〔註218〕

　　雖然《四庫全書總目提要》甚爲輕視，以「八比法」評之，但亦有學者予以肯定，如吳康《老莊哲學》附錄曰：

> 雲銘，清康熙間人，喜言文章筆法。此編頗取制藝評文之法以釋莊子，
>
> 與後來所註古文析義相類似，故四庫全書總目提要謂以八此法詁莊子
>
> （見提要林希逸口義條下）。然觀此書，卷首載莊子總論及莊子雜說

　　　　列入「以文解莊」的系統中討論。

〔註216〕林雲銘，侯官人，字西仲，順治進士，官徽州府通判。有《莊子因》、《挹奎樓集》、《吳山戲音》等書。

〔註217〕今見藝文印書館乾隆年間刊本影印，嚴靈峰，《無求備齋莊子集成初編》，第18 冊。

〔註218〕錢穆，《莊子纂箋》，臺北：東大圖書公司，1968 年 1 月。

（二十六則），亦頗申言莊生玄意。故綜南華一書，雖分內外雜篇，
總以發明無爲之旨，而大要不外「因」之一義。西仲林先生撮其中之
一字，以蓋其文之全，旨約而能該，可謂善讀莊子者矣。〔註219〕
嚴靈峰亦言：「三十三篇取制藝評文以解莊子，頗申莊周無爲之旨。」〔註220〕
以制義評文之方式，是就形式來看《莊子因》，但是吳氏能發覺西仲，以「因」
字蓋其全文，言其旨約而能該，可以看出吳氏亦是善讀《莊子因》者。

可見其書雖就文學角度而言，但對義理方面，亦能推擴而周延，詳細的論
述見後面幾章的討論。以下根據上所論述，做成：評莊、解莊作品承遞表如下。

表四：評莊、解莊歷代作品承遞表

評　莊　、　解　莊　作　品　承　遞　表				
		以　文　評　莊	以　文　解　莊	
宋	啓蒙	援用：蘇軾等人		
	章句	陳景元《南華章句餘事》1084		
	建立	林希逸《口義》1260 劉辰翁《莊子南華眞經點校》1294		
明	開	歸有光《道德南華評注》1605	成一系列	陸西星《南華眞經副墨》1578
		譚元春《莊子南華眞經評》1635		
文　脈　評　莊				
朱得之《莊子通義》1560 方虛名《南華眞經旁注》1594 陳榮選《南華全經分章句解》1620 憨山《莊子內篇註》1621				
清	承繼	周拱辰《南華眞經影史》1637 高秋月《莊子釋意》1689 嚴復《莊子評點》1916	承轉	林雲銘《莊子因》1663

清代在前人豐厚的成果之下，從「以文評莊」、「以文脈評莊」到「以文
解莊」，清初學者中首先作承先啓後者，先是周拱辰《南華眞經影史》，但周

〔註219〕吳康，《老莊哲學》，臺北：商務印書館，1987 年 3 月九版。
〔註220〕嚴靈峰，《列子莊子知見目錄》，香港無求備齋出版，民國 50 年 10 月 18 日，
　　　　頁 5。

氏仍因襲有評而未清楚註解。眞正到林雲銘《莊子因》才建立了「以文解莊」的規模，中間亦有如高秋月《莊子釋意》仍以「以文評莊」方式處理，但繼宣穎《南華經解》後，胡文英《莊子獨見》、孫嘉淦《南華通》、劉鳳苞《南華雪心編》的集大成，皆受「以文解莊」之影響，詳見第七章。

第三節　「以文解莊」之緣由與意義

一、詮釋者的理解與分析

　　歷代學者，一經接觸《莊子》，第一個感受，就是對《莊子》文學性的展現，深深折服。如：蘇軾讀《莊子》喟然嘆曰：「吾昔年有見于此中，口不能言；今見是書，得吾心矣！」〔註221〕金聖嘆將《莊子》列爲六才子書；宣穎《南華經解》以：「飄颻鼓舞，文有仙氣」，「除是天仙，斷不能寄想到此」〔註222〕來看《莊子》；錢賓四云：「每獲一峽，必首尾循誦，往復不厭。」〔註223〕魯迅言：汪洋宏肆、儀態萬千的文章風貌，都顯示歷代學者，對莊子文采欽佩至極「視作散文的極變神品」〔註224〕一觸及《莊子》都會讓他們反覆閱讀且驚爲天人之作。這是後世讀者與《莊子》接觸的喜悅歆羨之情。

　　緊接而來的是對《莊子》一書，求得意義的了解，與如何能全體的解讀，也往往成爲後世讀莊者的共同焦慮之一。因此欲求一通體朗暢，豁人心意卻又不可得，或者擔心成爲誤讀或誤解，諸如錢穆云：「然得於此者失於彼，明於前者而昧於後，欲求一通體朗暢，豁人心意者而難之。」成爲《莊子》予以後世讀者之遊戲三昧，讓讀者在不斷的、反覆的、不同時間的閱讀中，玩味再三。在讀者與《莊子》再三周旋中產生自己的理解。

　　由於《莊子》時空距離遙遠，與千百年後的我們，產生了距離的美感與差

〔註221〕見宋・李光，《莊簡集》，卷十七〈效莊周句法〉，《文淵閣四庫全書・集部・別集類》又見蘇轍〈亡兄子瞻端明墓誌銘〉轉引自四川大學中文系唐宋文學研究室《蘇軾資料彙編》上編，頁71。

〔註222〕宣穎，《南華經解》〈秋水〉，頁315〈齊物〉，頁81下注解其中段落主旨時說明，見藝文印書館據清同治六年半畝園刊本影印，嚴靈峰編，《無求備齋莊子集成續編》，第32冊。

〔註223〕錢穆，《莊子纂箋》序目，臺北：東大圖書股份有限公司出版，民國76年11月初版，82年1月四版，頁8。

〔註224〕徐聖心，《莊子「三言」的創用及其後設意義》，國立臺灣大學中國文學研究所博士論文，民國87年5月，頁5。

異性，往往後世學者必須體會《莊子》當時時空環境，藉由後人生命經驗的體悟，加諸個人生平遭遇、學術的根基，或宗教、生活經驗的融攝，而產生注疏者個人創意的闡釋〔註225〕，身為《莊子》的注解者，已成為投入《莊子》的另一翻藝術創造之工程師，其方式也就因人而異、多采多姿而變換不已。

從唐古文運動以來，宋、元、明、清之古文專家，累積了豐富的古文素養，眼目所見之《莊子》，自是與眾不同，由閱讀、到理解、進而希望能運用古文的方法審度《莊子》之文法脈絡，就成為另一種風潮。例如明末清初傅山《莊子翼》批注云：「于本文文法何如？總是不知看文法。然解莊義而不知審莊文，難好。」〔註226〕這即是後世閱讀者，企圖重新建構原意，以自己對文法的認識，重新解釋《莊子》的開端。

宋、元、明、清學院講學之風大興，詩話的勃興，皆滋養學者之見識與能力。在此學術風氣下，將豐厚的理解，注入注疏的文字，建立後人學習的法則，在喜愛、珍視《莊子》的同時，更有傳諸後世的體認與需要，當時註家，欲建構《莊子》文章結構，以供後人取法，又合乎現世的需求，成為「以文解莊」之學者共同之傾向。

因此明清學者，借由文法、脈絡的理解，分析莊文的文章風格與人格，將自己諸多的體會，加上與前人不同之處做詮解，結合自己已具有之文學素養，進而理解《莊子》內容、運用《莊子》文采、建立《莊子》思想，以建構一文學風貌的《莊子》的體系，最終得以教授學子，使《莊子》得以傳世而不朽。這是當時學者，以理解、解釋和應用等要素〔註227〕，用文學性的方式解莊，由義理的了解，轉向文學與理論之建構，豐富《莊子》哲學主題的開端。

二、《莊子》具文學理論之意蘊

《莊子》兼具文學與哲學的特色，形成儀態萬千，人間至性至美的「人間極文」，以其豐厚之學識與高度的藝術精神，創發了文藝極美之境，莊子的

〔註225〕參考龍協濤，《讀者反應理論》，臺北：揚智文化出版，1997，頁7。

〔註226〕《傅山全書》（二）〈莊子翼批注〉臺北：洪氏出版社，民國73年10月，頁1067。

〔註227〕洪漢鼎，《詮釋學——它的歷史和當代發展》討論理解是重構作者之思想，也是比作者更好的理解作者，「其意義不在於過去東西的修復，而是在於現實生命思維性溝通」見伽達默爾，《真理與方法》，第一卷，頁174；及洪漢鼎，《詮釋學——它的歷史和當代發展》。北京：人民出版社，2001年9月，頁72～82。

文學，跳脫具體形象的限制，以其超越的想像與智慧結合，產生此文學奇葩。
寓言、重言、卮言，三言的語言形式，結合諧趣、善描寫、超情感、富想像、
長論說等散文特色，以「寄言以出意」的方法，繪出道體的玄虛後設意義。
既有造境，亦有寫境，在理想與寫實二者時空交錯的廣漠的空間之下，供後
世學者恣意填補，足見莊子本身所具強烈之文學色彩。

　　但由於莊子云：「大辯不言……言辯而不及」（〈齊物論〉）；「可以言論者，
物之粗也；可以意致者，物之精也；言之所不能論，意之所不能察致者，不
期精粗焉」；加上〈秋水〉、〈天道〉中更直言，書籍——不過是無用的糟粕。

> 世之所貴道者，書也。書不過語，語有貴也；語之所貴者，意也。
> 意有所隨；意之所隨者，不可以言傳也。而世因貴言傳書。世雖貴
> 之哉，猶不足貴也，為其貴非其貴也。故視而可見者，形與色也；
> 聽而可聞者，名與聲也。悲夫，世人以形色名聲為足以得彼之情！
> 夫形色名聲果不足以得彼之情，則知者不言，言者不知，而世豈識
> 之哉！（〈秋水〉）

以上論述常使後人誤解，莊子與老子一般，是反對文字、否定文字的。

　　殊不知莊子是肯定「言」所傳達的「意」，「言」只是工具，並非目的，
不分輕重只固守「言」字面上的意義，而忽略真正「言外之意」亦即「天地
有大美而不言」，不言之言的理解與體悟，才是超越言之外重要的智慧。

　　因此，莊子雖對文字態度是得意忘言，行不言之教，對文字的表現，以
心齋、坐忘的藝術創作的直覺觀照，再以謬悠之說，荒唐之言，無端崖之辭
的藝術創作，與讀者、天地物我交融；以文學的藝術表現之形式—寓言、重
言、卮言，意在言外，天馬行空方式表現其浪漫的文藝美學特質。最終極目
的是體現宇宙道體「有情有信，無為無形，可傳而不可受，可得而不可見」〈大
宗師〉，並且遍在外物「無乎逃物」、「無所不在」的形上思維。

　　莊子雖無意于文學創作、理論建立、文學技巧的發明，卻藉由「言」與
「意」，明顯的對後世文學家有一定的啓迪與轉化，使得後世讀者，藉由《莊
子》作品，了解莊子特殊的人格特質，與所思考的社會、宇宙思維，讓後人、
孺慕莊子，習其文字、用語、思考方式，學到在人世中有「上與造物者遊，
而下與外死生無終始者為友」，與天地萬物合一的獨立逍遙之智慧。

　　這樣豐富的文學理念，在「以文解莊」的學者已經看出，故以《莊子》
為主，說明其文學的豐富性，足以啓發讀者、了解作品、認識作者、領悟宇

宙，最後發揚《莊子》之文學批評，建立詮釋《莊子》理論系統，足證《莊子》是具有文學理論意蘊的。

（一）《莊子》予讀者之感受

莊子不談文學，也無心於文學理論之發明，文學創作不過是有形跡的形下之器，不過是成心所役使之情意活動，《莊子》由主體心靈之提昇，觸及到藝術心靈之深處，產生藝術之巨大衝撞意志與魅力，深深的與讀者交融。遂為歷代文學家們，引為文學創作之翹楚；歷代文論家們引為批評之準則，理由無他，因為：「莊子之心靈，是吻合於文學之心靈」，〔註228〕而莊子之生命情調，是潛藏著藝術精神的情調，這種主體心靈之開顯，精神境界之開創，深植後世文人之生命深處，而慢慢地沉澱、發酵、幻化成一個個莊子。

因此這裡所謂藝術創作的交融，一方面是作者自己對宇宙、大自然、事、物的交感交融，另一方面是作品所給予讀者感動與交會，給予後世閱讀者，不斷的詮釋、反應與對話、再做不同的論述與理解。

故歷代文士在閱讀《莊子》後，很少不受影響的。諸如阮籍〈達莊論〉、嵇康篤好老莊，以莊周為則、向秀注莊子、郭象甚至創造性的重新給予《莊子》玄學上的定位；陶淵明詩文明顯受《莊子》的因任自然影響，而落實在他的隱逸文學作品上；柳宗元之《永州八記》可以說是莊子自然美學之具體表現。蘇軾寫〈莊子祠堂記〉、〈前後赤壁賦〉，清·林西仲云：「熟讀前後赤壁賦，勝讀南華一部」，除了文學創作之影響，《莊子》為後世之言意論、文氣論等文學理論的建樹作了奠基。

在近代文學批評理論史的建構中，《莊子》的文藝美學一向備受重視，學者都共同指出《莊子》具有浪漫之文學色彩，敏澤《中國文學理論批評史》，就根據《莊子》「言與意」、「形與神」、「得心應手」、「寓言」四個論題，提出莊子所謂「寓言十九，重言十七」（寓言），所以他又說「以重言為真，以寓言為廣」（天下）。這正說明了他的浪漫文學的基本特色，敏澤說：

> 盡管他是宣揚不可知論的，並且在表現上具有著「以謬悠之說，荒唐之言，無端崖之辭」的奇特怪誕的特點，但是，由於這些作品是以實際存在的事物為依據的（「以重言為真」），所以，就使他的寓言不僅具有現實的依據，而且也確實有比「重言」更加充分的表現力

〔註228〕王中文，《莊子思想轉化為文學理論研究》，臺灣東吳大學碩士論文，民國81年6月。

和說服力。這其實在根本上是一切有意義的浪漫主義文學作品的最
基本的特點和品質。〔註 229〕

羅根澤《中國文學批評史》中，談〈莊子書中的藝術創造論、寫作方法
論、及書文糟粕論〉就以「妙造自然」的「道」視爲藝術創造方法，不要方
法之法是「眞積力久」、「用志不分」以代替方法；寫作無法之法即〈天下〉
所云：「謬悠之說，荒唐之言，無端崖之辭，時恣縱而不儻，不以觭見之也」
書籍文學都是糟粕已失，這形成莊子特殊的文學批評之風貌〔註 230〕。

黃保眞、成復旺、蔡鍾翔《中國文學理論史》中以「道」、「自然」、「虛
無」、「言意」、「形神」五點獨特的表現方式，提出《莊子》除了具浪漫主義
特徵之外，對文學理論亦具一定的影響〔註 231〕。

《莊子》給予古代文學理論以巨大影響的，不是他的文學否定論，而是他
觀察、分析問題的方法、他所提出的各種哲學範疇，這種影響的主流不是消極
的，而是全面積極性的。《莊子》的文學具有否定論的特質是存在的〔註 232〕，
而對後世文學理論的積極影響，也是存在的，二者並不是絕然不相容的，不應
該只強調一面而抹殺另一面。

（二）《莊子》是文學藝術之作品

《莊子》在藝術表現的形式之美上，一向重視作品言與意的美學應用，
因此在文字修辭上，運用了豐富的比喻、隱喻、曲筆等技巧〔註 233〕，在言之
美方面，莊子明白語言文字不過是表達人們思維內容的象徵性符號而已，其
實是暗示人們去領會「意」的一種工具罷了。

莊子強調語言文學的侷限性，指出它不可能把人的複雜的思維內容充分

〔註 229〕敏澤，《中國文學理論批評史》，吉林教育出版社，頁 84。

〔註 230〕羅根澤，《中國文學批評史》，臺北：學海出版社，民國 79 年 2 月再版，頁
66～71。

〔註 231〕黃保眞、成復旺、蔡鍾翔，《中國文學理論史》，臺北：洪葉文化事業有限公
司，1993，頁 44～62。

〔註 232〕有謂，《莊子》一書是文學否定論，這樣的說法不夠客觀，莊子否定言語具有
絕對價值，不贊成落入僵化的言語功能，要跳脫言語固定之範疇，達到得意
忘言的境界，並非完全否定文學的功能，而是更加肯定語言文學的功能是不
限於文字之本身，其實應是肯定語言與文學其眞正功能不限於此，故非文學
否定論，而更加肯定與擴大文學功能與意義。

〔註 233〕林文淑，《莊子內篇修辭探賾》，國立台灣師範大學國文系碩士論文，民國 90
年 3 月。

體現出來。因此不拘泥於「言」，既然明瞭「意」在此，而又不能「得意」，就必須「忘言」而後方能「得意」。「言」只能起一種標示、象徵作用。

語言既是作爲「得意」的工具，利用語言可以表達的方面，借助於比喻、象徵、暗示等方法，來啓發人們的想像和聯想，引起人們對生活中經驗過的某種認識和印象回憶、聯繫和形成許多更加豐富複雜的思維內容，以獲得「言外之意」。要從有限的語言文字中，領會無限的「言外之意」，所以不能拘泥於語言文字，要沿著它所比喻、象徵、暗示的方向，充分運轉自己的想像，發揮接受者的主觀能動性，去補充它、豐富它。

這種對言意關係的看法是與他整個哲學思想體系聯繫著的。在他的思想體系裡，道與物、無與有、神與形、意與言、虛與實，都是類似的相對應概念，是藉由道與物的關係上派生出來的。

而且「意」的概念，在《莊子》書中不同場合，是呈現不同層次的含意。如〈秋水〉中「物之精」者的「意」，是屬於用「心」這個器官可以感知的具體之「意」；而〈天道〉的「意」則是超乎「言意之表」的「妙理」，近乎「道」的概念，字雖同，但角度不同。

莊子言與意兩者，藝術形式的展現，運用的方法常是用具體的、現實的內容，象徵理想的、超現實的境界的。這種象徵的、虛構的、超現實的方法是利用《天下》篇所說的「以巵言爲蔓延，以重言爲眞，以寓言爲廣」的方法達到「得魚忘筌」、「得兔忘蹄」、「得意忘言」的效果。終極意義是以「三言」，作現實的眞實的表述，實則爲了讓人們體會「道」。

（三）《莊子》是藝術創作之作家

《莊子》在作家本身，面對藝術創作時，表現了三方面的觀照特色，一是作家心靈的主體意識，是心齋、坐忘的直覺觀照；二是面對藝術創作的純粹直覺，是用志不分，乃凝於神的創作專注；三是無限想像的虛靜空間。

1. 心齋、坐忘的直覺觀照

莊子「心齋」、「坐忘」修養工夫之重點，在使主體心靈消解一切內外經驗，而達到與道爲一之境界。再借由「心齋」、「坐忘」的直覺心靈，作爲創作的原動力，由心靈主體的提昇與藝術心靈的結合，成爲後世文學創作、理論批評源源不斷之活水法門，文學理論形成體系乃爲魏晉以後，莊子的言意觀、文氣論、自然思想等等，眾川匯集，影響著歷代文人、也藉此作不斷的

創發。

　　故莊子雖遮撥物象，以書爲糟粕之言，然其寓言中之譬喻，重言中之對話，厄言中之解構，「三言即道言」〔註234〕的規劃，無不營造一凝神觀照，入於忘我之境界，產生神與物遊，以天合天的藝術精神。〔註235〕

2. 面對藝術創作的純粹直覺

　　不僅是心齋、坐忘的直覺觀照，文學的創作，亦有賴於作者從現實觀念中解脫，去面對物自身做「純粹直覺」之觀照，故排除人間世情、事、物之干擾、明理思慮，使心靈滌清塵垢、無欲虛靜，如鼓盆而歌的生者與死者之間，時間空間的距離之痛，卻可以歌頌之方式，化諸純粹的祝福；以削木爲鐻的純粹直覺，成爲文學藝術創作之最基本工夫。

　　如此道在萬物、在屎溺，卻以純粹直覺去觀照，去轉化、去齊一，由移情作用、純任自然，尋求一味外之外的技巧，潛藏了文學創作論中的虛構手法，是莊子哲學中所含蘊的美學與藝術之基礎。

3. 無限想像的虛靜空間

　　虛靜是藝術家心胸的千景萬象，開拓無限想像的騰踔空間，提高其概括形象的能力使靈感互相衝撞爆發。莊子以虛靜澄明「用志不分，乃凝於神」（〈達生〉），「於物無視也，非鉤無察」（〈知北遊〉）的心靈凝定，由技入道。

　　以此「凝神」之法，在劉勰之《文心雕龍》中，亦引發了共鳴，劉勰應用於文學創作理論上，而命之曰神思，特闢《神思》一篇。以資後世藝術文學創作者，能在惟道集虛，壹虛而靜，以無爲之大用，行有爲之眞義，在無限的想像空間馳騁，創發出新的空間相度。

（四）《莊子》具有宇宙之形上思維

　　徐復觀《中國藝術精神》特別強調莊子藝術精神主體性，莊子以藝術的形上主體——道，作爲宇宙之本體，最後轉化到心靈之境界，如徐復觀言：「莊子主要的思想，將老子的客觀的道，內在化而爲人生的境界」〔註236〕牟宗三云：「莊子則純然爲『境界形態』」，〔註237〕是以莊子之「道」具有如

〔註234〕徐聖心，《莊子「三言」的創用及其後設意義》，國立臺灣大學中國文學研究所博士論文，民國87年5月，頁7。
〔註235〕施友忠，《從文學批評觀點讀莊子》，《中外文學》三卷7期，民國63年12月。
〔註236〕徐復觀，《中國人性論史》〈莊子的心〉，頁389。
〔註237〕牟宗三，《才性與玄理》〈向郭之注莊〉，頁177。

下之特點〔註238〕：

1. 道是實存的

　　莊子所言之「道」是實存一切物的。所謂道體是：「有情有信，無爲無形」的，與〈齊物論〉所云：「可行己信，而不見其形，有情而無形」兩者意義相通；所謂「無爲」，是形容「道」之幽隱寂靜；所謂「無形」，是形容「道」之超乎名相。然而「道」雖不見其形象，卻爲眞實之存在，是無所不在，「無乎逃物」（知北遊）；「道」雖幽隱寂靜，卻可於其作用上取得徵驗，是普遍地內化於一切物。

　　「道」又是實存天地間的，永恆自存的。所謂「自本自根，未有天地，自古以固存」是也，「道」爲存在之根據，具有先在性與永存性。「道」又是超越時空、無所不在之實體，所謂「在太極之先而不爲高，在六極之下而不爲深，先天地生而不爲久，長於上古而不爲老」是也，因此「道」在空間與時間上皆爲無限之實體。

2. 道是整體的

　　「道」爲萬物之根源，且爲一切變化之所待，所謂「神鬼神帝，生天生地」，最後成爲天地一指也，萬物一馬也，所有旁礴萬物皆以爲一，於是乎天地成爲一氣，萬物成爲一府，萬物一旦齊一，則通天下一氣之境即可體現，對莊子而言，道是整體的，不可分割的，所以「道通爲一。其分也，成也；其成也，毀也。凡物無成與毀，復通爲一」由此整體道的認識，自然有其開放之心靈空間與意境。

3. 道是一種境界

　　道是一種境界，第一要「體道」，「道」以心冥契。僅能用心靈加以體悟契會，所謂「可傳而不可受，可得而不可見」是也。蓋道體本非現象界之具體事物，故任何感官皆無法知覺，亦非任何語言概念所可表達。

　　能「體道」，就可「通道」，莊子以「形全精復」、「小知」、「大知」、「太上忘情」、「無用之用」等觀點，先破自我障蔽，進而解悟宇宙萬物「生之來

〔註238〕根據陳鼓應，《老莊新論》〈莊子論道〉提出道的實存、整體、境界及加入王中文，《莊子思想轉化爲文學理論研究》對道體的討論，作論述。陳鼓應，《老莊新論》，臺北：五南圖書出版有限公司，民國82年3月初版，84年4月二刷，頁213～241、王中文，《莊子思想轉化爲文學理論研究》，臺灣東吳大學碩士論文，民國81年6月。

不能卻，其去不能止」（達生），死生如一「合則成體，散則成始」的一種因任自然的了悟，能「大塊載我以形，勞我以生，佚我以老，息我以死」（大宗師）而內心凝聚含藏「用志不分，乃凝於神」最終凝斂到創造之境界。

莊子以「道」對應人間世的社會、政治、文化；道體的「有情有信，無為無形」，「道」與「氣」兩者，如何轉化，如何呈現，如何匯通呢，故提出「通天下一氣耳」，藉由「氣」的匯通，「至陰肅肅，至陽赫赫。肅肅出乎天，赫赫發乎地，兩者交通成和而物生焉。」（田子方），與萬物各現象界相互接觸、相互衝撞，「相刃相靡」之下，產生有形、無形的改變。

「道」體現在「物」與「器」之間，即是運用「其中有物，其中有精，其中有象」，藉著物與象呈現無所不在的道，文字文學也就成為兩行之間的觸媒、轉換器，文學與藝術，不過是道體的形下之跡，糟粕之物，但它可展現「文氣」，體現「道體」於是，由「道」化而為「氣」通於萬事萬物，轉化於文學之間。

由此莊子之「道」，兼具了實存、創生與境界三義，一旦落實於萬事萬物，則其精神境界義實大於宇宙創生義，「道」成為一種境界，是含有超越性，又富創生性，當它體之於人時，能使人之主體精神，向上提昇，達到主客體融合為一，成為人生心靈和諧之最高境界，也是文學藝術之創發不斷的源頭活水，由此轉出文學，轉出藝術之境界。

故後世提出《莊子》文氣論，由「道」、「氣」的轉化，天地化生陰陽之氣，大自然之雲氣，一直「衝氣以為和」轉化到文學創作中，故劉勰《文心雕龍‧養氣》正式將「氣」納入文學創作的素養中，韓愈亦言文章中：「氣盛則言之短長與聲之高下者皆宜」。〔註239〕

《莊子》書中在結構上的處理，形式雖是巧構形式之言，但是大多用對話的方式行進，藉由書中人、物、作者彼此的對話中，呈現「道體」的虛構脈絡，給予讀者相當大的想像空間可尋，讀者可以不斷深入，如同庖丁解牛般，進入解構《莊子》的核心意義與內容結構的內涵。〔註240〕

〔註239〕詳見朱榮智，《文氣論研究》，臺北：學生書局出版，民國75年3月初版；參拙作〈《文心雕龍‧養氣》篇創作的內涵〉見《人文及社會學科教學通訊》十卷第三期1999年10月。

〔註240〕英‧泰端，伊果頓（Terrry Eagleton）著，吳新發譯《文學理論導讀》，由文學形構主義虛構一脈落，以此方式藉由後人閱讀，甚而誤讀由功能性走向本體性文學，故云：「人們自繫於寫作的種種方式。想從形形色色的所謂『文學』之中分離出某些永恆的內在價值」。臺北：書林出版，1993年4月，頁14～30。

以上的論述中知《莊子》內蘊了艾布蘭斯《鏡與燈》〔註241〕提出的四個基本原素，作品、藝術家、世界（宇宙）、觀眾（欣賞者），依此開展了文學理論的內涵意義，如在：

1. 宇宙與作家之間「道」體的意義與實踐，「通天下一氣」的氣論思維。

2. 作家與作品的關係上展現自然的流露，與高度技巧的表達。

3. 作品與讀者關係上，當歷代讀者如蘇東坡，接觸到作品之後，在心靈上產生美的感受，而用於文章之中。

4. 後世的讀者，借由作品，體現宇宙、人生的道，作品的得意忘象，再開展詮解新的義涵。

以這幾項為基本論點，加上《莊子》書中表現的文藝美學方式、內含、內容，皆具文學創作、文藝美學的精神，也巧構形式的給予讀者無限的想像空間。即使未建立任何形式上的立論，加上《莊子》本身也無意於建立任何形式的結構，但已經具有完整之文學理論架構。

《莊子》其文學理論之理念，在內容、形式上方面，已具有所謂「藝術創造論、寫作方法論、及書文糟粕論」〔註242〕文學觀念，在歷代讀莊、注莊、解莊者的讀者群中，不斷的運用哲學、文學、宗教等方法作詮釋，並建構一龐大的對「道」的理論建構，因此莊學文學理論的建構，〔註243〕其實是在經過歷史的融合體驗、後世注莊者不斷的對《莊子》做解釋與評價後，其中有大量的文學性、哲學性的批評之後，產生許多運用讀散文的方法解讀《莊子》，用評詩話的方式批評莊子的批評、注解莊子的專家，一步步對其文學理論作

〔註241〕美‧M. H 艾布蘭斯（M. H. Abrams）《鏡與燈》酈稚牛、張照進、童慶生譯，北京大學出版社出版，1989 年 12 月，頁 5～7。借諸以上論點，應用在《莊子》文本中，作《莊子》具有文學理論之理念之論證。見本論文第一章第三節，有附圖說明。

〔註242〕羅根澤，《中國文學批評史》，臺北：學海出版社，民國 79 年 2 月再版，頁 66。

〔註243〕參見郭紹虞，《中國文學批評史》〈緒論〉中提出：中國文學批評的發展，以及美‧Rene & Wellek 著，梁伯傑譯，《文學理論》〈文學理論，文學批評，與文學史〉從文學批評到文學理論的過程，需先要有狹義的文學批評，即文學裁判，進而批評理論的提出，最後形成在內容與形式上完整具批評的建設之文學理論。莊子雖非狹義的文學批評，可是在文學理論上觀念與方法的提出，是很明顯的。郭紹虞，《中國文學批評史》，臺北：五南出版社，1994 年 8 月，頁 3～9、美‧Rene & Wellek 著，梁伯傑譯，《文學理論》，臺北：水牛出版社，民國 80 年 11 月初版，88 年 2 月三版三刷，頁 43～55。

出歸納與整理，而後才完成的。

最後經由歷代文論家，承先啓後的逐步建構莊子之文學性，經由這些歷代注莊解莊者的經營而產生，而形成一些讀莊、解莊之法則，形成《莊子》「文學理論」的建構。

三、清初林雲銘「以文解莊」之承接與開展

從以上「以文解莊」之歷史意義，到「以文解莊」之緣由的討論，吾人可以清楚的看出：以莊學詮釋史的角度來看清初，它已具備從宋、明以來，由詩文援用《莊子》、詩話批評《莊子》、散文角度看《莊子》，一步步為清初「以文解莊」提供了許多的養份，也是由義理闡釋過渡到字句訓詁的轉換時期，這是莊學詮釋上內緣的因子。

再加上下一章節所述，清初的時間空間的外緣因子，在時代的意義上，是象徵漢民族遭受異族統治的時期，在明亡之衝擊下，學者具有人本的覺醒，深沉的反思；在經學學術上的意義，對空疏的宋明理學轉向經世致用之經學，儒學的式微與諸子學的多樣的興起，傳統注疏走向乾嘉訓詁的變革；在社會上是制義科考，八股取士的風氣影響；在文學在文學的脈絡上，是詩話評點，肌理詩風的興盛，性靈與肌理的文學建構，加上承自宋明書院而來的講學之風，「以文解莊」是具有務實的教學實用性。儒者在心理認定上，已能儒道互補，將莊子視作是孔子別傳，老列莊子已成為儒者心中的依託與歸宿。

如此內緣與外緣的影響，林雲銘《莊子因》成書於康熙二年（西元 1663年）主張全面理解，對字、句、段、通篇大意、要旨，要求達到「眼目所注，精神所匯」，尤其在書首卷有〈莊子總論〉、〈莊子雜說〉提出許多重要理論，《莊子因》一書以「因」為名，內容是運用林雲銘作《古文析義》的解讀能力，試圖將《莊子》層層相因之結構建立出來，並提出自己整體脈絡的體系，故「以文解莊」已跨越出前人「以文評莊」的內容。對儒道同異上，《莊子因》也提出「莊子是另一種學問，與老子同而異，與孔子異而同」的見識，說明莊子的獨立不同的特質。

由於他在文論下的功夫深入且厚實，因此在詮釋莊子的同時，能藉由注疏中呈現其文學批評理論的詮釋與建構，林雲銘雖被譏為以八比法論文，像是在教學子寫作之兔園冊子，其實也正是反應出他在當時乾嘉經學之前的一個別具特色的意義：運用「以文解莊」以總結前人文學上的碩果，並提供後

學者一個解莊的路徑。也無怪乎在當時學術上，舊的已去、新的未來，青黃不接的同時，《莊子因》會受到學者之重視，稱之爲「稱向來解莊子者，惟林西仲可觀」，而蔚爲風潮。

既然「以文解莊」要成立，解莊時一定要具備文學理論與批評的特質之要項，才能成爲一文學理論的建構，以下三個條件是必需具備的：

1. 把《莊子》篇章，視作一篇篇的散文，以文章法批評莊子。
2. 這種評論，並非集合前人的評點文句而已，應具有一個脈絡的理解，閱讀的視角。
3. 要成爲理論系統，其實必需有歷史的承接與開展，即具「以文解莊」歷史的理論。〔註244〕

前兩個條件，基本上《莊子因》已經論述完備，將在第五、六、七章作深入的討論，至於其理論系統的建立，應是由宋・劉辰翁《莊子評點》已經以詩文的方式看待《莊子》；林希逸《南華眞經口義》識其文章血脈，建立以文學角度看《莊子》，以文章脈絡觀《莊子》的論點，明・歸有光《南華眞經評注》。到了清初林雲銘《莊子因》可以說是結合前人的成果，建構一完整之文學理論體系。

影響所及到宣穎《南華經解》、劉鳳苞《南華雪心編》他們以《莊子》爲主要文本，從整體結構，到篇章要旨，謀篇布局，立意深旨無不一一論證，詳加引述。影響所及，一直到嚴復《莊子評點》等都受到影響。

因此，林雲銘《莊子因》「以文解莊」的文學的意義，將《莊子》由文學性進而到文學理論建立，總結、承接前人的經驗，轉發爲理論的建構，在變與不變求得新的突破，是具有一定意義的。

〔註244〕見美・韋勤克・華倫（Rene & Wellek）梁伯傑譯，《文學理論》，臺北：水牛圖書出版事業有限公司，民國80年11月1日初版，民國88年2月28日三版三刷，頁45；另美・韋勤克・華倫（Rene & Wellek），《文學論》王夢鷗、許國衡譯，臺北：志文出版社，1976年10月初版，2000年11月再版，頁61。

第三章 清初「以文解莊」之形成背景

　　莊學中「以文解莊」絕非憑空而來，而是在整個歷史、社會、政治、文學、思想、學術等影響，在共生與共榮的情況下，成就一個獨特的風貌，在相互包容、激盪、學習所產生之另一種覺知與洞察，反映出另一翻面貌，另一種面貌。由於明末王學空疏，國家又亡，學者由理學轉向經世致用，如林雲銘等轉向文學，作為心理的傾吐，運用自己文學的造詣，與莊子做對話，說解莊，其實是莊子解他自己。

　　因此，將「以文解莊」衡諸清初的學風，所受的影響，可以歸納為 1. 人本覺醒，深沉反思之歷史衝擊 2. 經學注疏，由注轉評之學術變革 3. 制義科考，八股體式之社會影響 4. 評點閱讀，符號義法之引導效用 5. 選本講學，古文章法之文化傳播，茲就各節分述之。

第一節　人本覺醒——歷史衝擊之深沉反思

一、清初莊學深刻之覺醒

　　清代自世祖順治入關（1644 年）起，南明政權覆滅，清儒在異族政權嚴厲統治下，刀繩牢獄交相威迫，懾於淫威、途窮路絕之季，多歸隱山林鄉野，躬耕自食、教授鄉里，如錢澄之隱居，有「良田、美池」之屬，或屢徵不應、隱居撰述，如船山終老石船山；又如遠遊後又復返歸粵之屈大均，於南京雨花台之北，作一衣冠冢，申明「欲俟時而出」，身隱而心不隱；亦有逃入禪學之瀞挺〔註1〕等等。

〔註1〕 見謝明陽，《明遺民與莊子》，臺灣大學中文研究所博士論文，民國 89 年 6 月，

　　在此時代背景下，學者於其歷史潛意識中，一種深沉的歷史使命感和強烈的社會責任感，使他們在國家沉淪的境況中，覺醒於矻矻孜孜、著述不輟的理性生命，追求自我安身立命之所。藉由經典詮釋，呈現幾個面向：

　　一是作爲解經者心路歷程表述之詮釋，即強調儒學是一種體驗之學，而不僅是認知之學，故解經者己身的生命歷程，會影響其己身的認知，而對儒家經典之經文有不同的認知。黃俊傑認爲這是「解經者的『歷史性』是開發經典潛藏涵義的催化劑」他說：

　　　經典解讀者的時代背景及其思想氛圍等這些構成解讀者的「歷史
　　　性」因素，常常可以使他們在經典中「讀入」許多前人所未見的意
　　　涵。〔註2〕

歷史背景給予學者心靈上的傷痛，轉而放棄「學而優則仕」的從政之路，這種心理背景，繼而以莊子做爲心靈的避風港，是可以理解的。

　　二是作爲儒家經世致用之詮釋，這個面相是強調儒學的特色在於「淑世」，即意圖改造這個世界。故清初儒者，重視經世致用之學，不爲無用之文，「立言不爲一時〔註3〕」，學者對經典詮釋的用意，也在於透過經典的神聖性，以證明儒者心目中的政治理想。因此黃宗羲寫《明夷待訪錄》，顧炎武寫《日知錄》，潘耒在《日知錄・敘》即言：

　　　其言經史之微言大義，良法善政，務推禮樂德刑之本，以達質文否
　　　泰之邊嬗，錯綜其理，會通其旨；；至於賦稅、田畝、職官、選舉、
　　　錢幣、權量、水利、河渠、漕運、鹽鐵、人材、軍旅，凡國家之制，
　　　皆洞悉其所由盛衰利弊，而慨然著其化裁通變之道。〔註4〕

這即是清初學者致世、用世之理念，希望所學有所用，所用在于國。

　　學者全力維護儒家之理念，由易理會通，到儒道互補，儒釋融合，無不用儒家的角度，融合各家之思維，爲儒者提出一心性歸一處。清初學者講求

　　頁15～17。筆者按：論文中稱「淨挺」，因《中華大藏經》多以「灒挺」記之，
　　因此以《中華大藏經》主要記載爲主。

〔註2〕黃俊傑，《東亞儒學史的新視野》臺北：喜瑪拉雅研究發展基金會，2000，頁
　　50。

〔註3〕顧炎武，《日知錄》，卷十九，見《日知錄集釋》日本：株式會社中文出版社，
　　1978 年 10 月，頁 448。

〔註4〕參考黃俊傑，《東亞儒學史的新視野》臺北：喜瑪拉雅研究發展基金會，2000，
　　頁41～67及黃俊傑〈東亞儒家經典詮釋傳統研究的現況及其展望〉東亞儒學
　　中的經典詮釋傳統國際學術研討會，2004 年 3 月 14～15 日，頁4～14。

實學，駁斥空疏之理學及佛老，亦是在此歷史教訓的覺醒與體悟之下，呈現多元化的嘗試，根據以上所述，可將清初詮釋經典之內在意義，說明如下：

（一）解經者心路歷程之詮釋

對現實環境之不滿，借由承繼晚明精神，以表述自己內在的心路歷程。錢穆對清初儒者，其看法是「清初學術，直承晚明而來，但未依晚明的路向發展」雖承前代，但是「其精神直可上追晚明諸遺老，間接承襲了宋明儒思想的積極治學傳統」〔註5〕清初學者不斷的在修正前人的缺失，作各種學術或思想的嘗試，因此做法是：「清初學者多主調合朱王，折衷宋明」，〔註6〕所謂：

> 然余觀明清之際，學者流風餘韻，猶往往沿東林。以言學術思想，
> 承先啟後之間，固難判劃。〔註7〕

然而其所思、所見、所討論之議題，仍難免脫不去宋明相傳六百年理學的特色，因此錢穆提出其看法：

> 若夫清初諸儒，雖已啟考證之漸，其學術中心固不在是，不得以經
> 學考證限也。蓋當其時，正值國家顛覆，中原陸沈，斯民塗炭，淪
> 於夷狄，創鉅痛深，莫可控訴。一時魁儒畸士，遺民逸老，抱故國
> 之感，堅長避之志，心思氣力，無所放洩，乃一注於學問，以寄其
> 守先待後之想，其精神意氣，自與夫乾嘉諸儒，優遊於太平祿食之
> 境者不同也。又況夫宋、明以來，相傳六百年理學之空氣，既已日
> 釀日厚，使人呼吸其中，而莫能解脫。〔註8〕

清初儒者處於外有國破之痛，經濟、西學之衝擊，官方以整理國故以籠絡士子，以政治威逼箝制思想，學者們震驚于當時的政治變局，把亡國敗辱引為沉痛教訓，如王夫之云：「孔子著春秋，定、哀之間多微詞，言之當時，

〔註5〕 錢穆，〈前期清儒思想新天地〉《中國學術思想史論叢》（八），臺北：東大圖書公司，民國69年3月初版，民國79年4月再版，頁1。
〔註6〕 錢穆，〈清儒學案序〉同註2，頁373。
〔註7〕 錢穆，《中國近三百年學術史》，臺灣：商務印書館，1937年5月初版，1996年7月二刷，頁9。
〔註8〕 錢穆，《國學概論》（臺北：商務印書館，1931年5月初版），頁246；馮友蘭，《中國哲學史》下冊有相近之看法，則認為：「宋明人所講之理學與心學，在清代俱有繼續的傳述者，蓋此時代之漢學家，若講及所謂義理之學，其所討論之問題，如理、氣、性、命等，仍是宋明道學家所提出之問題。漢學家之義理之學，表面上雖為反道學，而實則係一部分道學之繼續發展也。馮友蘭，《中國哲學史》下冊，臺北：商務印書館，1994年4月初版，頁974～975。

世莫我知」、「故哀其所敗，原其所劇」〔註9〕凡是以天下興亡爲己任之學者，就會有此感時哀痛之作。

因此，在深沉反思咀嚼後，內在方面，會對宋明理學思維的重新整理、批判與改進，形式上會按照復歸經學以通經致用，注重史學以推明大道，揚棄程朱陸王以總結宋明道學，期開展另一番新天地爲。

（二）儒家經世致用之詮釋

在此政治環境、社會現象、文化形態、心理意識的相互交融與激盪之下，故國遺老在深沉的反思後，社會文化現象的影響與語言文學的發展相互影響下，會將自己對世界的感受形諸文字後，將心靈型態與創造，在著作中發展自己之空間。

因此以己所學，能加以應用於經典之中，在學術上求爲有用，在政治上求能改進，在社會上求爲經世致用，故吳承學認爲：

> 人類的感受方式和美心理結構在不斷的發展之中，文體其實是把握
>
> 世界的方式，是歷史的產物，積澱著深厚的文化意蘊。〔註10〕

文體的形式，反映思想的內涵，清初學術上，欲總結前人優秀的思維，力圖推陳出新，呈現多樣的情形。於是提出不同於先哲的看法，如顧炎武的經學、考據之學，黃宗羲的浙東史學，傅山子學的研究等。

理學的解體，儒者開始考量如何通經以致用，清初的文人，有參與抗清者，有終生隱居不仕者，有逃往國外避難者，其思想，「是一種歷史的反省，是一種綜合的批評」〔註11〕，認爲「天下之大害者，君而已矣！」〔註12〕，其學術的主潮是：「厭倦主觀的冥想，而傾向於客觀的考察。」〔註13〕對理學末流空談心性，加以批判，於是提出崇實黜虛，尙科學精神的啓蒙意識。

經典的眞正意義，在乾嘉時期由考據學來替代，崇實黜虛的學風也因之形成。故余英時〈略論清代儒學的新動向〉云：

> 清儒所嚮往的境界可以說是寓思於學，要以博實的經典考證，來闡

〔註9〕 王夫之，《黃書·後序》。見《船山全書》，第十二冊，頁539，湖南：嶽麓書社出版，1996年2月一版；1998年11月二刷。

〔註10〕 吳承學，《中國古代文體型態研究》廣東：中山大學出版社，2000年9月，頁4。

〔註11〕 錢穆，《中國思想史》，臺北：學生書局，民國84年8月九刷，頁245。

〔註12〕 黃宗羲，《明夷待訪錄·原君》，臺北：新興書局，民國45年1月。

〔註13〕 梁啓超，《中國近三百年學術史》，臺北：里仁書局，民國84年2朋初版，頁1。

釋原始儒家義理的確切涵義。清初顧炎武「有經學即理學」的名論，
而方以智也提出「藏理學於經學」的綱領，他們不約而同地爲此下
一代儒學的發展規劃出一個嶄新的方向。〔註14〕

　　此時儒者已由「尊德性」轉入「道問學」，正如錢穆所云晚明儒學的轉變
是：

　　顯然從個人轉嚮於社會大（人）群，由心性研討轉嚮到政治經濟各
　　問題，由虛轉實，由靜返動。由個人修養轉入群道建立。〔註15〕

在如此人本覺醒的學術風潮之下，對前人思想、文學重新以心解之，或轉爲
所用，在清初莊學的轉型時期，對莊學的深沉反思亦分三途：一種是批判性
論點，認爲莊學是衰世之作、是雜揉神仙之跡、只是經學之附庸；二是以自
己心路歷程結合《莊子》，對《莊子》之衰世意義，內省後提出自己的看法，
對《莊子》之定位作詮解；三是是重新出發，以用世爲目的，結合文學、諸
子學，嘗試以諸子學的眼光解莊，以文學的方式解莊。

　　對《莊子》批判的論述從清初以來，多持負面性看法，故學術界對清初
莊學，一直以轉型期稱之，未見對清初莊學，作學術上的補白；結合儒釋闡
發《莊子》者，以明末方以智、清初王船山、覺浪道盛、瀞挺爲代表；期能
經世致用，以文學義理並用，以解《莊》者如林雲銘、宣穎、傅山爲代表。
這兩者應該是清初莊學很重要的學術特色。

二、清初莊學批判之解構

　　清初莊學在學術地位上，一向受到批判、貶抑，《老子》、《莊子》、《列子》
等道家思想，在清初是備受評驚的，稱爲衰世之作、雜揉神怪之跡，祇能當
作經學之附庸。

　　莊學自宋代王安石〔註16〕、朱熹〔註17〕等學者對《莊子》深表不滿，認

〔註14〕余英時〈略論清代儒學的新動向〉《歷史與思想》，臺北：聯經出版社，1997
　　　　年6月初版第二十刷，頁159。

〔註15〕錢穆，《中國思想史》，臺北：學生書局，民國84年8月九刷，頁244。

〔註16〕王安石，《王安石全集》〈莊周下〉論莊子是：「及其引太廟犧以辭楚之聘使，
　　　　彼蓋危言以懼衰世之常人耳。」臺北：河洛出版社，1974、王雱，《南華眞經
　　　　拾遺》引父語爲：「彼蓋危言拒衰世之常人爾。」「懼」變成「拒」，意義不同，
　　　　此仍以王安石之義爲準。《無求備齋莊子集成初編》，第六冊，臺北：藝文印
　　　　書館1972，頁699。

〔註17〕朱熹在〈書皇極辨後〉一文中引程子評莊子爲「閃奸打訛」者。

爲造成清談之風，以致亡國造成流弊甚多。云：「夫清談之弊正祖於老莊」「而喪邦由清談所致」〔註18〕。清儒中有此觀點者亦不乏繼之者，王夫之說：「莊生之教得其氾濫者，則蕩而喪志，何晏、王衍之所以敗也。」〔註19〕洪亮吉則說：「莊列下導釋氏，啓魏晉六朝之亂」〔註20〕，把國家覆亡歸諸《莊子》，故清儒及後世學者皆視莊學爲清談之空言，衰世之著作。

　　唐自韓愈以來，儒者即以正統之姿斥佛老，宋儒更以「純儒」相標榜，道釋爲「雜乎異端」，明白地指莊子爲佞人，司馬光《迂書》〈斥莊〉即言：

　　　　或曰莊子之辯，雖當世宿學不能自解，逆夫曰：「然則佞人也，堯之
　　　　所畏，舜之所難，孔子之所惡，是青蠅之變白黑者也，而子獨悅之
　　　　乎？」〔註21〕

《四庫全書總目提要》道家類・序云：

　　　　後世神怪之跡，多附於道家，道家亦自矜其異，如神仙傳、道教靈
　　　　驗記是也。要其本始，則主於清淨自持，而濟以堅忍之力，以柔制
　　　　剛，以退爲進。〔註22〕

由其對道家類之題解，更可以看出清初對道家的看法。編纂《四庫》之學者認爲，道家本身已非原來《老》、《莊》「清淨自持，而濟以堅忍之力，以柔制剛，以退爲進」面貌，雜入了各種「神怪之跡」道家已不復本旨，但亦「自矜其異」，故「無事於區分」，道家已等同於道教，其學術定義轉爲民間宗教長視久生的信仰。

　　既認爲道家雜揉陰符、鍊丹之術，在編列目錄時，就將道家列於子部的最後一項〔註23〕。另外《清朝文獻通考》亦把道家類文獻列於末流〔註24〕，《清

〔註18〕引自（明）陳治安：《南華眞經本義》附錄引眞德秀語，卷六，頁128～131。
〔註19〕王夫之，《讀通鑑論》，卷十七、二五〈陶洪景何敬容舍浮屠而惡玄談〉：「蓋
　　　　嘗論之，古今之大害有三：老莊也、浮屠也、申韓也，三者之致禍異，而相
　　　　沿以生者，其歸必合於一。不相濟則禍猶淺，而相沿則禍必烈。莊生之教，
　　　　得其氾濫者，則蕩而喪志，何晏、王衍之所以敗也」《船山全書》十冊，頁651。
〔註20〕洪亮吉，《曉讀書齋初錄》下，清・光緒丁丑洪用勤授經堂重校刊本，1877，
　　　　頁5～6。
〔註21〕司馬光，《迂書》見《四庫全書》子部・雜家類・雜纂之屬，郭卷九下，元・
　　　　陶宗儀撰。
〔註22〕《四庫全書總目提要》，卷一百四十六，子部五十六，道家類・序。
〔註23〕《四庫全書》子部共有十四類，道家列於天文、術數、雜家、釋家之後而居
　　　　於末流，可見清初對道家的不重視。
〔註24〕《清朝文獻通考》〈經籍考〉卷225～230，將子部分爲十八類：儒家、法家、

朝續文獻通考》不收道家類文獻〔註25〕，由此官方修輯之書之編序，可略見學者對清初莊學之漠視。

清代學術講求崇實黜虛，經世致用，故對道家的評價甚低「流弊所及，甚或解以丹經，染以佛說，參以兵謀，群言混淆，無所折衷，轉不若晉人善談名理也。」〔註26〕道家與道教混，老莊與釋仙雜，使得莊學混雜各說，無所折衷。因此莊學在清初是被忽視被解構之，已不復原本虛靜無爲之面貌。

三、清初莊學內省之重建

近代學者認爲清學以小學最爲淵藪，至於子學皆屬玄虛，輕忽於義理之探求。胡適在《中國哲學史大綱》〈導言〉中即云：「故清初的諸子學，不過是經學的一種附屬品，一種參考書。」另外如梁啓超即直言《老子》、《莊子》、《列子》這三部書「清儒沒有大用過工夫」（《中國近三百年學術史》），錢穆在《莊學纂箋》中亦云：

> 清儒治古書，所長在訓詁、校勘，所短在義理、文章。王俞兩家，
> 在清儒治先秦諸子書中最具成經，其得失亦莫能自外。治莊書而不
> 深探其義理之精微，不熟玩其文法之奇變，專從訓詁、校勘求之，
> 則所得皆其粗跡，故清儒於莊書殊少創獲，較之魏、晉、宋、明、
> 轉爲不逮。〔註27〕

學者在莊學已被神仙道術所取代，又被斥以滅亡之因，經世治用才是實學，乾嘉之後考據學又大興，理學的解體，亦象徵以哲學方式詮釋之莊學的式微，清儒在外在環境不變，內在學術理念，擬欲變革的考量之下，會因作者的學思過程，社會結構之不同，而將莊學引領到另一境地〔註28〕。莊學自此進入一個內省體悟，而希望重新建構的時期，由義理轉向訓詁的過渡與，在莊學的注疏上，期望另一種形式的產生。

雜、小說、農家、譜錄、天文、推算、五行、占筮、形法、兵家、醫家、類書、藝術、道家、釋氏、神仙。道家列於十六。臺北：新興書局。

〔註25〕《清朝續文獻通考》〈經籍考〉卷179～188，將子部分十四類，小說家、農家、譜錄、天文、推算、五行、占筮、形法、兵家、醫家、神仙家、釋家、類書、雜藝術，道家經籍未著錄。臺北：新興書局

〔註26〕羅焌，《諸子學述》長沙：岳麓書社1995年3月，頁85。

〔註27〕錢穆，《莊學纂箋》，臺北：東大圖書公司，民國74年11月初版，民國82年1月四版，頁5。

〔註28〕蕭萐父、許蘇民，《明清啓蒙學術流變》遼寧教育出版社，1995年10月。

　　考察清代注莊著作，以清初順治（西元 1644～1661 年）、康熙（1662～1722）、雍正（1723～1735）三朝，前後共九十一年，注莊之作共有四十五部，尚存者有十九部，若根據陳琪薇《以儒解莊研究》統計之清代莊學注疏數量，把方以智《藥地炮莊》中所提出莊學論述加入，共計二百一十九部來看，清初莊子注疏量，佔全部比例約五分之一，但清代自清順治元年（1644 年）至清宣統三年（1911 年）共二百六十八年，清初三朝九十一年，佔清朝約三分之一的比例之下，乾嘉之前的清初的注莊之著作，多集中於康熙時期。

　　儒者藉由註解《莊子》，做一心路歷程中，自我深沉之反思，則產生二個走向，一是以莊子托孤為心理依歸，內省式思維，總結宋明理學之闡述者，如方以智、王船山、覺浪道盛等，以儒釋、易經、己意詮釋者屬之；是以用世為目的之開展，對後來諸子學之奠基、及以文解莊文學理論之建構部分，產生影響者，如傅山、宣穎、林雲銘者屬之。

　　莊子可以說是精神絕對超越與自主的第一人，也是人間煉獄中的唯一寄託，因此莊子注疏中可以找到特立獨行、寓沉痛於字句、體現學養於其間，沉潛在注莊中，翻騰與激盪下的深刻理解。故清初莊學在內省式之體悟者，由莊子為衰世之作，為「亂世之民」，其書是「刺詬古先，以蕩達其不平之心」〔註29〕，明遺民陳忱曾《水滸傳後傳‧序》即言「南華是一部怒書」，此種對《莊子》為亂世書的反思，莊學注疏者，則以幾個方向作體悟與心理上之依歸：

（一）莊子與儒釋之淵源

　　　莊子淵於儒家，所論皆把《莊子》與儒家並列，從唐‧韓愈〈送王塤秀才序〉正式提出：「蓋子夏之學其後有田子方，子方之流而為莊周，故周之書喜稱子方之為人」，蘇軾提出「陽擠而陰助之」之論點後，學者都在《莊子》中體驗儒家的心路歷程，在儒道互補中，體會「莊子乃為孔顏滴髓」（方以智《一貫回答》）「莊子之書，與中庸相表裡」（宣穎《南華經解‧序》）。儒道之間因此產生互補情形，儒者注莊時會以儒家經典，如中庸、大學，或以易理做一貫通，甚至認為莊子應為儒家之孤兒。

1. 覺浪道盛《莊子提正》儒之托孤說

　　覺浪道盛〔註30〕《莊子提正》〔註31〕此托孤說意指莊子的真實身分，為

〔註29〕明末陳龍，《陳忠裕公全集》，卷二一，頁 21，嘉慶八年斡山草堂刊本，臺灣
　　　　大學圖書館藏。
〔註30〕道盛號覺浪（1592～1659），別稱丈人，俗姓張，福建浦城人，為曹洞宗第二

寄託於道家門的儒家之孤，莊子托孤的用意則在於潛藏儒學之宗脈，以圖日後昌大其宗。《提正》「提」指說示、提起，「正」爲辨正、釐定之意，旨在確認莊子爲堯孔之眞孤，是全書之綱領所在。

　　道盛認爲莊子：「實儒者之宗門，猶教外之別傳也」《提正·序》，他把儒家、莊子之間與佛教、禪宗之關係相類比，因此他說：「儒之有《南華》，即佛之有禪宗」〔註32〕，故莊子是脫自儒家而來，他以佛教「教外別傳」視之。

　　道盛主要托孤說的直接證據在於〈大宗師〉、〈應帝王〉兩篇。他認爲「錯綜其天人精微之密，而存宗脈於內七篇，以〈大宗師〉歸孔顏，以〈應帝王〉歸堯舜，〈應帝王〉之學即〈大宗師〉之道也。此莊生所立言之眞孤，雖天地覆墜，不能昧滅也。」〔註33〕，他反覆以此觀點，說明〈大宗師〉即孔子、顏回；〈應帝王〉即堯舜，足以證明《莊子》心目中之理想聖人，即是儒家之聖人，並非道家之老子。

　　其實，道盛自己亦知，其論點純就個人的感發而來，藉由《莊子》抒發一己之心理依託，故言：「即有謂予借莊子爲托孤與自爲正孤，謂非莊子之本旨，予又何辭？」（〈正莊爲堯孔眞孤〉）這句話已充分說明，自己是此時代亡國之正孤，藉莊子說己之志業、亡國身世之痛，作爲心理上的寄託之意，已甚爲明顯。

2. 浪亭瀞挺〔註34〕《漆園指通》〔註35〕釋之別傳說

　　他認爲《莊子》乃是釋家教外別傳的禪宗祖師，是本於道盛托孤說之外另

十八世，入清後曾主持金凌天界寺，爲江南遺民精神領袖之一。方以智、屈大均投其門下，錢澄之、淨挺親炙丈人，莊學著作有《莊子提正》、《三子會宗論》收錄於《天界覺浪盛禪師全錄》所評《莊子》多保留於方以智《藥地炮莊》中。見謝明陽，《明遺民與莊子》，臺灣大學中文研究所博士論文，民國 89 年 6 月，頁 5。

〔註31〕　《天界覺浪盛禪師全錄》《中華大藏經》，第二輯 136 冊，臺北修定中華大藏經會，1968 卷三十，頁 57907～57924。

〔註32〕　《天界覺浪盛禪師全錄》，卷二二，〈合刻四當參序〉，頁 57791。

〔註33〕　見〈正莊爲堯孔眞孤〉、《天界覺浪盛禪師全錄》，卷三十，頁 57909。

〔註34〕　瀞挺俗名徐繼恩，原爲儒生，明亡國後才參禪，順治十八年（1661）四十七歲才落髮爲僧，著《四書偶言》、《周易雜論》、《春秋尚書毛詩別解》、《三禮異同》、《經濟指南》等，棄儒從佛後，《漆園指通》、《雲溪浪亭瀞挺禪師語錄》、《學佛考訓》、《閱經十二種》諸書。見謝明陽，《明遺民與莊子》，臺灣大學中文研究所博士論文，民國 89 年 6 月，頁 185～209。

〔註35〕　浪亭瀞挺，《漆園指通》《中華大藏經》，第二輯 133 冊，臺北：修訂中華大藏經會 1968。頁 56298～56353。

關新說。浪亭瀞挺《漆園指通》純就以禪解莊而言，基本上是用禪宗的論點比附《莊子》，以《莊子》爲釋家別傳、禪之正宗。

他的論點由於缺乏直接論證，當時錢澄之就提出論難「而師以此說宜就祖道未入中國時言，自教外別傳以後，莊子明爲宗門之一枝旁出，其肯承嗣柱下哉？」〔註36〕以論難於淨挺，說明他的論點無法成立。

《漆園指通·自序》認爲「百家皆禪也，豈獨猶龍？豈獨漆吏？」〔註37〕「《南華》者，奧矣，博矣，是道家之言也。三墨八儒，概乎其未有取也，無已而一用之於禪。」〔註38〕其論點詮釋是以禪解莊，認爲從禪宗眼光來看，無論儒家、墨家皆有禪機，皆有禪意，更何況《南華》既奧且博，更是禪之大宗。

《漆園指通》看似瀞挺解莊，實則莊生註瀞挺，以莊子作瀞挺之自我定位，瀞挺全就禪眼觀莊，即使老子亦成爲「老子是迦葉菩薩化遊震旦」〔註39〕（見〈自序〉引用），因此《莊子》成爲其時代、身世、感懷之代言人，其實是他自己心理的體悟幻化之言。

（二）《莊子》與《易經》之匯通

此說論及《易經》與《莊子》間的匯通，可以再細分爲方以智《藥地炮莊》的「易變爲莊」及錢澄之《莊屈合詁》之「莊本於易」之說。二者身當清初，承繼宋明理學之解構，因此在總結宋明論述時，將宋明理學的易理匯通於莊。

1. 方以智《藥地炮莊》莊是易之變

方以智〔註40〕融合《易經》與《莊子》，其《藥地炮莊》云：「《莊》是《易》之變，《騷》是《詩》之變。通于《騷》可以怨，通于《莊》可以群」，〔註41〕

〔註36〕錢澄之，〈與浪亭禪師論莊子書〉《田間文集》《錢澄之全集》，卷四，合肥：黃山書社 1998，頁 71。
〔註37〕見《雲溪浪亭瀞挺禪師語錄》，卷十四，頁 56220。
〔註38〕嚴沆，《漆園指通·序》《中華大藏經》，第二輯 133 冊，臺北：修訂中華大藏經會 1968。頁 56299。
〔註39〕浪亭瀞挺，《漆園指通·自序》《中華大藏經》，第二輯 133 冊，臺北：修訂中華大藏經會 1968。頁 56221。
〔註40〕方以智字密之，號曼公，安徽桐城人，生於明萬曆三十九年（1611）卒於清康熙十年（1671）崇禎十三年（1640）及進士第，任翰林院檢討，清兵入關，他擁戴永曆帝於廣東肇慶，後避身佛門，順治十年（1653）受戒於覺浪道盛，晚年住錫江。後因「粵難」事件被捕，途中自沉於贛江惶恐灘頭，全節以終。著有《藥地炮莊》、《青原志略》見謝明陽，《明遺民與莊子》，臺灣大學中文研究所博士論文，民國 89 年 6 月，頁 6。
〔註41〕方以智《藥地炮莊》，臺北：廣文書局，1975 卷三〈大宗師〉，頁 396。

由象數解易，「《易》《莊》原通，象數取證」〔註42〕是方氏重要的詮釋方法。

方以智在〈向子期與郭子玄書〉中云：

> 莊子者，殆《易》之風而《中庸》之魂乎？〔註43〕

方以智以《莊子》內七篇與《易經》乾卦之間的配合爲：〈齊物論〉如初九〈養生主〉，如九二〈人間世〉，如九三〈德充符〉，如九四〈大宗師〉，如九五〈應帝王〉，如上九〈逍遙遊〉，如「見群龍無首」之用九。在《藥地炮莊》內篇序言：

> 姑以表法言之：以一遊六者也，齊主世如內三爻，符宗應如外三爻，各具三諦，逍遙如見群無首之用，六龍首尾，蟠於潛亢，而見于法界，惕躍爲幾乎，六皆法界，則皆六蟠皆幾也。

> 姑以寓數約幾言之：自兩儀加倍至六層，爲六十四，而舉太極，則七也，乾坤用爻，亦七也，七者一也，正表六爻設用而轉爲體，太極至體而轉爲用也。〔註44〕

由上所述，可以看出他完全是用《易經》的觀點以解莊，是總結宋明理學，以匯通易莊爲志者。

2. 錢澄之〔註45〕《莊屈合詁》以莊繼易說

道盛亦有《三子會宗論》，指孟子、莊子、屈子同其主旨、宗派，他認爲三子同源於孔子，而錢澄之《莊屈合詁》則是結合其論點，認爲《莊屈合詁·自序》：

> 以《莊》繼《易》，以屈繼《詩》，從而詁之，於二經之宗旨，庶益足以轉相發揮〔註46〕

匯通易莊，以義理解莊爲其特色，故《漆園指通·序》：

> 大抵莊子以自然爲宗，以不得已爲用，而其學本諸《大易》之因。

〔註42〕 方以智，《東西均·神迹》，頁74。北京：中華書局，1975。

〔註43〕 《藥地炮莊》〈總論下〉，頁111、112。

〔註44〕 方以智，《藥地炮莊》，臺北：廣文書局，1975，頁1～2、藝文印書館據民國21年成都美子林排印本影印，《無求備齋莊子集成初編》，第17冊。

〔註45〕 錢澄之，原名秉鐙，字幼光，明亡後改名澄之，字飲光，安徽桐城人，生於明萬曆四十年（1612），卒於清康熙三十二年（1693）曾與方以智往東南各地，參與復社社事，後清兵南渡時，加入義兵，奔隆武、永曆朝，後返故里桐城，潛心著述。著有《莊屈合詁》。

〔註46〕 錢澄之，《莊屈合詁》〈自序〉《錢澄之全集》合肥：黃山書社，1998，頁3。

〔註47〕

如詁〈齊物論〉則言：

> 易窮則變，變則通；通其變，使民不倦，因之而已。因其然而然，
> 因其可而可，一不自用，所以爲大用也〔註48〕

他用《易經》變的觀點以解莊，闡述方式是就義理部分解釋，與方以智用象
數方式不同，但兩者卻都是欲匯通《易經》與《莊子》，是總結宋明理學之
遺序。

（三）自立一宗之《莊子解》

王夫之〔註49〕解莊，一向以我解莊，獨樹一幟，既不依附於儒道觀點，
亦不以經典爲宗，他不強調經典融通之處，而是並舉莊子與老子之學、莊子
與儒家之學的異同，以呈現莊子思想在儒、道二家之外的獨特性。

他以《莊子》獨見獨聞，卻又能不譴是非，畢羅萬物，以與眾人處，所
以說：「表其獨見獨聞之眞，爲群言之歸墟」〔註50〕以言其特殊之處，故以「自
立一宗」稱之，於〈天下〉：「芴漠無形，變化無常」下，夫之申言：

> 莊子之學，初亦沿于老子，而「朝徹」、「見獨」以後，寂寞變化，
> 皆通於一，而兩行無礙。其妙可懷也，而不可與眾論論是非也；畢
> 羅萬物，而無不可逍遙；故又自立一宗，而與老子有異焉。〔註51〕

如此獨見，若假莊子自己之口道出，自然說服力較弱，因此借寓言以譬
喻，借重言以爲代言，避開自己特立獨行，自立一宗的觀點，是莊子運用寓
言之最高境界，所以〈寓言〉解語：

> 夫見獨者古今無耦，而不能以喻人。乃我所言者，亦重述古人，而
> 非己知自立一宗，則雖不喻者，無可相譴矣。〔註52〕

如此解讀，一方面在回應清初對莊學的輕忽衰世之觀點，另一方面也是自己

〔註47〕《漆園指通・序》《中華大藏經》，第二輯 133 冊，臺北：修訂中華大藏經會
1968。頁 56298。

〔註48〕《莊屈合詁》《錢澄之全集》合肥：黃山書社，1998，頁 30。

〔註49〕王夫之，字而農，號薑齋，湖南衡陽人。生於明萬曆四十七年（1619）卒於
清康熙三十一年（1692）曾起義衡山、赴肇慶、永曆朝，後解職返故里，隱
居著述，終老衡陽石船山。莊學著作有《莊子解》、《莊子通》。

〔註50〕〈天下〉篇解語《莊子解》，卷三三，頁 462。

〔註51〕《莊子解》，卷三三，頁 472。

〔註52〕《莊子解》，卷二七，頁 419。

學養的呈現，生命歷程中，國亡之痛的自省與反思，把自己面對時代的體悟，與《莊子》互相融攝，而藉由《莊子》展現其內涵。

四、清初莊學用世之開展

　　清初莊學中，在未進入乾嘉之前，即是在宋、明義理之學轉為樸實之學之過渡期間，求治學切於實用，有利國計民生，必然要突破經學的界限，向史學、子學以及凡有利於民生的思想學說吸取營養，於是在清初，對《莊子》之學術態度，必然會亦希望，向匯通百家的方向求發展，〔註53〕求為有用，因此崇實黜虛、尚實致用之看法，對莊學能秉持更為客觀之立場，提出推陳出新，以諸子學義理詮莊，或以文理解莊，去除莊子符籙神仙之色彩者，

（一）傅山〔註54〕諸子學之肇端

　　清初莊學，多延續宋明，側重於宋明理學的理論批判和總結工作。傅山注經亦注莊，他在清代子學上的貢獻是經子學不分，其主體精神就是「經子平等」的思想，提昇與崇尚子學，是對經學理學的反動。他指出：

　　　　今所行五經四書，注一代王制，非千古道統也。(《霜江龕集》卷三
　　　　六）

並認為：

　　　　經子之爭亦末矣，只因儒者知六經之名，遂以為子不如經之尊，習
　　　　見之鄙可見。(《霜江龕集》卷三八)

此後章學誠也有類似見解，認為諸子之學，莫不持之有故，言之成理。

　　傅山子學思想擬欲從先秦諸子之學中，尋求新資料，醞釀創立新的思維模式。因此傅山對先秦子學等批注有《老子》、《莊子》、《管子》、《墨子‧大取》、《公孫龍子》、《荀子》等；當時如李贄、方以智、王夫之、黃宗羲等都開始研究子學，因此《顧炎武文集》卷五〈富平李君墓志銘〉云：

〔註53〕丁冠之：〈論明清實學的早期啟蒙思想〉，《山東大學學報》1991 年 3 月，頁82。

〔註54〕傅山（1607～1684），山西‧陽曲，初名鼎臣、後改名山，字仁仲，公它、青竹，後改為青主、或署嗇廬、號石道人、朱衣道人、青羊庵主、老蘗禪、僑山、僑黃之人等等，一生之中共有四十多個稱號，尤擅書畫，晚年恩賜以官，使人史以入，望見午門，淚涔涔下，強腋之，使謝，則仆於地，次日遽歸。大學士以下，皆出城送之。山嘆曰：自今以還，其脫然無累哉！及卒，以朱衣黃冠殮，生於明萬曆 35 年（1607）卒於康熙二十三年（1684）年七十四年著《霜紅龕集》。

當萬曆之末，士子好新説，以莊列百家之言竄入經義，甚至與合佛
老與吾儒爲一，自謂千載絕學。

在傅山《莊子解》（1684）、《莊子翼》批注中、《霜紅龕集》中，札記式的說
明對莊子的「金之在卯也，顯顯隱隱，任讀者遇之。」（《莊子批注》）如以《莊
子·天地》：「泰初有無無」段，說明自己宇宙本原於泰初的看法：

泰太異乎？不異也。天爲一大，太爲大一，一即天一生水之一。一，
水也、氣也。泰上從大，下從水，水即一也。〔註55〕

老子所謂「天地萬物生於有，有生於無」其間有與無之間，一與氣之間，
以氣的轉換，到達萬物，傅山以爲「此段是莊生實有下手處，昔人混混說去」，
由於傅山等，對諸子學的重視，故侯外廬認爲傅山「大膽的提出了百家之學，
對於六經與諸子無可軒輊地加以闡發或注釋，首開近代子學研究的蹊徑，這
不能不說是十七世紀中國思想界的一支異軍。」〔註56〕如此給予其高度的肯
定。〔註57〕

（二）以文解莊之文論建構

明清之際文學的形式，講求古文、八股、評點等方法的影響之下，文體
形式與內容呈現，亦產生變化，文學體裁及體式型態的軌範，是人類在長期
文學實踐過程中的產物，它從萌芽、產生到成熟往往經過漫長歷史過程。

在這個期間，每一位作家的努力，對于某些文體，就可能產生畫龍點睛
的作用，或者有綜合集成之功勞，也就是說，文體形態的形成及演變，是集
合長期的創作實踐，和理論探索相結合的結果，也是文人共同性語言規則下
的結果。〔註58〕

以明清共同性語言轉換至解讀《莊子》，期望在注疏文類中，創發另一種
新的語言實踐的天地，運用文人熟知的文章章法、八股體式、評點的形式與
藝術意境風格的描繪、結合當時文學理論的共識，此種「視域之融合」，將莊
學由純經義的發揮，延伸至文學、美學之境地。

〔註55〕《霜紅龕集》，卷三十二《讀子一·莊子》。

〔註56〕侯外廬，《中國思想史》，第五卷，人民出版社，1959年，頁272。

〔註57〕魏宗禹，《傅山評傳》南京大學出版，1995年9月，頁174～204，96～104，
《傅山全書》山西：人民出版社，第一冊，頁949；《莊子解》宣統三年刊本，
藝文印書館《無求備齋莊子集成續編》三十冊。

〔註58〕吳承學，《中國古代文體型態研究》廣東：中山大學出版社，2000年9月，頁
3。

此種解莊時不同的面向，由於莊學詮釋歷史的沿革，加上與整個時代文化之影響後，另一種反思：如何將古典經典面貌翻新，爲我所用的新路線，於焉產生。林雲銘《莊子因》及宣穎《南華經解》在清初莊學上，就是有總結前人評點、史評、文評、經注，而建構一文學文論美學詮釋的新系統，故再莊學史上，佔有承先啓後的作用。

林雲銘《莊子因》有《莊子總論》、《莊子雜說》二十六則，宣穎《南華經解》〈莊解小言〉都提供讀者一些方法上的考量，內容分析上雖就文章家眼光解莊、取制藝詳文之法以釋莊子，但對後學，尤其古文義法的繹思，學者多半會覺得「此書亦就文章家眼光解莊，不免俗冗」，〔註59〕並不予以看重。

但是每篇末有述評，對其宗旨、藝術技巧，作了許多分析；在注文中，對一些段落和部分章節描寫有特色之筆，能概括地說明其藝術特色之所在；其運用當時解讀古文方法學的掌握，以建立其文學理論的結構，無論立意與作法上，都具有其時代的意義與引發，是開闢解莊的另一方法，亦值得予以關注與給予適當之學術地位的。

第二節　經學注疏──由注轉評之學術變革

經學的注疏，從形訓、音訓、義訓的注釋功能，轉而到評論功能，在結合文選成爲釋義、析文、鑑賞等多項功能，其轉變直到學者回應在註解《莊子》，闡發《莊子》中文學理論之底蘊，呈現「以文解莊」的新詮釋法，自然是息息相關，互爲影響的。從古典經學、訓詁句讀之學到詩文選本注本、詩話等形式加上史傳論贊的批評形式，成就其文章、文學，評點論述的風氣，其互動情形，說明如下：

一、經學注解之訓詁格式

訓詁，又名訓故、詁訓、故訓等，主要解釋古書中詞句之意義。我們現在所謂「解釋」、「注釋」等等，基本上皆由此發展和引申而來。阮元《經傳釋詞·序》中說：「經傳中實字易訓」，「訓」便是解釋之意；邢昺《爾雅·釋詁》疏說：

> 詁，古也；古今異言，解之使人知也。〔註60〕

〔註59〕錢穆，《莊學纂箋》序目。
〔註60〕見十三經注疏本《爾雅》疏，頁6。

便是以今言解釋古言，也是解釋之意。因其意義相同而微別，故後人常把二字連用爲訓詁。由於中國古的典籍很多，後人進行講疏和解釋亦多，且說法不一，就逐漸形成了一門訓詁學。

經注正式開始於西漢時期，據《漢書‧藝文志》記載，西漢時期的經注已有一定的規模〔註61〕，而隨著儒家典籍逐漸成爲國家的法定經典，一方面所謂「經」的領域不斷擴大，同時經注也成了傳統的顯學，在中國古代延續了數千年歷史，僅《四庫全書總目提要》所著錄的經學著作就有一千七百多種，這還不包括未著錄或散佚的著作以及《四庫全書》以後的經學著作。所謂「經注」乃對於經典文本的詮釋，不僅僅是對於經典詞語的解釋，它包括釋詞義、句義、揭示義理乃至概括文本主旨，這在春秋三傳中已有表現，如《左傳》重在史實的敘述，《公羊傳》、《穀梁傳》則旨在微言大義的探求，這可視爲後世經注的淵源。

內容則是儒家的典籍爲主，即六經：《易》、《書》、《詩》、《春秋》、《禮》、《樂》。「經」在中國古代有著很高的地位，所謂：「恆久之至道，不刊之鴻教也。」故從經的注釋入手，學習六經形成了系統的方法。顧炎武云：「先儒釋經之書，或曰傳，或曰箋，或曰解，，或曰學，今通謂之注。……其後儒辨釋之書，名曰正義，今通謂之疏。」其實名稱尚有「章句」、「章指」、「音義」、「校」、「證」、「訂」、「詮」、「詁」、「訓」等。

漢代經學發達，治經之學者，爲了充分完整地闡釋經文，用分章析句的方式，一方面在字、句的音與義加以解釋，並作句讀、點勘的工作，另一方面對經書，作分章闡說，從而對經典作了宏觀的體會與微觀的理解。當時經學家詮釋經文，形式上名曰箋注，其實內涵是以「表識其傍」爲主，《四庫全書總目》卷十五《經類‧詩類一》即云：

> 説文曰：箋，表識書也。鄭氏六藝論云：「注詩宗毛爲主，毛義若隱略更表明，如有不同，即下己意，使可識別。」然則康成，特因毛傳而表識其傍，如今人己籤記，積而成帙，謂之箋。

〔註61〕訓詁學在中國相當發達。也出現了許多著名的語言學家和經學家，如劉向有《五經通義》、賈逵有《國語解詁》等。僅《詩經》一書，在解釋中便有「魯詩」、「齊詩」、「韓詩」、「毛詩」四家之説，其中魯詩、齊詩、韓詩被稱爲今文學派，毛詩被稱爲古文學派。到了東漢末年的鄭玄，更是遍注群經，成爲漢代經學的集大成者。以後各代，如晉之郭璞、顧野王、唐之陸德明、顏師古等，都各有師承，各有發展，各有建樹。

因此後面總評、評注、行批、眉批等，都是在經學的注疏基礎之下發展起來。

　　註解的方式是：如章句，漢代常用分章析句的方式，對經書的意義文句文字進行辨析。如《毛詩傳箋》對每篇詩都有分多少章，每章幾句的說明。又如章旨，即對經書章節主旨的闡說。其性質有如後人的題解、提示、說明之類。如〈陟岵〉前的〈小序〉：「孝子行役，思念父母也。國迫而數侵削，役乎大國，父母兄弟離散，而作是詩也。」再如〈君子偕老〉前的〈小序〉：「刺衛夫人也。夫人淫亂，失事君子之道，故陳人君之德，服裝之盛，宜與君子偕老也。」這些《毛詩》中的小序還多停留在我們今人所說的：內容提要階段〔註62〕。

　　由於訓詁學多集中經典本身，其意義亦由經典之性質決定，雖然漢魏六朝對前人的經典著作，已進行了大量的疏通和注釋，但幾乎都集中在對詞語（語義或詞義）的解釋上，只要解釋清楚、疏通完即止。對於文章結構、章法、布局、修辭等一些屬於文學批評或藝術表現「藝術鑑賞」或「藝術分析」等文學領域中的批評，幾乎一概都不涉及。

二、經注合一之代言立說

　　注釋在體例上，以注文與正文的融合為一的方式，建立「經注一體」的格局，也影響到文選評點、小說評點等形式，如漢趙歧注《孟子》，即於每章之末，概括旨要。在《毛詩》中，這種體例已基本完備，毛亨傳《詩》有釋詞、釋句，並通過釋辭句闡明詩歌的主旨，雖在具體的闡釋中，頗多牽強附會之處，但闡釋方法和體例已頗為完整。

　　最初，傳注附錄於整部經文後，兩者不相攙合。後來傳注分別被附在各篇、章之後，經傳合而為一。以後，又句句相附，傳注一律放在相應的各句之後，如鄭玄的《毛詩箋》、《禮記注》。這種附注於經的闡釋方式，是為了方便讀者的閱讀和理解。經注相連，為了避免相混，於是注文與正文的一體，經用大字，注用小字，並把注文改為雙行，夾注於經下。文學評點中的總評、評注、行批、眉批、夾批等方式，是在經學的評注格式基礎上發展起來的，遂成為後世注釋在體例上的定制。

　　東漢以後，由於政府的倡導，經注有了蓬勃的發展。注釋範圍擴大，六

〔註62〕孫琴安，《中國評點文學史》，上海：社會科學院出版社，1999 年 6 月，頁 1～6。

經之外，《論語》、《孟子》、《楚辭》、《國語》、《戰國策》等的注本先後出現。經注中的派別論爭，也推動了經學的發展，古文經注重視名物訓詁，以闡釋語言文字爲根本，並以此爲基礎分析義理，成爲後世注釋之正宗。而今文經注追求「微言大義」，借經典的闡釋表現其政治思想、哲學理論，這種經注理念與方式亦爲後世所重。

魏晉以來，以經注爲基礎，典籍注釋蓬勃發展，除經注之外，子、史、集三大門類的典籍，都進入了注釋的範圍，裴松之《三國志》注釋、酈道元《水經》注、李善等的《文選》注等都在當時及後世產生了很大影響。而以闡釋經典表現自身思想，乃至形成哲學流派，如魏晉時期王弼注老，向郭注莊，借經典闡發玄理而形成玄學。

唐代除了承繼漢代經學點勘箋注，更進一步融合「文選」與「注評」爲一體，從孔穎達《五經正義》將經文與漢人注釋都做注解，李善《文選》對文學作品進行箋注。至南宋，此風更盛，如呂祖謙的《古文關鍵》選評唐宋古文家韓愈、柳宗元、歐陽修、蘇軾等七家文六十餘篇。《古文關鍵》問世後，社會反響較大，踵武者不絕，樓昉《崇文古訣》、眞德秀《文章正宗》、謝枋得《文章軌範》、劉辰翁《班馬異同評》等，可謂一時稱盛。

由初唐開疑經之風，至宋發展爲疑經、改經，形成直接從經文尋求義理的「性理之學」宋明理學對四書、十三經義理的發揮，可說爲中國義理之黃金時期，直至康有爲作《孟子微》、《中庸注》，更從闡釋儒家經典入手來宣揚變法維新。以經以注作爲代言立說，成爲一種風氣；在文學上，以文學評點的方式，脫離了傳統注釋學之框範，確立了在文學批評中的自身地位。從傳統經注、史注評語爲遠源，文選與評點的結合，將注釋引入文學領域，文學選評則基奠定了文學評點之格局。

三、史學贊語之史評意義

對評點論述納入經典，史著之體例「論贊」具重要之影響，「論贊」是史著的一種獨特評論方式，是史學家對歷史現象和歷史人物的直接評述，此方式源自《左傳》，內容不僅紀錄史實，還記錄了古人對史實的評價，一般泛稱「君子曰」、司馬遷《史記》，篇末均有署爲「太史公曰」一段評語，表達作者對篇中人物和事件的看法，以後這一形式遂成定制；如班固作《漢書》，仿《史記》體例在每篇末加「贊曰」一段，范曄撰《後漢書》除「贊

曰」外，另加「論曰」，「贊曰」用駢文，「論曰」用散文〔註63〕。陳壽《三國志》亦然，「評曰」即是作者對史實和歷史人物的評價，以後的史書大多沿用這一體例〔註64〕。

其中，在闡明作者對史實和歷史人物的認識，對經注、評點有所作用者，值得一提的是漢末荀悅所撰的《前漢記》，此書是作者奉旨對班固《漢書》的縮寫，有「詞約事詳」之美譽。全書二十萬字中，竟有三十餘則作者評論，直署爲「荀悅曰」，字數達一萬餘言，闡明、發揮作者的史實、史觀、歷史人物了解，對後世影響頗大，范曄評其「論辨多美」（《後漢書·荀悅傳》），劉知幾謂其深得「義理」（《史通·論贊》），唐太宗更稱其「議論深博，極爲治之體，盡君臣之義。」（《舊唐書·李大亮傳》）可見其影響之大。

從《左傳》以來所形成的這一史著傳統，對中國古代史學、經學、文學皆影響甚巨，《左傳》等編年體史書，其史論偏於論事，而《史記》、《漢書》等紀傳體史書，其史論則重在論人。知人論世、時代背景的古代的史論，豐富了史學，更強化了文學的評論、及敘事文學之技巧。如《史記》對屈原、賈誼、司馬相如等的評論，是中國文學批評史上不可多得的精彩專論，他如沈約《宋書·謝靈運傳》等的篇末評論都是文學史上有著廣泛影響的批評文字。而《史記》、《漢書》兩者不同筆法的論述技巧，更在文學風格與技巧上建立了一個標竿的地位。

史傳後之論贊，除了加強文學批評的觀念、史論性文體，更增強文學敘事技巧，論贊體例的建立，影響到注經者加入前人的批評，這都是史學贊語對文學、經學的貢獻。

這種歷史解釋的方法，在文學體例、語言、心理層次上，相互貫通、相互發明，都發揮了一定的功效，由《左傳》的「以事解經」法，回應孟子之「知人論世」說，再以設身處地、對話交流爲旨趣，與語言解釋、心理解釋

〔註63〕范曄撰，《後漢書》，承襲了前人之傳統，不但在歷史人物後加評語。且不是每個人物後都加，而是有感而發，在「贊曰」之外，另加了一段「論曰」。以「論曰」爲主，「贊曰」爲次；「論曰」在前，「贊曰」在後，有時是「論」、「贊」並用，有時則有「論」無「贊」，有時則有「贊」無「論」，完全是因人而異。其「論曰」有類於司馬遷和班固的評語，用散體文字，其「贊曰」則都是用四言駢文寫成。在評議的形式上，顯然較司馬遷和班固更豐富了一些。

〔註64〕陳壽著，《三國志》，自然也免不了加上一段評語，不過，他改稱「評曰」，也不是每個歷史人物後均加評語，而是在每一卷後加一段評語，通常都是對幾個歷史人物同時進行評價。

相結合，重考證，重證據，發展出許多具體的史學方法，藉由追敘歷史背景與解說典章典；在文學與語言方法上，「得意忘言」、「逐層推捱」、「由詞通道」、「因聲求義」等等重要的文學性解釋，及具體的解釋語詞的基本方法、析句的基本方法，並逐漸顯現出科學化的趨向；其終極目的在與孟子（約371～289 B.C.）的「以意逆志」相結合，融入朱子的「喚醒體驗」，以心性學說爲根據，包括著「喚醒──體驗──浹洽──興起」，四個層面的理論內容與運作程序〔註65〕，次序分明，層層上透，與語言解釋、歷史解釋相互貫通後，給予後人一種不同的感受與體驗，再藉由當時的語言方式與方法表達，這是史傳性贊語予以後世極大的發揮空間。

四、由注轉評之文評豐富

文學與經學的結合，是站在注釋學、文選學、史學的基礎上發展起來，附注於經、經注一體，再加上史注的影響，成爲一種以閱讀爲歸趨的評注方式，影響到文學評點、史學評點、小說評點。剛開始以文本的閱讀爲旨歸，並不以鑑賞爲目的，因此南朝昭明太子蕭統編選《文選》以「事出於沉思，義歸乎翰藻」爲選錄標準，李善注更是影響最大，流播最廣。《四庫全書簡明目錄》謂「《文選》爲文章淵藪，善注又考證之資糧。」可見得仍未脫文字訓詁、校勘輯佚之藩籬，評釋的義訓仍爲其重心，而對文意之解析和文法之賞評仍付之闕如。故後來文評合一的選本，重視文之賞鑑、脈絡章法之解析，就成了必然的演進。

因此，由注轉評的文類，結合至注經、史學評點、小說評點、莊學註解，成爲各類文體中，有注有評的有機式結合，呈現多樣又豐富的面貌。

由上所述，中國古籍的闡釋訓詁，在歷史的洪流中並沒有停滯不前，它不斷的發展，並在發展中產生變化，或演繹、或分流，由最初之解釋詞義，將詞語說明清楚，文句得以疏通，就達成其任務。然而，後世學者在訓詁和注釋過程中，已無法滿足原有之型態，認爲原有意義簡單說明，是說不清楚，講不明白的，藉由當時已有的知識的豐富、社會的進步，人類思想的深入，前人的做法、說法，不足以涵蓋當前人的思維，做圓滿的詮解，因此，運用

〔註65〕參考周光慶〈中國古典解釋學研究當機〉、〈朱熹經典解釋方法論初探〉二文，刊於：《華中師範大學學報》1993年第2期。提出中國古典解釋學的三種解釋方法論：語言解釋方法論、歷史解釋方法論、心理解釋方法論。

當時的知識、技巧、方法重新豐富原來文本的意涵，成了每一代學者，薪火相傳的接力棒，注經、解經，後世學者前仆後繼的投入其間。

因此在古籍注釋史的發展中其注釋的內容與方法，以及注釋的體式，由分期、通假、詞義、句讀，其目的雖是以還原典籍作者的原意為目的。但由於在時間上，作品距離當時的閱讀者太久，作者已死，作品本身語言的侷限，造成原本作者的意圖、想法已不可能充分而完整地表達出來；加上作者當時的語境消失，使得作者所要表達的意義，已失去確定情境與啟示意義。

在空間上，另一個時代已無法還原作者意圖，以及作品語言和意象所實現的意義，因此後代解釋者，只能藉由當下的社會文化背景、傳統觀念、風俗習慣、知識經驗等基礎，發展他的解釋。在時空條件的無法配合，作品成為自主性的客體，開放的文本，對任何時代的任何讀者或解釋者開放。〔註66〕

既然時空已不相同，同樣的言辭，是否具有一種相對而確定的意義？相對確定的意義隨著「時間」變化，那麼後世的解釋者之間，能否與前人互相理解，又不至產生誤解？

於是乎理解作品的意義，成為一種創造性的解釋活動，解釋者可能因為時代背景、學術思想的不同，而重新解釋，甚至也可以提出獨特的創意，出現某種主觀任意性的解釋。所以中國詮釋者常常分別「原意」與「用心」、「文心」「知人論世」、「以意逆志」，就是既要看到意義的「變易」，又要看到意義的「不變」。論而述之：「原意」雖然千變萬化，互相矛盾，「用心」「志向」則總是存在一種基本的意義，如此詮釋才是有意義的，借用不同方法來詮釋古代經典，結合當代的技術與知識，才是活化詮釋史的最有效之方法，由「經」「注」「史評」「文評」，後出轉精，提供莊學「以文解莊」最佳的學習轉化之典範。

第三節　制義科考——八股體式之社會影響

一談到「八股」立即與「僵化、教條、死板、保守、頑固、無用、無聊的同義詞」畫上等號，但從歷史與文體的角度觀之，明清文體形態中，最著

〔註66〕本論述是藉由董洪利的《古籍闡釋》將注釋時所詮釋的情形分為五項說明，加上李清良《中國闡釋學》從「時間」這個角度，提出詮釋學相對意義，加以歸納成以上的論點。

名亦最實用者，非八股莫屬，它是是中國風行數百年文體，也是知識份子賴
在生存的重要文體，在文化現象的傳播與流行，在地位上是無法漠視的。

　　歷史上的學者，多半譏評之，贊成者不多，惟如周作人在《論八股文》
中，大力提倡研究八股。他認爲：

> 因爲八股是文學史上承先啓後的一個大關鍵，假如想要研究或了解
> 本國文學而不先明白八股文這東西，結果將一無所得，既不能通舊
> 的傳統之極致，亦遂不能知新的反動之起源。〔註67〕

　　下面茲就八股文之源流、形式內容及影響做論述，以對林雲銘被譏以制
藝八比之法解莊，做深入之了解。

一、八股文之源流

　　八股文的源流，各家說法洋洋灑灑，以吳承學說法較爲客觀：

> 八股文是一種綜合性強、淵源複雜的文體。從考試文體的源流看，
> 就有八股源于墨義說與經義說；從其語氣語體而言，則有源于《四
> 書》及集注之說；從八股文之對偶形式的源流看，就有八股源于駢
> 文說；從八股所闡釋的思想內容和形態看，就有八股源于儒學注疏
> 說；由于八股文有代言語氣的特點；故有八股源于曲劇說、源于于
> 話說；從八股股數的起源看，又有源于律賦說；從八股講究義法看，
> 則有源于唐宋古文說。……當然，八股文畢竟是一種科舉文體，從
> 科舉文體的淵源來看，說八股文源于宋代經義是比較近于事實也比
> 較近于文體本質的說法，也是學術界普遍比較認可的看法。〔註68〕

綜合其論述，僅就兩方面來討論其源流，一是科考制度之影響，二是文體演
變的結果。

（一）科考制度之影響

1. 唐帖經與墨義

　　唐代墨義、試帖詩等是科考制度，又稱制藝、亦稱帖括，即唐帖經，亦

〔註67〕吳承學、曹虹、蔣寅〈一個期待關注的學術領域——明清詩文研究三人談〉載
　　　　於《文學遺產》1999 年第 4 期。云：「從明清文學本身而言，不弄清八股文，也
　　　　就難以深刻地研究明清文學，也難以眞切地認識明清文人的生活狀況與心態。」
〔註68〕見吳承學，《中國古代文體型態研究》廣東：中山大學出版社，2000 年 9 月第
　　　　一版，頁 185。

稱經義，即唐墨義。對八股文最初之影響。如梁杰《四書文源流考》認為八股：

> 其源蓋出于唐之帖經墨義，北宋以前《大學》、《中庸》尚在《禮記》，唐試經義未立《孟子》而以《禮記》為大經，治諸經者皆兼《孝經》、《論語》，亦有以書語為論題者，如〈顏子不貳過論〉，皆其濫觴也。

〔註69〕

唐之帖經、墨義、經義考試範圍是以《禮記》、《孝經》、《論語》內容為主，考題以《論語》中文句為題者，是考官任取經典中某一段，用紙條貼蓋其中中數字或數句，由考生背出。而「墨義」則是一種簡單的對經義的問答。馬端臨《文獻通考‧選舉三》所舉「墨義之式」曰：

> 墨義之式，蓋十餘條，有云：「作者七人矣，請以七人之名對。」則對云：「七人某某也，謹對。」有云：「見有禮于其君者，如孝子之養父母也。請以下文對。」則對云：「下文曰：見無禮于其君者，如鷹鸇之逐鳥雀也。謹對。」有云：「請以注疏對」者，則對云：「注疏曰云云」謹對。有不能記憶者，則只云：「對未審。」蓋既禁其挾書，則思索不獲者，不容臆說故也。其上則具考官批鑒，如所對善則批一道字，所對誤及未審則批一「不」字，大概如兒童挑誦之狀。

〔註70〕

從馬端臨所舉的例子來看，墨義之式是非常簡單的記憶題目，完全沒有考生自我發揮的餘地，可以看出唐代的帖經墨義與明清八股文差別相當大。

2. 宋之經義

八股文在文體上最直接的淵源是宋代的經義，如鄭灝若《四書文源流考》說：「四書之文原於經義，創自荊公」、侯康《四書文源流考》：神宗熙寧四年用王安石議，更定科舉法，罷詩賦、帖經、墨義，……經義之興始此。」楊懋建《四書文源流考》也說：「自宋熙寧四年始用於王安之議，罷詞賦，專用經義取士，而四書文以昉。」、劉熙載《藝概‧經義概》云：「經義試士，自宋神宗始行之，……今之四書文，學者或并稱經義。」

學者的共識，皆認為：由於神宗用王安石之議，更定科舉法，以經義取士，其內容即是四書文，亦即八股文的雛形。而其行文應是以古文書寫為主，

〔註69〕吳蘭修的《學海堂集初集》，卷八。
〔註70〕《四庫全書》史部‧政書類‧通制之屬，文獻通考，卷三十，選舉考三。

並未是眞正的八股體式，八股文應於明憲宗成化（1465～1486）年間及孝宗弘治（1488～1505）年間，才眞正有所謂八股的形式，清・胡鳴玉〈八股文緣起〉云：

> 今之八股文，或謂始於王荊公，或謂始於明太祖，皆非也。案宋史寧熙四年，罷詩賦及明經諸科，以經義論策試進士，命中書撰大義式，頒行所謂經大義，即今時文之祖。然初未定八股格，即明初百餘年，亦未有八股之名。故今日所見先輩八股文，成化以前，若天順、景泰、正統、宣德、洪熙、永樂、建文、洪武，百年中無一篇也。〔註71〕

惟因宋代科舉考試與唐代相比，有較大的突破與改變。北宋熙寧四年，王安石創立制義，以經義取士代替了唐代以來以詩賦取士的制度。到了南宋以後，經義逐漸形成比較嚴格的體制了。南宋・魏天應《論學繩尺》中有破題、接題、小講、大講、入題、原題等；倪士毅《作義》，說南宋的經義已經有破題、接題、小講、繳結、官題、原題、大講、餘意、原經、結尾等，一定的格式。

因此，宋代的經義在體制上可說是八股之先聲，但是宋代經義依題作文，但可以自發己意，正式八股文是要代聖賢立言、守經遵注，宋經義在形式上較自由，並不嚴格要求對仗，雖有一定範文，卻未形成固定的程式，所以宋代的經義與古文文體是不加以區分的。故錢基博認爲王安石的經義是：

> 或謹嚴峭勁，附題詮釋，或震蕩排奡，獨抒己見，一則時文之祖也，一則古文之遺也。眉山蘇氏父子，亦出其古文之餘，以與安石抗手，然皆獨攄傳論，不沾沾於代古人語氣。其代古人語氣者，自南宋揚萬里始。此則《四書》所由昉。〔註72〕

〔註71〕 見《訂譌襍錄》十卷〈八股文緣起〉見《欽定四庫全書》子部十，雜家類二，作者胡鳴玉，字廷佩，號吟鷗，青浦人，歲貢生，乾隆丙辰，薦舉博學鴻詞。是編皆考訂聲音文字之訛，大抵採集諸家說部而參以己。見《提要》。

〔註72〕 吳承學，《中國古代文體形態研究》廣東中山大學出版社，2000 年 9 月，頁177～178 轉錄錢基博《中國文學史》，第六編第四章《明八股文》，第一節，東方出版社，1996，頁 280。
王安石與蘇轍之經義，眞僞存疑《古今圖書集成・文學典》有錄王安石經義式，然紀曉嵐〈嘉慶丙辰會試策問五道〉之四即問：「坊刻有王安石、蘇轍等經義，果有所傳歟？抑僞托歟？」見《紀曉嵐文集》，第一冊第十二卷。河北教育出版社，1995 年，頁 271。

　　事實上，宋人亦不地把經義與古文區分開來，有些人把經義視作古文之一體。宋人文集就把經義列入文集，如劉安節《劉左史集》收入經義十七篇，從中可見北宋程試之作。又如呂祖謙《宋文鑑》也收入經義。劉熙載《藝概·經義概》：《宋文鑑》載張才叔《自靖人自獻於先王》一篇〔註73〕，隱然以經義為古文體，似乎自亂其例。然宋以前已有韓昌黎省試〈顏子不貳過論〉，可知當時經義亦可命為古文。在劉熙載看來，宋代經義不妨看作是古文中的論說文。

3. 明之八股

　　八股文真正有史籍上之記載者應為成化之後，因《日知錄》〈試文格式〉云：

> 經義之文，流俗謂之「八股」，蓋始於成化以後。股者對偶之名也，天順以前，經義之文不過敷演傳註，或對或散，初無定式，其單句題亦甚少。

當時以成化二十三年，會試〈樂天者保天下〉一文說明。

　　明代《欽定四書文·凡例》與《四庫全書總目》集部八，都把明代八股文的發展分為四期：化治文（成化、弘治年間）、正嘉文（正德、嘉靖年間）、隆萬文（隆慶、萬歷年間）、啟禎文（天啟、崇禎年間），各段的評價略有不同。《四書文·凡例》對天啟、崇禎諸家的評價是很高的，而且沒有一語批評。《四書文·凡例》云：

> 明人制義體凡屢變，自洪永至化治百餘年中，皆恪遵傳註，體會語氣，謹守繩墨，尺寸不踰。至正嘉，作者始能以古文為時文，融液經史，使題之義蘊，隱顯曲暢，為明文之極。盛隆萬間，兼講機法，務為靈變，雖巧密有加，而氣體荼然矣！至啟禎諸家，則窮思畢精，務為奇特，包絡載籍，刻雕物情，凡胸中所欲言者，皆借題以發之；就其善者，可興、可觀，光氣自不可泯。凡此數種各有所長，亦各有其蔽。

　　《四庫全書總目》對于天啟、崇禎年間的八股文既肯定其「警辟奇杰之氣日勝」，又批評這時期的八股文對于文風、士風乃至國運都產生了壞影響。其〈凡例〉云：

> 有明二百餘年，自洪永以迄化治，風氣初開，文多簡樸；逮于正嘉，

〔註73〕《宋文鑑》，卷一收張庭堅經義二篇。

> 號爲極盛；隆萬以機法爲貴，漸趨佻巧；至于啓禎警闢奇傑之氣日
> 勝，而駁雜不醇，猖狂自恣者，亦遂錯出于其間。于是啓橫議之風
> 長，傾詖之習文體蠹而士習彌壞，士習壞而國運亦隨之矣！

論明代天啓、崇禎時之八股文，則評以優缺點皆有，能開別境、棄規矩以爲新奇，但往往經傳本義往往有體會不足，或有缺失之處，望能眾美兼具，得其優而去其失，故列諸四書文，以供後學者學習。《四書文‧凡例》說明如下：

> 啓禎名家之傑特者，其思力所造，塗徑所開，或爲前輩所不能到，
> 其餘雜家，則倜棄規矩以爲新奇，剽剝經子以爲古奧，雕琢字句以
> 爲工雅，書卷雖富，辭氣雖豐，而聖經賢傳本義，轉爲所蔽蝕〔註74〕。

但不論其各時期風格如何，都足以證明，當時八股文，體例已建，從嘉靖年後，直至天啓、崇禎時代八股文開始翻新，自成一體，與其他文類相結合，不再拘於一式定於一格，文人也結社研討，各家施展所長，所謂文無定法，也就形成八股格式，體式繁瑣，各說各話，文例不統一的情形。

（二）文體演變之結果

八股文從語言對偶與排比形式上言，可說是由駢文、排律而來；從思想之內容與義法上論，可說從傳疏與古文而來，可見得它承襲了前代許多的文類，但也創發了自己獨具的風格。

在律詩格律的影響上，八股文由唐律詩中格律的形制而來，稱之爲「八比」。毛奇齡《唐人試帖序》說：

> 世亦知試文「八比」之何所昉乎？漢武以經義對策，而江都、平津、
> 太子家令，並起而應之，此試文所自始也。然而皆散文也。天下無
> 散文而復其句，重其語，兩疊其語言作對待者。惟唐制試士，改漢
> 魏散詩，而限以比語。有破題，有承題，有領比，頸比，腹比，後
> 比，而然後以結收之六韻之首尾，即起結也。其中四韻，即八比也。
> 然則試文之八比視此矣。

〔註74〕《四書文》收錄於《欽定四庫全書》集部八中，其體例是：先說明著此之時
間（乾隆元年六月十六日）、動機（總理事務王大臣奉上諭，國家以經義取士，
將使士子沉潛於四子五經之書，闡明義理發其精蘊。）在說明：總理此書之
情形，由食禮部右侍郎俸教習庶吉士方苞說明，接著是〈凡例〉再者製作群
修校者紀錄，再〈總目提要〉再是〈目錄〉再其書內容，因此凡例與總目提
要的評論會有態度上的不同，乃因作者不同，但最終能達成共識，所提四期
之特色，大致中肯而切實。

這種說法主要是指八股文中八股方式，是源於唐人的試律詩。

在思想內容上，明思宗崇禎三年，禮部給事中凌義渠在《正文體疏》中也明確提出「崇經」、「依注」兩種標準，批評當時有人是：

> 明棄師說，踏空求奇，向曲徑而背周行，忽型範而幾躐治，悖違祖訓，侮棄前修。無怪一人仕途，輒多不軌不物。自今制義，必準傳注，其明爲背謬者，概勿收錄〔註75〕。

以崇經、依注爲標準，而代聖人立言，又與儒家傳疏脫不了關係。

在儒家傳疏之影響上，明代八股大家茅坤說：「舉業一脈，即說經也，……學者即其而疏之爲文。」〔註76〕從方法來看，八股文是對于儒家經典的疏證故有人注疏是八股之源。劉熙載認爲八股爲闡述儒家經典之義，近于傳體，而在儒家經典中，本來就存在闡釋經義，代聖人立言的內容：

> 制藝推明經意，近于傳體。傳莫先于《易》之《十翼》。至《大學》以「所謂」字釋經，已隱然欲代聖言，如文之人語氣矣〔註77〕。

明之八股又稱之四書文，其因即在於科考之題目與內容就是四書。因此就其形式結構、功能，分別觀之，根據其「守經遵注」、「代聖立言」二條件影響之下，四書經文與朱熹注語是最近之嫡親，考其排偶成分的平行現象，則八股文之句式，也見四書及朱注之延伸〔註78〕。

因爲八股文是一種考察作者閱讀、理解、詮釋儒家經典能力的文體，所以其評比標準自是以傳統的儒學思想爲準，既是一種考試文體，所要求自然嚴苛，所以李光地說：

> 做時文要講口氣。口氣不差，道理亦不差，解經便是如此。若口氣錯，道理都錯矣。」（《制義叢話》卷一引）

另外，管世銘也說：

> 前人以傳注解經，終是離而二之。惟制義代言，直與聖賢爲一，不

〔註75〕清・孫承澤，《春明夢餘錄》，卷四十《禮部・貢舉》引，尚有《尚書集解》是書以京師建置情形，作爲敘寫之對象，又加上沿革，見《四庫全書總目》，卷一百二十二。

〔註76〕《茅坤集》之《茅鹿門先生文集》，卷之六〈復王進士書〉浙江：古籍出版社 1993 年，頁 321。

〔註77〕《藝概・經義概》章太炎也認爲八股文的淵源是注疏。此語見《劉熙載文集》藝概卷六，江蘇古籍出版社，2000，頁 197。

〔註78〕鄭邦鎮，《明代前期八股文形構研究》，臺灣大學中國文學研究所博士論文一頁 29，1987 年 6 月。

得不逼人深細。(《制義叢話》卷一引)

八股的要求，首先是對經典精神透徹的領會。八股文的出發點便是四書五經，離開了四書五經，也就不成其為經義了。

從律詩格律，到儒家經注，八股文結合宋明以來，詩文之風、理學的思維，做為闡發儒家思想的代言者，做為獨具特色之文體，自然有其影響與價值，進而影響到其他文類，如莊子注疏。

二、形式內容之繁複

所謂「八股」在明清官方頒布的文獻中，對此都沒有明確具體的規定，只是一個約定俗作的說去。《明史‧選舉志》說：「科目者，沿唐宋之舊，而消變其試士之法，專取四子書及《易》、《書》、《詩》、《春秋》、《禮記》五經命題，太祖與劉基所定，其文略仿宋經義，然代古人語氣為之，體用排偶，謂之八股，通謂之制義。」因此，官方未曾提出排偶與方法。

但南宋時由當時之科舉書籍，已看出南宋經義已有一定的軌範程式。如宋季魏天應《論學繩尺》〔註79〕的「其破題、接題、小講、大講、入題、原題，諸式實後來八比之濫觴亦足以見制舉之文源流所自出焉」當時楊萬里等人的經義，就有人以四股、六股、八股的作法解析之。如梁章鉅《制義叢話》卷一：

> 楊誠齋「國家將興」二句文及「楊墨之道不息」二句文，皆有四股，「至於治國家」二句文，則有六股。汪六安「天之方蹶」二句文，有四股，「天下有道則政不在大夫」文及「與讒諂面諛之人居」文，各有六股，「躬自厚而薄責於人」一節文，則竟有八股。是其體實沿自宋，而定為程式，則自明始耳。

又根據倪士毅《作義要訣‧自序》，更確定南宋的經義，已經有一定的格式：

> 首有破題，破題之下有接題接題第一接或二三句或四句，下反接亦有正說而不反說者，有小講小講後有引入題語，有小講上段，上段畢有過段語，然後有下段，有繳結，以上謂之冒子。然後入官題，官題之下有原題原題有起語、應語、結語，然後有正段或又有反段，

〔註79〕見《論學繩尺》〈提要〉其書十卷，宋魏天應編，林子長註。天應號梅墅，自稱鄉貢進士，子長號筆峯官京學教諭皆閩人也。是編輯當時場屋應試之論，收入《四庫全書》集部，總集類。

次有結繳、有大講有上段、有過段、有下段、有餘意亦曰從講、有原經、有結尾，篇篇按此次序。〔註80〕

而元代則認為如此為文是「其文多拘於捉對，大抵冗長、繁複、可厭，宜今日又變更之」故「今之經義不拘格律然亦當分：冒題、原題、講題、結題四段。」(《作義要訣‧自序》)；雖說元人有歸於簡潔之法，但是，明代卻在八股文中，呈現「作者始能以古文為時文，融液經史，使題之義蘊，隱顯曲暢，為明文之極。」「窮思畢精，務為奇特，包絡載籍，刻雕物情，凡胸中所欲言者，皆借題以發之」《四書文‧凡例》

顧炎武《日知錄》卷十六《試文格式》中，對明代八股格式，提出「起講」「過接」「復講」「復收」「大結」是先根據題目破題先提三句，在依題目分兩個部分，前分四股，後分四股，中有過接，再收四句，最後總結，兩個四股是兩扇（又稱兩對、兩大對），每扇四股中「一反一正，一虛一實，一淺一深」，可以聯屬二句四句為對，排比十數對成篇，而不止于八股。

由此基本結構推演之下，再根據個人才情與發揮，就顯得五花八門，名目繁複，再加上補充性的結構如入題、出題等。所謂的八股變得非常繁複與多樣了。

其實八股文的基本結構，即破題、承題、起講、入題、起股、中股、後股、束股、大結等幾部分組成的，此外還有一些補充性的結構如入題、出題等。以上種種，可以用起、中、後、束四部曲視之，從破題、接題、承題到原起、原題、小講、再進入正說、大講，入題最終到破止、承止、大結，每一個小節，只是進行曲式中的一部份，由於文無定法，運用之妙，貴乎一心，往往作者靈光乍現之際，所展現的驚鴻一瞥，如多一段節奏、重複一個小節，增加高低起伏的驚奇效果，才會引發後世的詮解者，延伸出種種說法、名詞，加以解釋、分析，但吾人亦應知：不論其分析如何細微，皆是批評作文時的一種法式，千萬不可落入言詮。

如《日知錄》以〈樂天者保天下〉文、〈責難於君謂之恭〉文說明如下：

成化二十三年會試〈樂天者保天下〉文，起講先提三句，即講樂天四股，中間過接四句，復講保天下四股，復收四句，再作大結；弘治九年，會試〈責難於君謂之恭〉文，起講先提三句，即講「責難

〔註80〕元‧倪士毅，《作義要訣》一卷詩文評類見《四庫全書》集部九，是編皆當時經義之體例。

於君」四股，中間過接二句，復講「謂之恭」四股，復收二句，再
作大結。每四股之中，一反一正，一虛一實，一淺一深，其兩扇立
格，則每扇之中，各有四股，其次第之法亦復如之。故人相傳謂之
八股，若長題則不拘此。嘉靖以後文體日變，而問之儒生，皆不知
八股之何謂矣〔註81〕！

如此細細分析，每個人各自表述之下，文體隨著與其他文體相容相攝而不
斷的變化，分析者亦鉅細靡遺的分析又分析，到最後往往何謂八股，都已無法
清楚的界定出來，最後往往喪失為文之真意。所以《作義要訣》〈總論〉云：

其詳不可盡也，在乎即類推之，以心體之，自求其意於外，而得胷
中之活法，乃有實工夫耳！要是下筆之時，說得首尾照應，串得針
線細密，步步思量主意，句句挑得明緊，教他讀去順溜，又大槩文
字，全在呼喚，有時數句，全在數箇字挑剔得好，須是十倍精神，
自此之外，又有一項法度，一篇之中，凡有改段接頭處，當教他轉
得全不費力，而又有新體。此雖小節，亦看人手段。

所有的八股體式，許許多多的名詞解釋，所言八股之形式，其目的只是在
說如何作文，作者為文豈有篇篇細加推敲，反覆苦思，排比論述、謀篇佈局的，
這些做法，猶如今之修辭學教學，國、高中以此方法，庖丁解牛般解構全文，
但豈知作者，為文時可能感傷時世、身世之悲涼，未必在章法中多做鋪陳，以
此解構全文，其目的應在示人以為文之法，平日是一種解讀能力、理解有如此
多種技巧可用，下筆時可以自行運用，但真正目的，應是由文章想見其人，以
文見文心，以意逆其志，看出文章的深意，才是真正解讀之意義。

三、對社會及學術之影響

正式以八股文取士，即使不是明初訂定，也確定在成化時期，成化是明
憲宗（1465～1487）的年號，直至明亡，八股亦在明朝浸淫接近二百年。士
子長久接受八股的訓練，社會亦受八股的風氣薰習，因此在社會上、學術上，
自然有其深入之影響，每個時代有其時代的風貌，魏晉玄風、唐詩、宋詞，
既是明代的文人，殆無不與時文發生關係，而明代的文學或文學批評，自是
無不直接間接受著時文的影響。

〔註81〕 見《原抄本顧炎武日知錄》，卷十九，〈試文格式〉，台北：文史哲出版社，民
國 68 年 4 月，頁 479。

（一）社會之影響

在當時的社會上，文人為了求取功名，為了熟習八股文體，就結社研習。陸世儀《復社紀略》在談到明代文社之興時說：

> 令甲以科目取人，而制義始重。士既重于此，咸思自涯磨，以求副功令。因共尊師取友，多者數十人，少者數人，為之文社，即以文會友，以友輔仁之遺則也。好修之士，以是為學問之地；馳騖之徒，亦以是為功名之門，所從來遠矣。

既有此實際且功利之目的，文人因此尊師交友，對文章技藝，互相砥礪，相互學習、揣摩，所以結社成風，其實是研究時藝的文人集團。

更令人嘖嘖稱奇者，是連超脫物外的僧眾，亦受到八股風氣的影響，以八股取僧，在王士禎《池北偶談》中記載：

> 明時南京五大寺，僧每季考校於禮部，命題即《法華》、《楞嚴》等經，其文則仿舉子制義。文義優者，選充僧錄等官、某寺僧耳！〔註82〕

僧眾亦要如舉子般考校制義，以佛經分官、分寺，八股之影響，令人驚異！

（二）學術之影響

1. 八股與其他文類之激盪

八股文本身即有因科考制義以四書為題的限制，加上詩律、經注融入，文人士子莫不競騁其長才，在此新興時文上，大顯身手，以致八股文興盛滋長，衍及各類文體，相互激盪影響，如章炳麟即云：

> 注疏者，八股之先河；明清之奏議，八股之支派也。

將注疏、奏議與八股作繫連，是看出由八股文在解釋經義上，猶如傳統注疏的闡釋，是具有歷史性關係的，以及奏議文體，上呈書表，需講求脈絡、章法、結構，故八股與奏議，是有文體交互影響之關聯性。

此外，八股與古文評點的結合，在史論上產生影響，如歸有光〔註83〕有一部歸評《史記》，歸氏為時文和古文之高手，他以不同顏色、大小的圈點標

〔註82〕見清‧王士禎撰，《池北偶談》〈僧作制義〉卷19，其書《四庫全書》子部‧十‧雜家類‧三‧卷二十六。

〔註83〕歸有光，崑山人，字熙甫，九歲能文，弱冠通經史。嘉靖十九年舉鄉試，徙居安亭江上，讀書講學二十餘年，生徒數百人，學者稱震川先生。晚以進士授長興令，因古教化為治。隆慶四年，被薦為南京太僕寺丞，卒於官。有《震川集》，《易經淵旨》、《三吳水利錄》、《諸子彙函》、《文章指南》、評點《史記》諸書。

示出，《史記》文中行文之氣脈、要緊之妙處、遣詞造句之巧思。貶黜者甚爲
譏諷，稱之「狼圈密點，不堪卒讀」，而姚鼐之桐城派則視爲學文之秘傳。甚
至說：

> 震川閱本《史記》，于學文最爲有益，圈點啓發人意，有愈于解說者
> 矣。

另外歸有光亦以評點方式寫《南華眞經評注》十二卷（西元 1605）以郭
象注本爲底本，此書亦以評點方式，標出「。」「、」，書上下兩端都有眉批，
每篇篇末又有總評，計總評者有三十七人，眉詮者七十三人，音釋者七人，
文學與義理性的闡發，皆有論述。

明・茅坤則致力於八股文與古文的技法之匯通，他評點《唐宋八大家文
鈔》則以八股文的題義章法來評點古文，其所評以勾畫膚理脉胳爲重。所以，
王夫之在《夕堂永日緒論・外編》中評云：

> 勾鎖之法守溪（即明代八股大家王鏊）開其端，尚未盡露痕跡，至
> 荊川而以爲秘藏。茅鹿門所批點八大家，全持此以爲法。

以八股文闡釋經義，發揮經典未盡之意，成爲六經皆爲我註解，影響其
宋明理學對經義的深入論證，學子對「顏淵所樂爲何」此議題，討論不絕，
如王陽明《傳習錄》所載，都看得出八股不僅闡釋，而且還要發揮，在經典
中體認其內在思想體系，師友的對話、經典的重新詮釋、或提出自己的創見，
都成爲八股文在各種的文類影響下，潛藏的一股力量。

2. 時文之創作、批評與理論

（1）時文之創作觀

創作時文，應付科考，當然不能代表明代文學的成就，但每一個士子，
無論日後科舉登第與否，讀書識字之後，必定接受相當多的時文訓練，士大
夫由此八股文訓練，或多或少養成一副時文手眼，奠定以後爲文的基礎，再
由此根基，在文章創作的方法，作多方的嘗試與變化，而創作者對創作的挑
戰，文體或行文方式的改變，即會刺激當時競相結社，交換創作心得與方法
的師友群，對文學批評自然產生影響，對文學理論就提供更多論述的空間。。

因此創作、批評、理論，成爲一循環反覆，相互影響之關係，如茅坤〈文
訣五條訓緝兒輩〉中，即明確提出「吾爲舉業，往往以古調行今文。」而且
提出：

> 須於六經及先秦、兩漢書疏與韓、蘇諸大家之文涵濡磅礴於胸中，

將吾所爲文打得一片湊泊處，則格自高古典雅。

雖有古文閱讀基礎，亦要有：「繩墨布置、奇正、轉摺，雖有專門師法，至于中間一段精神命脈，則非具今古隻眼者，不足與此」否則只是皮毛、眉髮，難以入「精神之境，故云：「有尙以眉髮相山川，而未以精神相山川」。〔註84〕

如此創作觀被章學誠《文史通義》譏爲：「時文體卑而法密。」它認爲時文只不過是功名仕途中的「敲門磚」罷了，故而「體卑」；在形式嚴謹文體縝密中，細思尋繹，這是「法密」，又取義於四書五經，題不出四書五經，注不離朱熹註解，文要似聖人，爲聖人立言，彷如傀儡布偶般，任人操弄，全無自己的發揮，如何創出自己的風格、特色與本色。

而深入其中，又有自己的心得者，如倪士毅《作義要訣》〈總論〉則言：

以心體之，自求其意於外，而得胷中之活法，乃有實工夫耳！

求其「得意忘言」、「心中活法」無怪乎多少士子，如渡迷津般能做到：

得首尾照應，串得針線細密，步步思量主意，句句挑得明緊。

努力不已，期望在有法有體之下，「當教他轉得全不費力，而又有新體。」揮灑另一番天地。

（2）時文之批評論

對於八股文的批評，散見詩話、詞話、古文評點、經傳注疏中、史記評林中，促成了眾多八股文選本及評點，也將評點學推至極盛。對於文章學、技術論，亦產生相當大的影響。

其八股文之批評，討論最多的應爲文章結構之技法，對於文章之抑揚、開闔、奇正和起伏等甚爲重視，這從明代前七子派與唐宋派的詩文理論都可以看出來。

由八股文格式下，蘊含的要素中可知，八股文是一個嚴謹的結構，從破題到收結，環環相扣，中間無任何不相干的因素插入。雖是人爲之巧構形式之言，卻也不乏邏輯性、與層層推演，組成一完整堅實之架構，因此文章結構、首尾呼應的討論，時時在評論時提出，也因此提出血脈、肌理、文理等說法。但亦有累其章法，而作無病呻吟、形式排比之勢，此亦其缺也。

其次，即是脈絡之聯絡照應之討論，在層次轉換的部分，「破題」與「正題」間有時要插入「入題」；在文章中之「虛論」要有起二股，「正論」要有中二股，

〔註84〕見茅坤編，《唐宋八大家文鈔》《四庫全書》〈目錄附〉坤嘗以書與唐順之論文，順之復書之語。

接著「出題」過渡後二股、束二股作爲小收結，整個語義層次的彼此轉換，有一定的方式與起承轉合的方法，在時文批評中，是經常會被討論的。

最後就行文的排偶形式而言，八股文發揮了詩歌、駢文對偶的特質，造成修辭技巧的豐碩，進而運用此方法於小說、傳奇的寫作，對文體讀解如小說、傳奇的評點與寫作，產生了文藝審美方面與文學批評的影響。

（3）時文之文學理論

八股文之功利和實用性，使得形式技法之文學理論勃興，也將中國傳統文學的形而上批評，進入形式技法批評，以具體指尋的方式，將技法理論推到極致。影響所及，不但出現大量新的批評術語，且技法理論也日趨細密和完整。

爲了總結歸納文章之「法度」。八股既以經義格式表現，又需較前人更爲嚴格周密的文體。科舉興盛、士人熱衷，於是編集、批點、講解、刊行八股文，在明清兩代是相當活躍的。而今流傳下來還有如《小題正鵠》、《八股舉隅》、《鬧墨秘籍》、《時墨寫眞》等八股文集及其批點，可以推見當時的盛況。

八股理論與古文理論皆是奠基於傳統文章學理論，故許多八股大家也以古文理論來闡釋八股技法。如茅坤〈文訣五條訓縉兒輩〉，即提出「認題」、「在勢」、「調格」、「煉辭」、「凝神」〔註85〕，其以認題，作爲文章主旨之眞種子，求其雋永，在求其文章氣勢之前後照應，格調具有古代風骨，最後就形式之修鍊詞句，進而達到文以凝神之境，說來甚是完滿。

〔註85〕茅坤所謂文訣五條：「一曰認題。題須從一章本旨處識得「眞種子」，因而一句一字以求其雋永之深。……二曰在勢。勢者，一篇之起伏、呼應、虛實、開闔。大段處，勢欲其輕以揚，無令重滯；欲其疏以暢，無令窘澀；欲其雄以傳，無令單弱；欲其婉以道，無令粗屬。令人讀之如云之出岫、泉之下峽，而飄飄乎群仙之凌波以過。斯則文之善也。三曰調格。格者，譬則風骨也。……四曰煉辭。辭則譬之美女膏髮、畫眉、朱唇、皓齒，飾之以翡翠、明珠，衣之以冰紈、文綺也。學者往往不裁不剪，填塞滿紙，雖多何爲？……五曰凝神。神者，文章中淵然之光，窅然之思，一唱三嘆，餘音裊娜，即之不可得，而味之又無窮者也。……」

並建議科考思舉子：「吾爲舉業，往往以古調行今文。汝輩不能知，恐亦不能遽學。個中風味，須於六經及先秦、兩漢書疏與韓、蘇諸大家之文涵濡磅礴於胸中，將吾所爲文打得一片湊泊處，則格自高古典雅。」

並提出幾篇重要作品，可增進自己的高古典雅之風：「《莊子》之〈秋水〉、〈馬蹄〉，〈離騷〉屈原之〈卜居〉、〈漁父〉諸什；下如蘇子瞻前後〈赤壁賦〉，並吾神助也。吾嘗夜半披衣而坐，長嘯而歌。久之，露零沾衣，不覺銀河半落，明星在掌，已而下筆風神倍發也。」

第四節　評點閱讀──符號義法之引導

評點閱讀可分為「評」與「點」二部分，評點的結合與應用在《莊子》中，由宋·林希逸《口義》、劉辰翁《莊子評點》產生以文評莊的啓蒙，到明·孫鑛、歸有光、譚元春等評注《莊子》的開展，這個歷史的影響，加上時代給予文人內在的省思、經傳文史的融合、八股科考的現世需求，以及評點閱讀義法的影響，文章章法學等，都是「以文解莊」並時的影響，促進「以文解莊」在清初具有完整與開創性。

因此，本節由評點形式上，討論其評點符號之源流、形式意義與內涵意義。

一、評點符號之形式意義

評點的符號，是在古代讀書句讀的基礎上，進一步發展起來的。句讀與評點是分屬語法與鑑賞兩個不同的系統，也是文字與圈點符號，由語言系統上，標點的意義，進而成爲所指意涵之內在意義，有語法、解析、鑑賞等層次，當句讀方式由語法意義擴大至鑑賞意義時，文學性質的評點也就產生不同的效果，才會影響到其他文類，產生質的豐富與量的擴大的改變。以下由先有「評」再有「點」的源流意義及其應用情形作說明。

（一）「評」與「點」之歷史沿革

評點之意包括評和點，與所評的文本聯繫在一起，宋人合而爲一，遂成爲一種文學批評的樣式。但是最初應是先具有批評的形式，由經傳中字體大小或顏色朱墨區分，進而結合圈點，成爲經傳注疏、校正區分，在宋代形成一種評點的形式，才蔚爲風氣，影響到各種文類。

最早的評點是具批評形式，而未有圈點的符號的，是有評無點的。錢鍾書認爲陸雲〈與兄平原書〉：

> 語氣殊肖後世之評點或批改。……
>
> 苟將雲書中所論者，過錄於機文各篇之眉或尾，稱賞處示以朱圍子，
>
> 刪削處示以墨勒帛，則儼然詩文評點之最古者矣。〔註86〕

這段話其意應爲，詩文評點的形態是後起的，但與評點式相類的批評卻是自古就有的。

〔註86〕《管錐編》中華書局，1979 年版，頁 1215。

評點究竟何時產生，學者持論不一，有說起於梁代，如章學誠《校讎通義・宗劉》：

> 評點之書，其源亦始鍾氏《詩品》，劉氏《文心》。然彼則有評無點，
> 且自出心裁，發揮道妙〔註87〕。

我國大量出土的歷代文獻，也給我們研究古代句讀，提供可靠及有說服力的材料。如在山西・侯馬，晉國遺址出土的春秋晚期的侯馬盟書、河南・信陽・長台關發掘的戰國楚墓中的竹簡、湖北・雲麓縣・睡虎地發掘的秦墓竹簡、長沙・馬王堆漢墓出土的帛書、山東・臨沂・銀雀山竹簡、甘肅・武威・發現的漢簡《儀禮》……這些都是春秋、戰國、漢代時期我國書面語言的真實記錄〔註88〕。

從這些原始材料中，我們可以看到在東周、秦、漢時期，一些章句、句讀的標點符號已經出現。如在出土的漢代簡牘中，存在大量文字之外的標誌符號，對其文字表達功能起輔助與強化作用。有學者將這些符號總結爲「句讀符」、「重疊符」、「界隔符」、「題示符」等〔註89〕。

而由文獻上的記載，許愼《說文》五篇上「、」部：「『、』，有所絕止，『、』而識之也。據黃侃說：「、是表示句讀的符號」（見《文心雕龍札記》）。又如《說文》十二篇下：「ㄥ」說：「ㄥ，勾識也。」段玉裁注：「勾識者，用勾表識其處也」。褚先生補〈滑稽傳〉：「東方朔上書，凡用三千奏牘。人主從上方讀之，止，輒乙其處，二月乃盡。」此非『甲乙』字，乃正ㄥ字也。」「勾勒」也就是讀書的標誌。段玉裁認爲「今人讀書勾勒即此。」可以看出漢人很重視句讀功夫，並使用一些特殊的標誌來作爲閱讀的符號。

而圈點之濫觴，有言從唐朝開始，袁枚《小倉山文集凡例》認爲「古人文無圈點，方望溪先生以爲有之，則筋節處易于省覽。按唐人劉守愚〈文冢銘〉云有朱墨圈者，疑即圈點之濫觴。姑從之。」敦煌遺書 S2577《妙法蓮花經第八》「余爲初學讀此經者，不識句ㄥ文，故恁點之」

由五世紀敦煌寫本中，令人驚嘆的是，其中出現多種用途的標點符號。學者研究，在敦煌遺書的西涼到北宋寫本中，使用較多的就有十七種標點符

〔註87〕 清・章學誠著，葉瑛校注，《文史通義校注／校讎通義校注》，臺北：頂淵文化，2002 年 9 月，頁 958。

〔註88〕 參見吳承學，《中國古代文體形態研究》，頁 377。

〔註89〕 李均明〈簡牘符號考述〉載於《華學》，第二輯中山大學出版社，1996 年 12月出版。

號。這十七種是：句號、頓號、重文號、省代號、倒乙號、廢讀號、刪號、敬空號、篇名號、章節號、層次號、標題號、界隔號、絕止號、勘驗號、勾銷號、圖解號。其中有些標點符號，已經帶有意義分析的內涵。這些符號可以說是後來圈點的雛形了。

又有「層次號」，即標出文中不同層次的符號，最早見於中唐寫本，所用的符形多種多樣，以區分不同層次和各層次間的子母關係。其標畫位置，在每一層次之首例如「敦煌文書」伯 2147《瑜珈師地論釋決擇分、分門記卷第三》一文，就用了四種符號表示四個層次及各層次的子母關係。看似佛經疏解文書的圖解號，起提綱挈領，綜合分析的作用，符形為翔燕形，使用時可遞係套連多重。通過此號分解處理，可以明確把握各段主旨大意及其在總體結構中的關係位置〔註 90〕。這個標誌其實與圈點的性質已是很相近了，和宋人分析文章的篇章段落的標誌可謂異曲而同工。

在唐代圈點的功能是建立評點之初義「標點句讀」之功能，唐代天台沙門湛然就解釋了「句讀」之義，他在《法華文句記》裡說：「凡經文語絕之處謂之句，語未絕而點之以便誦詠，謂之讀。」他對於句、讀二者清晰的區別，正說句讀標誌在唐代人閱讀活動中的普遍使用。

宋代的書籍印刷，開始正式使用句讀「圈點」符號。岳珂《刊正九經三傳沿革例》中說：「監、蜀諸本皆無句讀，惟建本始仿館閣校書式，從旁加圈點，開卷了然，於學者為便。」可見「加圈點」的方法，在當時校點古書的官署已形成定例。這種書籍印行中的「圈點」雖與文學選本的圈點不同，但兩者之間，應有密切關係。圈點正式成形於南宋，文獻記載者如吳瑞草《瀛奎律髓重刻記言》「詩文之有圈點，始於南宋之季而盛於元」。

宋代「評」的形式有序跋與總評、批語、眉批、夾批、腳批、尾批，在南宋以後文學評點之作，所用之語詞有「批點」「評點」，由「批點」一詞化出「批抹」、「眉批」、「旁批」、「夾批」、「總批」等，「批」指評論，「點」為圈點，有謂此語出自「批郤導窾」或「批風抹月」〔註 91〕，其義指在文學評

〔註90〕李正宇〈敦煌遺書中的標點符號〉載於《文史知識》1988 年八期。

〔註91〕「批」字從語源上來看有多重義項，其中除「評論」一詞的後出義與「批點」之「批」相關外，「批郤導窾」「批風抹月」之「批」與「批點」一詞亦有關。「批郤導窾」語出《莊子・養生主》：「批大郤，導大窾」注謂：「有際之處，因而批之令離」，即批開骨節銜接之處，其他部分即隨之分解。「批風抹月」為文人家貧無可待客的戲言，蘇軾〈和何長官六言次韻〉之五：「貧家何以客，

論時，需著重辭句精細處的分析。故總批、總評從大處著眼，多置於文之前後，眉批、夾批、旁批則從小處著手，則位於篇章上下或句中。

「批點」一詞是使用最早的之詞彙，也是南宋的古文選本中，運用情形較普遍，如劉將孫編《新編諸儒批點古今文章》、魏天應編《論學繩尺》「批點分格類意句解」等。以評點作為書名，宋如劉辰翁《莊子評點》但查其刊本，原名應作《莊子南華真經點校》，明則有明‧歸有光《南華評真經評注》、孫鑛《莊子南華真經評》、《評點荀子》、盧復輯《諸名家評點莊子輯注》。當時的語詞有：「時尚評點以便初學觀覽，非大方」，「書當評點，以能通作者之意，開覽者之心也」但在總體上「評點」一詞猶未成為這一批評形式使用最廣泛的語詞。

直到清代，「評點」一詞才真正地普遍運用。於是批點、評點和批評成為古代文學理論中最常見的三個語詞，古人對此三者的運用，並無嚴格的區分，使用上亦較為自由。

（二）圈點符號之形式意義

「圈點」成為句讀，能標出文句之意義，具有斷句的功能，在唐代形成，但仍屬一般意義上的斷句，與文學評點中的「圈點」不同，前者屬語法層面，後者為欣賞層面。因屬斷句功能，因此符號意義較比簡單，「ʃ」是斷句之符，鉤識勾勒之義、「、」是句、表絕止、「＝」為疊字符、「‧」「ㄥ」及缺字符「△」「□」。

以顏色區分，則未用於經典之前，如甲骨文中已有朱墨兩種筆寫字，運用「圈點」符號來訓解經籍者，最早是以朱墨標誌，來研讀經典的著作，以二色區分經與傳。歷史上有記載者為《隋書》卷三十二〈經籍一〉所錄，後漢賈逵就撰有《春秋左氏經傳朱墨列》一卷，當時大概是以朱墨兩色分寫經文和傳注；三國時代的董遇就以「善《左氏傳》，更為作朱墨別異」（《三國志‧王肅傳》裴注引《魏略》）的閱讀方式而聞名。「朱墨別異」即用紅黑二色對經書加以標注，用之闡明經書的意義。又如孔安國《古文孝經孔氏傳序》云：「朱以發經，墨以起傳，庶後學者睹正誼之有在也」。

除了解經用之外，如《顏氏家訓‧勉學》：「讀天下書未遍，不得妄下雌黃」是用朱墨校改文字；又《史通‧點煩》：「昔陶隱居《本草》，藥有冷熱味

但知抹月批風。」抹，為細切，批，為薄切。可見「批」字歷來就有指動作的精細之義。

者，朱墨點其名」以朱墨區分品類。

　　但是逐漸的，評點意義已擴大到文學欣賞的層次時，圈點的形式及意義就愈來愈複雜，各有其特定意義的圈點，就不斷增加，這也是評點的文選，前面有〈凡例〉以說明。文學評點中的「圈點」，較早見於南宋的古文贊評，一般用「朱抹、朱點、墨抹、點點」。其標識之義涵為：「朱抹者，綱領、大旨；朱點者，要語、警語也；墨抹者，考訂、制度；墨點者，事之始末及言外意也。」（錢泰吉《曝書雜記》）

　　謝枋得「圈點」則更為複雜，他將圈點符號增至「截、抹、圈、點」四種，又依不同的色彩如「黑紅黃青」四色筆對各種符號再作分解，如「截」：「大段意盡，黑畫截；大段內小段，紅畫截；小段、細節目及換易句法，黃半畫截。」這種圈點法在後世有一定影響，被人稱為「廣疊山法」

　　另外，明人歸有光之圈點法也極為繁複：「朱圈點處總是意句和敘事好處，黃圈點處總是氣脈。亦有轉折處用黃圈而事乃連下去者。墨擲是背理處，青擲是不好要緊處，朱擲是好要緊處，黃擲是一篇要緊處」。〔註92〕

二、符號意義在文類上之使用

　　評點在古文圈點方面，自宋以來廣為盛行，它對讀者的欣賞與解讀上，起過一定的作用，能啟發人意，有解說之功效，其是有的評點者將圈點與夾批、旁批等形式相結合，使圈點之意更為醒目。至明代時更是發揚光大，將評點推到極至的是謝枋得與歸有光。歸氏是明代時文和古文的高手。他有一部歸評《史記》，以不同顏色、大小的圈點，狼圈密點式標示《史記》，姚鼐為代表的桐城派，則視之為學文的秘傳。

　　如謝枋得《文章軌範》在對文中字句警語作圈點的同時，又在字句旁標上「承上接下不斷」、「文婉曲有味」、「好句法」等批語，使讀者對文章的體會更為深入。當然，由於圈點之法沒有形成相應的定規，各家圈點因人而異，具有一定的神秘色彩，故也較難對讀者產生多烈的效果。其〈讀軌範批評凡例〉云：

```
｜ 緊要處或一篇主意　　轉或提或連
。。。。。。。妙境　　、、、、、、、佳境
```

〔註92〕歸有光，《評點史記例意》轉錄自譚帆，《中國小說評點研究》華東師範大學出版 2001 年 4 月，頁 65～68。

◎◎◎字母或主意　　○字母或主意

。。。。。字眼或主意‧‧‧‧‧字眼或主意

⌐　　∟　大段落　＿＿大段落　＿小段落

＿段落中枝節　　＿承上起下‧一篇歧路處

其實，枋得對批點如此用力至深，雖爲「有補於舉業者不遺」（陳禹謨〈讀軌範批評凡例〉），王陽明〈文章軌範‧序〉亦言「宋謝枋得氏取古文之有資於場屋者」但是，舉業只是爲文之奠基，其眞正意義在於藉由古文以傳諸後世此不朽之作，其眞正涵義，因此東龜年〈校刊文章軌範序〉澄清舉業之眞正目的，說明於下：

> 疊山雖嘗署學職，實歷不滿八月，在世叔季第，憂國家覆亡。亡日之弗暇，奚皇論舉業也？總之，出乎窮愁無聊，末如之何！乃選取古文，關於世故，傳之身後，使睹微意之有在者，非邪？及宋遂亡，三作書卻元人之聘，不食而死，果哉奚皇論舉業也，於　《軌範》所撮，誠古文之奧，不只於是，是皆竟古今、揭日月不磨滅者，眞所謂古之立言不朽也！〔註93〕

求其文章之不朽，追求文學永恆不朽的意義，恐怕才是評點文章之眞正目的，故王陽明在序中也一直論證「舉業」只是方法，究竟眞實的古文奧義則「蓋古文之奧，不止於是」，應是「則知堯舜其君之心，不在於習舉業之後矣！知灑掃應對之可以進於聖人，則知舉業之可以達於伊博周召矣！」做到如周公時代伊尹般，有用世之天下，才是舉業之自我完成之眞義。

明清小說方面，評點中的圈點形式多樣，如點、單圈、雙圈、套圈、連圈、三角、直線和五色標識等，且用法因人而異，故難以對其作出總體性的描述。而對於小說圈點的理論說明，多見於該小說的〈凡例〉之中，如九華山士潘鏡若爲《三教開迷歸正演義》（明萬曆白門萬卷樓刊本）所作的〈凡例〉，其曰：

> 本傳圈點，非爲飾觀者目，乃警拔眞切處則加以圈，而其次用點。

明天啓年間刊刻的《禪眞逸史》，首有夏履先撰的〈凡例〉，其中對書中圈點作了如下說明：

> 史中圈點，豈曰飾觀，特爲闡奧。其關目照應，血脈聯絡，過接印證，典核要害之處則用「●」；或清新俊逸，秀雅透露，菁華奇幻，

〔註93〕見《增補正文章軌範評林》一冊日本‧東都‧東龜年序〈校刊文章軌範序〉

摹寫有趣之處則用「○」；或明醒警拔，恰適條妥，有致動人處則用
「、」〔註94〕

由上所述知，小說評點中的「圈點」在功能上與古文選評的「圈點」無大的
差異，其一是標出文中警拔之處，其二是具有句讀作用。關於圈點句讀作用
的說明，以清乾隆年間《粧鈿鏟傳》中的〈圈點辨異〉一文最爲詳備，茲引
錄如下：

> 凡傳中用紅連點、紅連圈者，或因意加之，或因法加之，或因詞加
> 之，皆非漫然。
>
> 凡傳中旁邊用紅者，則係一句；中間用紅點者，或係一頓或係一讀，
> 皆非漫然。
>
> 凡傳中用黑圓圈者，皆系地名；用黑尖圈者，皆係人名，皆非漫然。
>
> 凡傳中「粧鈿鏟」三字，用紅圈套黑圈者，以其爲題也，皆非漫然。
> 〔註95〕

以上說明指出了評點應用於古文、小說上的情形，從斷句、標義到評論、解
析，進而鑑賞，推擴至其他文類，將形式與內涵作血脈的聯繫，肌理的解析，
故龔鵬程喻爲「古文細部評點」，評點的效用與應用，從圈點文中警拔之處，
到藝術特性的發揮，進而影響「以文解莊」之形成，對文學由實用走入藝術
的提昇，有集大的貢獻意義。

（一）初學之門徑

評點方式能風靡天下，緣於其各家之「秘傳」，見諸選本，得而解惑，此
符號意義具有超越文字之外的分析能力，即其「所指」之象徵範疇很大，能
運用符號，將解釋者對文之特殊體悟，藉由各家之「義例」，如「秘傳」般供
後學細細揣摩，弄通各種符號的象徵意義，以及彼此之間的微妙區別。

如此符號之運用，示人以初學之門徑，因而「其所評語，疏殊尤不可枚
舉」，(《四庫全書總目》) 並引黃宗羲批評：

> 其圈點批抹，亦多不得要領，而祇爲小小結果。

此爲「皆切中其病」，但亦承認：

〔註94〕轉引譚帆，《中國小說評點研究》，上海：華東師範大學出版，2001 年 4 月，
　　　頁 67。

〔註95〕《粧鈿鏟傳》是一抄本，題「昆侖襪襪道人著，松月道士批點。」〈圈點辨異〉
　　　文署「松月道士」。

　　集中評語，雖所見未深，而亦足爲初學之門徑。一二百年以，來家
　　弦戶誦，固亦有由矣！〔註96〕

可以看出《四庫》之大學士們，是看不起這些致遠恐泥之小道，認爲只有「切
中其病」之消極功能罷了！

　　但因應科考實用目的，而延伸的效果，如有關文氣、段落、句式、論點、
語文修辭等，必須依附文本才可以表達出論者的論文的宗旨。於是文章評點
出現、文本讀解、品評的精細化，是與評點這種啓示後學的方便法門有關的。

　　故清初黃宗羲《南雷文定・凡例》曰：「文章行世，從來有批評而無圈點。
自《正宗》、《軌範》肇其端，相沿以至荊川《文編》鹿門《八家》篇之中，
其精神筋骨所在，點出以便讀者，非以爲優劣也。」以上論述看出，從呂祖
謙《古文關鍵》、眞德秀《文章正宗》、謝枋得《文章軌範》這種文學批評的
範式，提出其「精神筋骨所在」不但成熟且廣泛地被宋明諸家所運用，走了
三百多年的歷程，從而擁有了豐厚的積淀。

　　因此評點符號藉由形式之法，在評點的符號上有圈點、抹（在旁畫上粗
黑的豎線）刪，使批評形態有全面性、多向性及細微性的批評功能，再把內
在意涵的文氣、段落、句式、論點、語文修辭等，有次第、有方法的論述，
最終應表現其論者的論文的宗旨、其精神筋骨所在。故提出「義法」，以便在
形式與內容上，有方法的陳述其精神筋骨。

（二）義法之提出

　　提出義法，是當時評點家要標出一個能夠涵蓋反諷、寓意、結構、章法
安排等小說文體的文學特性的總概念，於是選擇了「法」作爲批評者細閱原
文後，示人心得的方式，且此法可應用之無窮，故深究其文章，精細化地試
圖從文脈語氣、句子組織、遣詞造句等細微末節處推求普遍意義的「法」。明
八股文大行其道以後，詩文評點求「法」的呼聲更加強烈。前、後七子與唐
宋派莫不如此，雖然他們師法的古人各有不同，但求「法」之心卻如出一轍。

　　金聖嘆等人在小說、戲曲評點中也屢屢言「法」，將它們比之《左傳》、《史
記》等正宗文體，以「法度精嚴」贊之。時文體卑而法密，只有對其文體各
種各樣的「法」爛熟於心，才能符合其要求。也因從時文「法」的訓練中，
士人養成了辨識行文形式技巧的習慣。這對文本自覺意識的育成，無疑是有

〔註96〕《四庫全書總目》，卷一八九。

正面影響的。

　　在表現的內容之法上：由人物形象、曲詞關目、社會、讀者的立場上，開展了批評的視角，其中與文學理論最有關連性的應是，在創作技法上敘事視角表現技巧上有「轉」與「波瀾」、「繁簡」、「結構」、「照應」、「針線」、「橋道」、「結穴」、「餘趣」等評語的出現，體現了文章章法的趣味。《古文關鍵》卷首所列〈看古文要法〉：「看諸家文字法」、「論作文法」、「論文字病」等八節，對所選的文章進行概括式批評，也建構了基本圈點形式，用標、抹等符號對文章「關鍵」處加以強調，使得此書建立了評點形式上初具之規模。〔註97〕

　　法的提出與素養，一旦建立了「時文手眼」、批評習慣，形成當時學者共同的文學素養與基礎，如此「法」就可以運用而無窮，不獨古文、小說，舉凡其他一切文體，如詩歌、雜劇、傳奇、八股，無不可以運用。古代文人揮灑風雅，批點其所涉及之所有文體，盡管識見趣味不同，但接受的教養、訓練的背景是相同的，評點入文也就成為一時風尚。

三、由閱讀方法到為文技巧

　　自覺性的批評，成為評點的方式，到了宋代才真正形成，興於宋，盛於明，影響至清初。由宋人認真讀書之風氣，到圈點成為一時風潮，閱讀方法的熟悉，進而揭示為文之技巧，批評文章之優劣，文學批評之風的建立，到擴及評點的範疇，影響及古文章法、詩文、小說、傳注，成為一種思潮。

（一）宋人讀書法之影響

　　宋代書籍大為普及，為讀書人提供許多評點的文獻和材料，一般人讀書皆有圈點之習慣，如有詩題為《借詩話于應祥弟，有不許點抹之約，作詩戲之》，即傳神地表現了宋人讀書好圈點的習慣。

　　　我有讀書癖，每喜以筆界。抹黃飾句眼，施朱表事派。

　　　此手定權衡，眾理析畎澮。歷歷粲可觀，開卷如畫繪〔註98〕。

　　宋人讀書，講究虛心涵詠，熟讀精思，喜歡獨立思考，倡自得悟人之說。所以讀書有心得處，多有題跋或標注點抹，一旦把這種心得批在所讀的作品中，這就是評點了。如黃庭堅《大雅堂記》說他讀杜詩：「欣然會意處，輒欲

〔註97〕朱萬曙，《明代戲曲評點研究》，頁8，安徽：教育出版社，2002年8月。

〔註98〕南宋・危稹作，見《宋詩紀事》，卷五十六。危稹，字逢吉，號巽齋，又號驪塘，撫州臨川人，淳熙十四年進士，著有《巽齋小集》。

籤以數語。」其中尤以儒家的讀書方法，如朱熹及其弟子的讀書方法，對於評點影響尤大。

朱熹曾提出自己運用點抹法來讀書的經驗，曾言：

> 某自二十年前得上蔡語錄觀之，初用銀朱畫出合處，及再觀，則不同矣，乃用粉筆；三觀則又用墨筆。數過之後，則全與元看時不同矣。（《朱子語類》卷一百四）

這已是五色圈點讀書法了，不過朱熹未詳談具體的抹法標誌。

除了圈點方法，朱熹曾詳言其讀書方法，他提出一系列讀書方法。主張讀書首先須循序漸進，一本書一本書地讀，每書都要系統地學習：

> 其篇、章、文、句、首尾次第，亦各有序而不亂也。（《朱文公文集》卷七四）

> 且如一章三句，先理會上一句，待通透，次理會第二句、第三句，待分曉，然後將全章反覆細繹玩味。《朱子語類》卷一五）

朱熹認為讀書須精讀精思：

> 凡讀書……須要讀得字字響亮，不可誤一字，不可少一字，不可多一字，不可倒一字，不可牽強暗記，只是要多誦數遍，自然上口，久遠不忘。」「若讀得熟又思得精，自然心與理一，永遠不忘。（《訓學齋規》卷四）

讀書必須反覆琢磨，周密思考，虛心涵詠。

故朱熹之門人黃幹（字勉齋），繼師而另立一套標注方式。其標注內容今已不可見，但在後人文獻中卻可考見一二。元人程端禮《讀書分年日程》卷二就引了「勉齋批點四書例」。黃幹的標注方式是對於朱熹讀書標誌法的發展，而他的標注方式又被他的學生何基繼承下來。《宋史》四三八卷《何基傳》說何基：「凡所讀無不加標點，義顯意明，有不待論說而自見者。」當時即以「標點」代言「圈點」。

朱熹這種標注式讀書、系統式讀書，影響其門人及後學甚鉅，因為在當時這是有最有效率的學習方法，尤其出自四書註解的大儒，眾所景仰的學者，他之所以能博古通今，成為一代宗師，其學習方法，當然是眾所矚目的。評點的體例，就在又具有效性、實用性，加上朱熹治學方法的推擴，自然成為當時的重要讀書方法。

（二）標抹啓發之引導

　　由宋儒圈點抹截之讀書方法，影響儒者甚鉅，如何基「凡所讀書，朱墨標點。」黃宗羲《宋元學案》卷八二《北山四先生學案》，其學生王柏（字魯齋）得其師真傳：

　　　　于《論語》、《大學》、《中庸》、《孟子》、《通鑑綱目》，標注點校，尤
　　　　爲精密。〔註99〕

而元人標注五經，就借鑑〈王魯齋先生凡例〉（據元代人吳壽民在《書集傳纂注》）這幾位儒家學者的圈點之法，與朱熹的讀書方式是一脈相傳的，足證理學家讀書方式的影響。

　　舉業進仕仍是學子讀書之重要目的，如何有效率的讀書，除了學習前賢之方法之外，更要借助前人所讀之經典，熟悉儒家學者所標注的經典，是學子自小的基本功課。因此程端禮《讀書分年日程》卷之一，談到兒童入學之後要熟悉「黃勉齋、何北山、王魯齋、張導江及諸先生所點抹四書例。」平常讀書計劃的〈讀看文日程〉表中，爲生員訂定一周期六天功課表，有三天包括「夜鈔點抹截文」，到了考前則定出〈讀作舉業日程〉之進度表，以十天爲一周期，其中九日讀書，一日作文，「以九日之夜，隨三場四類編鈔格料批點抹截」，足見對考試科目之重要書籍，這些儒家經典，需日夕揣摩，對「批點抹截」加以熟悉，是舉業的重要功課。

　　於是乎舉業用參考書，如以古文爲主的評點選本：呂祖謙《古文關鍵》、樓昉有《崇文古訣》、真德秀《文章正宗》、謝枋得《文章軌範》是以章節進行分類，評點形式有夾批、尾評、評點形式有圈、點、抹、框等數種；其他詩文方面，則有劉辰翁評點散文、唐詩、《莊子》《世說新語》等。

　　此選本之目的，開始即是爲示初學者，所謂「考陳振孫謂其標抹注釋，以教初學，則原本實有標抹，此本蓋刊板之時，不知宋人讀書於要處多以筆抹，不似今人之圈點，以爲無用而刪之矣！」（《四庫全書總目》《古文關鍵》提要）因此在刊製印行時，是「一圈一點，無不具載。」（《四庫全書總目》卷一八七）。除了教學之外，行文的氣脈要緊處，遣詞造句的妙處的發現，都是選文者，或評注者對自己獨具見解，爲文之秘傳，以展現後學，的一種沾沾自喜之色。因此姚鼐才會體會說：「震川閱本《史記》，于學文最爲有益，圈點啓發人意，有愈于解說者矣。」

〔註99〕《宋史》儒林〈王柏傳〉卷四三八。

　　繼之而後，明代的散文評點有，如題焦宏批點的《續文章軌範百家批詳注釋》七卷、題朱之蕃評點《批點業正文選》十二卷，題陳繼儒批點的《陳眉公先生批點明世文宗拔粹》八卷，另外，影響最大的無疑是茅坤《唐宋八大家文鈔》不僅唐宋散文範圍宏富，評點內容與形式也頗祥贍。

　　但由劉辰翁擴大評點之範疇，轉而評點其他各類文體，可以看出評點文體，已漸漸由為科考服務，進而獨立成為獨特的文學批評形態之趨勢。

第五節　選本講學——古文章法之文化傳播

　　宋、明時代講學風氣盛行，為了教學的方便、以示學生為文之道，在書籍印行中，把選集和評點這兩種文學批評的方式結合起來成為選本、印行書籍，以供教學與科考，是當時普及的、廣泛的文化傳播行為。

　　宋代是文化思潮風起雲湧的時代，理學的衝擊、文學的豐富，使得許多學者不但參與學術，更願意普及文化，選集與評點的結合，即是一種文化之普及，對於初學者起了啟蒙的作用。因為評點選本的閱讀對象，是一般大眾的讀書人，讀書人之出路與目標，即是走向科舉。因此之故，評點式選集，因應於大眾需求，不但提供了作家的作品，使讀者可以閱讀原著，而不像詩話一樣單純是批評家的感想；評點還提供了批評家的評論、圈點，這樣比一般的選本總集又多了一種借鑑。讀者在閱讀過程中，可以比較與參照。所以此種評點選本，把作者、讀者與批評家三者密切聯起來了，成為一種人們普通喜愛的通俗的批評方式。

　　本節分兩個部分討論，一是重要之評點式選本，所以影響古文章法者之介紹，二是古文章法在宋、明、清的演變，與清初莊學產生何種的文學理論之影響。

一、評點式選本之推演

（一）呂祖謙《古文關鍵》——古文法式之提出

　　最早合選本與評點方式為一，是南宋・呂祖謙〔註100〕（1137～1181）的

〔註100〕字伯恭，婺州人（今浙江金華縣）。與朱熹、張栻齊名，時有「東南三賢」之稱，其為學主「明理躬行」，論文強調平易，不立崖異。曾編《宋文鑑》一百五十卷，著有《東萊集》四十卷。另輯有《呂氏家塾增注三蘇文選》二十七卷。《宋史》，卷四三四有傳。

《古文關鍵》〔註101〕他既是理學家，又是文學家、批評家。《古文關鍵》是一古文選本，稱爲「關鍵」，在於其標舉諸家古文的命意布局之處，並在卷首冠以總論看文作文之法，示學者以門徑。

對文學理論與批評上，呂祖謙《古文關鍵》最大的成就在於：形式上，運用了文學選本的評點方式，在夾行中，旁注小批，於關鍵的字句旁邊，進行標抹，提醒閱讀者，加以重視；內容上，在書中詳細批點了文章的命意、布局、用筆、句法、字法等等，示學者以門徑，故謂之「關鍵」。尤其在理論的建構上，《古文關鍵》卷首有〈看古文要法〉，提出：總論看文字法、看韓文法、看柳文法、看歐文法、看蘇文法、看諸家文法、論作文法和論文字病八項要點，對古文的欣析和寫作，提出具體的法則。如「總論看文字法」中：

> 第一看大概主張。第二看文勢規模。第三看綱目關鍵：如何是主意首尾相應；如何是一篇鋪敍次第；如何是抑揚開合處。第四看警策句法：如何是一篇警策；如何是下句下字有力處；如何是起頭換頭佳處；如何是繳結有力處；如何是融化屈折剪截有力處；如何是實體貼題目處〔註102〕。

在「論看文字法」之後，緊接著是「論作文法」。以文集、選本「看文」，作爲閱讀、鑑賞，提高閱讀心靈視野與提昇藝術修養的，從注釋字句，標明典故，疏通文意，當作學習的起點，但是詳論文章的作法，提出爲文要訣與方法，學習了實際的寫作技巧，達到習寫「作文」，才是眞正目的所在

而《古文關鍵》的實用性強，使讀者通過「看」的功夫，領會名著的精華，再進而指導寫作，成爲最直接有效用的目的。這是一種創舉，也是文學批評與理論合一，走向實用性、利他性發展的重要轉折。《古文關鍵》雖是呂祖謙教授初學者的古文選本，但其影響卻是很大。

〔註101〕此書總二卷，書中選了唐宋古文家韓愈、柳宗元、歐陽修、曾鞏、蘇洵、蘇軾、張耒之文凡六十餘篇，據《四庫全書總目》說：「考《宋史・藝文志》，載是書作二十卷。今卷首所載看諸家文化，凡王安石、蘇轍、李廌、秦觀、晁補之諸人俱在論列，而其文無一篇錄入，似此本非其全書。然《書錄解題》所載亦只二卷。與今本卷數相合，所稱韓柳歐蘇曾諸家亦與今本家數相合，知全書實止於此。宋志荒謬，誤增一、十字也。」《古文關鍵》有兩種版本，其中一種刻本，旁有圈點勾抹之處。這和陳振孫《直齋書錄解題》所說的「標抹注釋，以教初學」相合。見吳承學《中國古代文體型態研究》廣東：中山大學出版社，2000 年 9 月，頁 384。

〔註102〕宋・呂祖謙，《古文關鍵》，臺北：鴻學出版，民國 78 年 9 月，頁 17～18。

（二）樓昉《崇古文訣》——古文法式之應用

　　直接受到《古文關鍵》影響的是，樓昉〔註103〕《崇古文訣》。〔註104〕此書原名《迂齋古文標注》，「標注」即是宋人對評點的一種稱呼。其內容較其師呂祖謙，豐富許多，劉克莊〈序〉曰：

　　　迂齋標注者一百六十有八篇，千變萬態，不主一體，逐章逐句，原其意脈，發其秘藏，尊先秦而不陋漢唐，尚歐曾而並取伊洛。可以掃《粹》、《選》而與《文鑑》並行矣。〔註105〕

可以看出他用力頗深於歷代文章之中。其評價由《皕宋樓藏書志》中可看出：

　　　迂齋樓□，文名于時，士之從其游者，一□□授，皆有師法。閒嘗採集先□□以來迄于今時之文，得一百六十有八篇，為之標注以念學者，凡其用意之精深，立言之警拔，皆探索而表章之，蓋昔人所以為文之法備矣。〔註106〕

《四庫提要》則提出：

　　　宋人多講古文，而當時選本存於今者不過三四家。……世所傳誦，惟呂祖謙《古文關鍵》，謝枋得《文章軌範》及昉此書而已。而此書篇目較備，繁簡得中，尤有裨於學者。蓋昉受業於呂祖謙，故因其師說，推闡加密，

正未可以文皆習見而忽之也。〔註107〕

　　可說對古文法式的論證上，做了一定的推擴。對當時舉子揣摩考試，參加舉業起一定作用，培養無數科舉人材。從文學批評與理論的角度來看，此

〔註103〕樓昉，號迂齋，鄞縣人，紹熙四年進士，歷官守興化軍，卒追贈直龍閣。樓昉曾受業於呂祖謙，其書當然也受到乃師的影響。《迂齋標注古文序》對生平亦稍作補充云：「迂齋樓氏名昉字昉叔，以古文倡莆東，經指授成進士名者甚眾，今大漕寶漢匠鄭公次時，亦當時升堂室者也。既刊標注十首卷〈首字疑誤〉，貽書餘曰，子莆人也，非迂齋昔所下榻設醴者乎，其為我序此書。」見劉克莊《後村大全集》，卷九六。

〔註104〕正如陳振孫，《直齋書錄解題》說：「其大略如呂氏《關鍵》，而所取自史漢以下，至於宋朝，篇目增多，發明尤精，學者便之。」

《崇古文訣》在《古文關鍵》的基礎上有所增益，與《古文關鍵》只選唐宋文章不同，它選錄了秦漢至宋代的二百多篇古文，且評語精當。在當時已頗有影響。

〔註105〕《後村大全集》，卷九六有《迂齋標注古文序》。

〔註106〕《皕宋樓藏書志》，卷一一四載宋刊本迂齋先生標注《崇古文訣》二十卷，有寶慶丙戌永嘉陳振孫序。

〔註107〕《四庫全書總目提要》，卷一百八十七。

書亦有其示範的價值。

（三）真德秀《文章正宗》——理學之古文觀

　　真德秀的《文章正宗》〔註108〕，其學繼承朱熹，是南宋理學學風之下的選本。其選文標準皆一以明義理，切實用爲著眼點，其〈自序〉批評了《昭明文選》、《唐文粹》，並自稱云：

> 故今所輯，以明義理切世用爲主。其體本乎古，其指近乎經者，然後取焉，否則辭雖工不錄。〔註109〕

全面發揮了理學家重道輕文的觀點。這樣的標準，在宋明理學的學術背景影響之下，如風行草偃般席捲至古文。《四庫全書總目提要》即云：

> 德秀者蓋道學之儒，與文章之士，各明一義，固不可得而強同也。
> 顧炎武《日知錄》亦曰：「真希元《文章正宗》所選詩一掃千古之陋，歸之正旨，然病其以理爲宗，不得詩人之趣。」〔註110〕

故《四庫全書總目》又說：

> 所論至爲平允深中其失，故德秀雖號名儒，其說亦卓然成理，而四五百年以來自講學家以外，未有尊而用之者，豈非不近人情之事，終不能強行於天下歟？然專執其法以論文，固矯枉過正！〔註111〕

以現代角度而言，《文章正宗》提供另一種標準，區分文學與理學，而對當時古文批點法的醞釀與規範時期，具有一定的意義與貢獻。

　　今日雖無法見到其書的原始評點版本，由黃宗羲《南雷文定》凡例所言：

> 文章行世，從來有批評，而無圈點，自《正宗》、《軌範》肇其端，相沿以至荊川《文編》，鹿門《大家》。一篇之中，其精神筋骨所在，點出以便讀者，非以爲優劣也。

可知真德秀的批點法，對當時分析、評點古文的形式，有一定的效用。

　　故據徐師曾《文體明辨序說》所載，真德秀批點法是，「點」：句讀小點（語絕爲句，句心爲讀）；菁華旁點（謂其言之藻麗者，字之新奇者）；字眼圈點（謂以一二字爲綱領）；「抹」：主意、要語；「撇」：轉換；「截」：節段，相較於後人

〔註108〕《文章正宗》二十卷、續集二十卷的編選爲其文學思想。此書刻於紹定五年（1232年），見《欽定四庫全書》集部八總集。
〔註109〕真德秀，《文章正宗》《四部叢刊參編》四十冊，臺灣：商務印書館，民國70年9月。
〔註110〕《四庫全書總目提要》，卷一百八十七。
〔註111〕《四庫全書總目提要》，卷一百八十七。

的評點，其圈點方式是比較簡要的一種，也看得出評點方式的進步。

《文章正宗》對文學與理學的分野，影響甚鉅，《四庫全書總目提要》云：

> 蓋分體編錄者也，《文選》而下互有得失，至宋·眞德秀《文章正宗》
> 始別出談理一派，而總集遂判兩途。然文質相扶，理無偏廢，各明
> 一義，未害同歸，惟末學循聲主持過當，使方言俚語，俱入詞章，
> 麗製鴻篇，橫遭嗤口，是則併德秀本旨失之耳！〔註112〕

《四庫全書》總集的分類，說明文理分支，仍有殊途同歸之處，但是將方言
俚語放入詞章類，仍是不夠完善。

（四）謝枋得《文章軌範》──文學之古文觀

謝枋得〔註113〕（1226～1289）是南宋末重要之評點家。其《文章軌範》
〔註114〕是南宋影響較大的古文選本。此書共七卷，原本以「王侯將相有種乎」
七字分標各卷，後坊刻易以「九重春色醉仙桃」七字。七卷分爲兩大部分，
前兩卷爲「放膽文」，後五卷爲「小心文」，各有批注圈點。謝枋得認爲：

> 凡學文，初要膽大，終要心小，由粗入細，由俗入雅，由繁入簡，
> 由豪蕩入純粹。

此書是當時爲舉業而作，故所選之文章，王守仁《重刻文章軌範·序》
說明其書旨意爲：

> 宋謝枋得氏取古文之有資於場屋者，自漢迄宋，凡六十有九篇，標
> 揭其篇、章、句、字之法，名之曰文章軌範，蓋古文之奧，不只於
> 是，是獨爲舉業者設耳。〔註115〕

〔註112〕欽定四庫全書總目卷一百八十六集部三十九總集類附云。

〔註113〕謝枋得字君直，號疊山。寶佑四年進士，曾爲考官，後以訕謗賈似道謫興國
軍。德佑初，元兵東下，枋得知信州，力戰兵敗，變姓名入建寧山中。至元
二十六年，福建行省強之北行，至京不食而死。著有《疊山集》，清人還把他
的《詩傳注疏》、《檀弓解》、《文章軌範》、《注解章泉澗泉二先生選唐詩》輯
爲《謝疊山先生評注四種合刻》。今考《唐詩品匯》，卷首「引用諸書」，中有
「廣信謝枋得君直《批唐絕句選》」。其中五絕未見引用謝疊山評語，七絕則
檢得引用疊山評語近五十則，測知謝枋得《批唐絕句》評點唐七絕。見《中
國古代文體型態研究》廣東中山大學出版社，2000年9月，頁388。

〔註114〕其書選錄了漢晉唐宋古文六十九篇。韓愈文佔三十一篇，蘇軾十二篇，柳宗
元、歐陽修各五篇，蘇洵四篇，其餘諸葛亮、陶潛、杜牧、范仲淹、王安石、
李覯、李格非、辛棄疾各有一篇。

〔註115〕見宋·謝枋得著，日·東龜年校刊《增補正文章軌範》（一）〈王陽明序〉日
本寬政三年（1791年）。

其書各卷之間，作品的排列，不是根據作家之先後或文體類別，而是依照士子學習場屋程文的進度來安排。作者的批注頗細緻，但其中《岳陽樓記》、《祭田橫文》、《上梅直講書》、《三槐堂銘》、《表忠觀碑》、《後赤壁賦》、《阿房宮賦》、《送李愿歸盤谷序》七篇，只有圈點而無批注。《四庫全書總目》認為原因是：

> 蓋偶無獨見，即不填綴以塞白，猶古人淳實之意。〔註116〕

而《前出師表》、《歸去來辭》，連圈點也沒有，似有所寓意。其門人王淵濟〈跋〉謂：「蓋丞相大義、處士清節，乃先生所深致意者也。」所謂尊崇備至，而不敢妄置一語，因此這種說法可能有理。

《文章軌範》的編選雖是以科舉為目的，但其批評圈點，對於古文之章法，辨析入微，尤對韓文之分析，更為細緻，成為後人規範。元人程端禮《讀書分年日程》卷之二提及閱讀《韓愈全集》時，特別強調「謝疊山批點」，說它「篇法、章法、句法、字法備見。」後引〈批點韓文凡例〉，又稱：「廣疊山法」，即在謝枋得標注符號的基礎上加以發展。其說明為：

> 大段意盡，黑畫截，於此玩篇法。
>
> 大段內小段，紅畫截，於此玩章法。
>
> 小段內細節目，及換易句法，黃半畫截，於此玩句法。

《文章軌範》對各家的評論特別重視「句法」和「章法」，如言卷一韓愈〈上張僕射書〉云：

> 連下五個「如此」字，句法長短錯綜，此章法也。

在文章字句中研究分析如此用心，又加上「廣疊山法」的法則的建立，推波助瀾之下，古文創作自然相當發達。〔註117〕

二、古文章法之特色

（一）文有體式

古文章法在唐宋時期，文體型態之發展，已發揮到極致，其篇章結構、起承轉合、句法字法、修辭技巧、文脈節奏等等，亦有法度可求。如唐順之所說：

> 漢以前之文，未嘗無法，而未嘗有法，法寓於無法之中，故其為法

〔註116〕《四庫全書總目提要》，卷一百八十七。

〔註117〕張伯偉〈評點溯源〉見章培恒、王靖宇主編，《中國文學評點研究論文集》，上海：古籍出版社，2002年12月，頁15。

也，密而不可窺；唐與近代之文，不能無法，而能毫厘而不失乎法，
以有法為法，故其為法也，嚴而不可犯。〔註118〕

艾南英也說：

文至宋而體備，至宋而法嚴，至宋而本末源流遂能與聖賢合。〔註119〕

如此法度的齊備與規範化，是唐宋古文主要的一面。

　　這方面古文文體特色，受到明人，尤其唐宋派之肯定與發揚；另一方面，
唐宋古文趨於規範化之同時，文體內部亦呈現混用他體之變革體式，或產生
靈活變化的小品趨勢，尤其在內容上，宋代古文較趨平易流暢，委曲婉轉，
風格上更適合於小品文的發展。尤以蘇軾諸公之隨筆，更是平易自然、貼近
生活，如行雲流水般任意揮洒。

　　以唐宋體式之豐富與變革，自是成就出明代文體章法之更加多元，而清
初在乾嘉以前，則是總結此文學特質的承接期，到姚鼐而收束於文有義法。

（二）文有義法

　　文有義法，指文章技巧是言而有序，有其方法。明初古文，或師承秦漢，
或取法唐宋。多是文以載道之作品，其內容莊重而正統。唐宋派的文章篇幅
短小，感情真切，又十分注重在生活瑣事中捕捉悠長的情韻，其小品味逐漸
濃厚。但是在藝術法度和表現手法上，唐宋派仍執意向古人學習，強調「文
不能無法」（唐順之《文編序》），而學古目的是領會和掌握古人作文之法。故
明人特別加入文評兼美之特點，著重解析文章之法。

　　如茅坤《唐宋八大家文鈔》評點八大家古文，目的也是揭示文章的法度
規矩。這個法固然有「神明之變化」，但更多是指文章的「開闔、首尾、經緯、
錯綜之法」，茅坤在《唐宋八大家文鈔》中的評語，也多是從文章的法度規矩
著眼的。故唐宋派的文章仍受傳統規範的一些束縛。

　　從明至清初，此文學型態，豐富了當時的作品，呈現了多樣的評點與各
種文類的結合，在當時文學的傳播，產生了極大的影響。

（三）由技入道

　　由技入道指「言之有物」，又能得其文心之道，指文章具有思想與內容。
文有體、文有法，是宋以來文學批評與理論建構的重要內容，但是更重要的

〔註118〕《荊川先生文集》〈董中峰侍郎文集序〉。
〔註119〕《天傭子集》〈再答夏彝仲論文書〉。

是，在形式之上，要有所謂視域融合後之洞見，提出自己能「直指本心」或「以意逆志」的方法，由技巧、方法、形式上的論述，由技入道，如庖丁解牛般無視乎全牛，而批大郤、導大窾，進入道境，故有「文心」之論。

由於宋之前，傳統的文學批評講究對於批評對象「知人論世」、「追源溯流」，其批評重點在於把握的品第，對批評對象作總體審美性衡量，卻少見對文本的具體入微的批評。

宋明清以來，古文評點、講學授業、示人科考制義蓬勃發展，對文本的語言分析和形式的批評，爲人指點創作之具體途徑，從「作文之用心」的角度來進行批評，對於作品的用詞、造句、修辭、構思和結構上的抑揚、開闔、奇正、起伏等方面的藝術技巧進行論述。發現與挖掘敘事文理的複雜章法，這種探討由詩文理論中對「法」的闡釋講求，對小說文本細部「肌理組織」的探幽發微；一層層論述，一直到探求修辭上之筆墨意趣，盡情發展美學鑑賞，其探討之創見也益加豐碩。

「文心」是明清之際古文評點之重要概念，其基本含義有二：爲文者之心（動機與目的）；文本之心（即核心之心，指文本的文學特性）〔註120〕而爲文者之心，不僅只是純粹內心，對古人而言，其思想是天地宇宙在人心中的體證。故「文心」是與天地之心、人文之心緊密相連。古文評點家自認的批評使命就是通過讀解、重新體認、探究、闡發既至廣至大又至隱至微的「文心」。文心浩茫，文心隱微，如何得見？一則見諸作品上之文字，一則見諸讀者之解釋，由於作者已死，無從說明其作之意，因此批評文本，而重現作者之文心，成爲每位解讀之批評者之使命，如何盡量客觀地重構古人爲文之體系、如何推究古人的應用的美學思想和原則，成爲闡釋古文評點者具有的重要意義。

三、文化傳播之功效

（一）閱讀視野之應用

從呂祖謙在〈看古文要法〉〈論作文法〉等文看出，南宋之古文選評，並不「文化傳播」爲歸趨，其實選評者旨在揭示範文之精華爲徑，以指導寫作爲歸。更以制義科考之場屋需爲目的做選評文章，因此《四庫全書總目·集

〔註120〕林崗，《明清之際小說評點學之研究》，北京：北京大學出版社，1999 年 11月，頁 7～8。

部提要》評曰：

> 《古文關鍵》：「取韓愈、柳宗元、歐修、曾鞏、蘇洵、蘇軾、張來
> 之文凡六十餘篇，各標舉其命意布局之處，示學者以門徑。」
>
> 《崇文古訣》：「其大略如呂氏《關鍵》，而所錄自秦漢以下，至於宋
> 朝，篇目增多，發明尤精，學者便之。」
>
> 《唐宋八大家文鈔》：「坤所選錄尚得繁簡之中，集中評語雖所見未
> 深，而亦足爲初學之門徑，一二百年以來，家弦戶誦，固亦有由矣。
> 〔註121〕

　　古文評點選本在閱讀鑑賞的基礎上，示人以寫作之門徑，金聖嘆更是借用評點之方法，應用於不同的文體，如其古文選評本《才子必讀書》云：「仆昔因兒子及甥侄輩要他做得好文字，曾將《左傳》、《國策》、《莊》、《騷》、《公》、《穀》、《史》、《漢》、韓柳三蘇等書，雜撰一百餘篇，……名曰《才子必讀書》，蓋致望讀之者之必爲才子也。」〔註122〕而在《水滸傳》評點中，金氏亦頗多揭示文法之處，但其所謂文法並非直接用以指導讀者從事小說這種文體的創作，而是用以指導閱讀視角之切入。

　　故古文章法的作文效用，由實際寫作科考，進而閱讀方法的提昇，能將此種閱讀視野，由閱讀古文進而小說，視野的寬廣，是影響莊學注疏方法之重要因素，既能夠詩文評點、古文評點，這種方法運用於《莊子》這本人人稱奇之散文曠世鉅著，解析其文章章法，不也是有助於後人解析莊子，不至進入五里雲霧中，不明所以，豈不裨益於後學之解讀與學習運用？

（二）寫作手眼之獨具

　　文本的閱讀，除了理解層次的解讀，更要掌握其技巧要領，才能進而提昇至文學美學之藝術境地，故古文評家總是以作文之法導引其看文技巧，即是看懂古人文法精妙，目的是日後能師其法，而作其文，故需有寫作學之「手

〔註121〕明・茅坤，《唐宋八大家文鈔》其集評點的體例，比呂祖謙，《古文關鍵》簡
　　　　單。有論例，總評八家文，每家集前有簡評其人其文，而每篇前亦有簡評。《四
　　　　庫提要》云：「今觀是集大抵亦爲舉業而設。以文意爲主。但沒有行文隨處批
　　　　點。所評論疏舛尤不可枚舉。」唐順之、茅坤等人是繼承宋代文人的做法，
　　　　選取前代文之可以爲法者，編集一起加以評點，刻印刊行。爲明代舉古文旗
　　　　幟之的「唐宋派」。
〔註122〕金聖嘆評，《天下才子必讀書》敦化堂藏板，臺北：書香出版社，民國67年
　　　　11月。

眼」。

　　這種寫作學的眼光與文學欣賞，仍有區格，文學欣賞需要以文本之細緻品評做為基礎，除此之外，文學欣賞尚需涉及人生體驗、審美趣味等更深層次之問題。寫作學則不同，其根本使命是示後學以門徑。因此對文本的追尋、探索，由篇、章、文、句，應襯...等層層入裡。故宋代古文家對法、句法、句子語義的連接無不傾力為之。

　　如謝枋得評韓愈〈後十九日復上宰相書〉之首段：

> 此一段連下九個「皆己」字，變化七樣句法。字有多少，句有長短，文有順逆，起伏鈍挫如層瀾驚濤怒波。讀者但見其精神，不見其重疊，此章法句法也。〔註123〕

即就其文筆訓練而言之：即所謂「手眼」獨具。有其雙眼獨具，閱讀範圍擴大，自是在文學中各種文類，進行相互的融合，此種閱讀視域的擴大與融合，由詩文、古文、小說以致史學、子學、經學之注疏，自是自然。

　　這樣一種綜合性、實用性、藝術性三者合而為一之批評，對文學批評、鑑賞文化傳播、古文修辭、古文寫作等，都發生了極大的影響。由文章修辭、文理章法、藝術美學，直達文心與天心的闡發，成就了文學中對「文」，其文本特性的理論體系，更加強文本的開放性、傳播性，不同文類可以以此方式論述，不同時代作品亦可如此解構，體現了以文本為中心的多方面批評的風格，選本講學，古文章法之文化傳播成為多元且開放的環境，不但對「文」能深入探求，又對「事」加以縱橫議論，更能超越古今宇宙，與古人相契合，清初「以文解莊」自是自然又必然之產物了。

〔註123〕見《文章軌範》，第一卷〈放膽文〉。

第四章 《莊子因》以讀者角度對《莊子》之詮釋

　　本章節是在《莊子》之讀者角度下，提出清初林雲銘這位後世的讀者，在何種背景與動機之下詮釋《莊子》，寫下《莊子因》，並說明林雲銘如何以評點符號、讀者閱讀視角的方法，帶領後世讀者去閱讀《莊子》，理解《莊子》。

第一節　作者林雲銘之生平與著述

一、林雲銘之生平

　　林雲銘（1627～？），字西仲，別號漚浮隱者，損齋居士，福建‧侯官人。生於明末熹宗天啓七年，卒年不知，由最後著作《楚辭燈》於七十歲完成，是康熙三十六年（1697 年），卒年不知。〔註1〕

（一）少年書癡

　　根據侯官地方志的記載，鄭樵《通志》〈氏族略〉上曾說，林以字爲氏，在晉永嘉年間，由林祿擔任晉安郡守，於是林氏家族成立。歷代林氏遷往閩地的重要人物爲：東晉時期，黃門侍郎林潁，由西河遷至閩地；唐諫議大夫林希旦，由濟南遷至閩地；明代光啓初年，林穆跟隨王氏來閩。其中宋‧林文茂官至惠州別駕遷閩並鈐轄閩地；又有林誠以河南人身分做到提刑福建，在閩地建立家族，傳了二十餘代；明‧贛州林聰隱居於閩；清朝初年，福清

〔註1〕以下凡提及林雲銘者，一以「西仲」稱呼。

人林存素亦由縣遷至省,傳了八九世。由上所述得知,林氏在福建‧侯官是大姓人家。〔註2〕

西仲家族在當地,是仕紳之族。在西仲〈重修族譜序〉中,曾言:「吾家譜牒至司空公已五修矣!余先大父義助成書。崇禎癸酉(1633)年復經續補一次,計歷今又四十稔矣!」由此知其父曾支援族人重修族譜成書,而在癸丑(1673)春,又與族人商榷捐貲,將原刻本重鐫,並增入新丁。書成並請西仲為序,可以想見西仲家族在當地有較高的地位及影響力。根據西仲自己的描述,年少的他是:

> 余少好矜勝,讀書務博,凡經子史而外及道釋二氏。星數卜筮雜學,
> 無不涉獵粗知,人多詘焉,遂益自負。以為天下事惟吾意所欲為耳。
> 〔註3〕

是博學多聞且自視甚高之人。他的朋友對年少的他,如馬如龍〈吳山鷇音‧序〉云:「林西仲先生閩之異人也,而其文亦異文也,淳靜直介,軼然塵壚之表。」仇兆鰲《吳山鷇音‧序》言:「少稟殊質續學嗜文,登戊戌進士。」從西仲在壬戌年所寫《古文析義‧序》中,可以看出他讀書的一份癡狂。他說:

> 余自束髮受書,即嗜古文詞,時塾師亦僅取坊本訓詁口授,然余終
> 疑古文必不如是作,在後人亦必不應如是讀也。比長偶取一二篇,
> 逐句逐字,分析揣摩,反覆涵泳,遂覺古人當年落筆神情,呼之欲
> 出,狂喜竟日,而後知靖節所謂「開卷有得」,便欣然忘食,是會心
> 實歷語,則不求甚解者,正所以深於解矣。

如此一份求真知的熱情,的確讓人感動。但年少時節,正逢國家興革之際,當時多少學者以身為明遺民,與清廷對峙,西仲顯然不願如此,他仍希望所學能有所用,認為用世可以得行其志。

(二)為官兩難

西仲因飽學詩書、道、釋、星象之學,難免矜勝自負,若不為世所用,實在可惜,為了得行其志,就智效一官,捨鵬飛而從鷃笑,後登戊戌進士。

〔註2〕 見《福建侯官縣鄉土志》中國方志叢書,華南地方第227號,〈版籍略〉三,氏族,大姓,林。據清‧鄭祖庚纂修,清代刊本影印,臺北:成文出版有限公司印行。

〔註3〕 《挹奎樓選稿》,卷六〈損齋記〉,清康熙三十五年陳一夔刻本,《四庫全書存目叢書》集230,臺南:莊嚴文化事業有限公司,1997年6月初版,集230-83、84。

此時年三十一歲，官徽州府通判，職新安〔註4〕司理，為政時寫下〈徽州南米改折議〉、〈歙縣絲絹改折議〉、〈禁投匿議〉、〈禁輕生議〉…等文，可知對於民生之事，是戮力為之。

　　西仲做官之後，才明白為官之不易，也曾發下豪語：「以為天下事惟吾意所欲為耳。」逮既壯而仕，常慨然自許曰：「不侮鰥寡，不畏強禦，為人不當如是耶！」〔註5〕但是畢竟不易面面俱到，因此他在癸卯年《莊子因·序》中云：

> 戊子以來，歷今十有六載，其間天損人益之洊加，俾畏人之鶵鵡，
> 難以自遂，不得不智效一官，舍鵬飛而從鷃笑，自是以後為樊雄、
> 為廟犧、為雕陵異鵲，求其俯仰，而不得罪於人，此其難者。故有
> 甚憂兩陷，螻蟻不得成，陰陽之食人，與金木之訊者等。〔註6〕

一個只知在書中求得真義之人，哪知世事險惡，人心之異，各如其面，為官期間數次遭人陷害，有「及數年以來，一困於同寮之蔽獄，再困於奸人之伏闕，三困於墨吏之尋仇，而此日之雄心盡矣！」〔註7〕所以在莊騷中覓得知音，故在《楚辭燈·序》寫下：

> 余少癡妄，不達時宜，私謂用世可以得行其志，及筮仕後，所見所
> 聞，皆非素習，以故動罹譴訶，每當讀騷，輒廢書痛哭，失聲什地，
> 因取蒙莊，齊得喪忘是非之旨，以抑哀憤。〔註8〕

在徽州歙縣任職，卻三次遭人陷害，失望之餘，退官歸隱建溪別墅〔註9〕（康熙六年1667），結廬治圃。這種為官遭陷之挫折，讓他真正體悟《莊子》、《離騷》之真正有志不得行的苦楚，做官徽州通判五年後，已看盡官場種種，因此他開始注莊，就在三十六歲那一年，寫下《莊子因》六卷（1663）以寄予個人情懷心志，其後於康熙丁未六年（1669年）著有《損齋焚餘》十卷（未見），這時西仲已四十二歲。

〔註4〕　新安，歙州，即今安徽省歙縣。
〔註5〕　〈損齋記〉見《把奎樓選稿》，卷六，集230-83、84。
〔註6〕　見《把奎樓選稿》福建省圖書館藏清康熙三十五年陳一夔刻本，四庫全書存目叢編，集部230，集230-17。
〔註7〕　〈損齋記〉見《把奎樓選稿》，卷六，集230-83、84。
〔註8〕　《楚辭燈·序》遼寧大學圖書館藏清康熙三十六年把奎樓刻本，四庫全書存目叢書，集部二，臺南：莊嚴文化公司，1997年6月初版。集2～157。
〔註9〕　建溪，源出福建省埔城縣北仙霞嶺，曰南浦溪，南流至崇安縣東北，納崇溪，折東南經建陽縣，亦曰建陽溪。

（三）閩變坐繫

　　康熙甲寅十三年（1674 年），是林雲銘生命中最大的危難，是年西仲四十七歲，隱居建溪，但福建當時有耿精忠叛變，是爲「閩變」，當時「雲銘方家居抗不從賊，被囚十八月會。」〔註10〕這是在康熙十四年二月，西仲遭奸人所害，被捉進監牢，坐繫十八個月，至康熙丙辰十五年九月才被釋放出來〔註11〕。當時的情形，他在《吳山鷇音》〔註12〕〈自序〉中說得很詳盡：

> 不數年又值閩變坐。乙卯二月，余夢余頭自落几上，已而飛去。至丙辰八月晦夜，夢頭復歸。次年九月，王師至得釋，戊午遊新安，有廻龍寺僧言，余塑有小像在寺，彼時頭亦自墮。失去踰年，方得之鼠穴中，用漆黏合，宛有頸瘕。可驗詢其斷。續年月與余所夢，髮鬚相符。雖當年逆藩生殺之機，與余精神之感，物類之應，或有涉於怪幻，不可臆解。大抵失頭爲余當死之期，得頭爲余再生之日。此其理之易見者也，入杭以來，皆再生之歲月。

這段生死感應篇，寫他作夢頭落下而飛去，第二年頭又復歸，與他放在新安的塑像斷掉，竟然同時，找到後復黏合，猶如頭斷之跡，這段夢境與塑像失頭，皆與他關在獄中的時間相近，因此他以「失頭爲余當死之期，得頭爲余再生之日」。西仲在對世事失望之下，離開建溪，前往杭州，尋找心中的樂土。當時他寫了一首〈醉時歌〉下題：丙辰九月十九日余方出獄，很能寫出當時之心情：

> 天地如大倉，推易滯穀無停藏；四時如大癰，寒盡熱來更煎灼。人生短景如蜉蝣，千古能知幾度秋；世傳神仙盡死漢，海外誰見眞瀛州。仰視浮雲奄忽改，飛光頃刻不相待；我去年少曾幾時，少年時人無復在。壯心未已嘯復歌，短髮如絲奈老何；追憶生平得喪事，悠悠夢幻任蹉跎。此後餘年安可冀，放懷未得空顑頷；且向天上寄却愁，白眼銜杯期長醉。時事於我何有哉？接羅倒著迷山隈；安能世外尋樂土，荷鍤勿憂無處埋。〔註13〕

〔註10〕見《四庫全書總目・挹奎樓文集十二卷》提要，福建省圖書館藏清康熙三十五年陳一夔刻本，四庫全書存目叢編，集部230，集230-191。

〔註11〕見〈王陽明全集・序〉《挹奎樓選稿》，卷二，福建省圖書館藏清康熙三十五年陳一夔刻本，四庫全書存目叢編，集部230，集230-21。

〔註12〕清・林雲銘，《吳山鷇音》八卷，北京圖書館藏清康熙刻本，《四庫全書存目叢書》補編第三冊，濟南：齊魯書社出版。

〔註13〕《挹奎樓選稿》，卷十二，集230-175。

由人間最大的生死劫難走出，只求一心中樂土、桃花源地，得一悠閒安適的生活，是西仲此時最大的希望，其詩感喟：

> 誰人不道故鄉妍，輕棄闔家獨自憐。鼓浪鯨鯢橫海曲，潛形魑魅伺山巔。蛇方剔膽悲呈腹，鳥既傷分怯聽弦。暫把西湖謀寄跡，休言丘首計歸年。〔註14〕

揮別過去痛楚的回憶，全家遷至杭州，此時他已五十一歲（康熙戊午十七年），其幼子林沉才八歲，深深感嘆自己「讀書不適於用，入世不合於宜」〔註15〕，希冀「碧水蒐裘何足戀，他鄉樂處共餔糜」，〔註16〕求得生命中安身立命、頤養天年的桃花源地。

（四）遯跡西湖

西仲至杭州應是人生最寧靜的時期，他歷經世間人心險惡的陷害、對官宦之路亦飽受兩難之苦、連隱居建溪結廬治圃，亦飛來橫禍，差點命喪黃泉，因此到歸隱武林〔註17〕（杭州）、西湖、三山〔註18〕、吳山〔註19〕一帶，閉門著書，走走書肆，寫書出書，自言「嗣余遯跡西湖、浮沉市肆」，〔註20〕其友王晫云其生活曰：「杜門著書，不與外事」，尤侗亦云「流寓武林，客舍蕭然，終日兀兀以著書為事。」馬如龍覺得西仲是寄情於書：「入官而不達，歸隱建溪，見縶於賊，斧鑽臨而不屈。今為虎林寓公，閉門卻掃，惟以著述寄其感慨之懷。」（見《吳山戲音》〈前序〉）可以看出休養生息，以書為伴，是剛去杭州時的情形。故於〈王陽明全集‧序〉云：

> 遯跡建溪七年，不復作出處想，耿逆變亂後，幽囚十有八月，就戮者三，不復作生死想。泊挈眷武林，扃戶讀書，四壁蕭然，不復作饑飽寒煖想。但此心當湛然廓然之頃。〔註21〕

〔註14〕〈遣使移眷寓杭〉《挹奎樓選稿》，卷十二，集 230-180。
〔註15〕見〈丁巳小像自贊〉（1677）其後一年撰〈戊午小像自贊〉（1678）題下云：「科頭跣足之像，是年余出闈矣！」《挹奎樓選稿》，卷五，集 230-78。
〔註16〕〈寄示內子攜家入杭〉《挹奎樓選稿》，卷十二，集 230-175。
〔註17〕武林，又名虎林，又名祖山，山名，今已夷為平地，在浙江杭州市西武林門內。
〔註18〕三山：古謂海上三神山也。南京市西南有山名三山，位于長江南岸。
〔註19〕吳山，浙江省杭州市，春秋時為吳南界，故名吳山。西仲以南京一代為其隱居之所，其因可能是該地環境幽靜，且文化出版豐富之故。
〔註20〕〈天經或問後集序〉《挹奎樓選稿》，卷二。
〔註21〕見〈王陽明全集序〉《挹奎樓選稿》，卷二，福建省圖書館藏清康熙三十五年陳一夔刻本，四庫全書存目叢編，集部 230，集 230-21。

而後又與來往杭州的文人相互往來，交盡當世奇士，寫下《吳山鷇音》，書前十篇序文，就有尤侗、馬如龍、洪圖光、毛際可、毛先舒、王晫、陸寅、吳陳琰、釋道霈、璐鹿菴諸人，在《挹奎樓選稿》中，亦有與許多篇與當時文人雅士、釋家僧眾，書信往返詩文酬唱的部份，如〈復仇滄柱（兆鰲）〉、〈復毛稚黃（際可）〉、〈與沈窚菴〉、〈五答鄭羽人〉、〈與浪亭和尚〉、〈再報爲霖和尚〉等。

仇兆鰲言西仲當時情形是：「日與四方名士，往來唱和，一時藝壇，鼓吹重振西陵，不可謂非晉安之方。」此時西仲度過一個經濟拮据，但精神生活卻天清開闊之日子。回首前塵，有太多的人生如夢之感，人生許多的榮耀，如今看來是：

> 庸夫愚婦耳目以爲一時之榮者也，然自有道德者視之，不過如癭瘤之車，腐鼠之嚇，奚蟲之鸑鸑，睡龍之珠。〔註22〕

如今他人生唯一想做的事，也只有海內存知己，天涯若比鄰的快樂，因此在年已六十的康熙丁卯年《古文析義二編・序》寫下：

> 余性惷愚，不適於用，舉世人汲汲，若將弗及之事，悉無所嗜。惟恒設一虛，願以爲人生斯世不可不讀盡古人奇文，交盡當世奇士，入杭以來，凡海內文章名宿，命屐西湖者，率不予棄，余雅不談世務，每促郟間，未嘗不取古人奇文，相與剖析辯難，以爲歡笑。此外則扃戶呻吟，焚膏戊夜，非不知吾生有涯，充棟汗牛勢不能盡。然必欲求盡以終老焉，如精衛填海、夸父逐日、各行其意，亦不自解，其所以然也。〔註23〕

這個時期他的許多重要著作陸續再版或出書，如《古文析義》前後編、《吳山鷇音》、《增註莊子因》再版、《韓文起十卷附韓文公年譜一卷》、《挹奎樓選稿》、《楚辭燈》等一一完成。

西仲一向以「眞」當做處世之原則，在一篇〈示婿鄭官五〉文中云：

> 吾輩立身行己，件件是眞。但能於苦樂得喪關頭，曉得是戲場中悲歡離合，便占了許多便宜去矣！此亦須到鑼鈸收歇時，方知打算也。

〔註22〕〈賀武平衛邑令左遷序〉康熙丙寅（1686）西仲五十九歲《挹奎樓選稿》，卷二，集 230-26。

〔註23〕《挹奎樓選稿》，卷六〈損齋記〉，清康熙三十五年陳一夒刻本，《四庫全書存目叢書》集 230，臺南：莊嚴文化事業有限公司，1997 年 6 月初版，集230-16。

〔註24〕
但是他一直覺得知音難覓《楚辭燈・自序》云：

余雖乏騷才，然老憊異域，貧窶不能自存，且以四海之大，無一人
能知余之為人者。〔註25〕

他以自己的學識來評註古人之書，應猶如畫家畫出真面目般解讀《莊子》、《離
騷》，期在與莊子、屈原之對話中，交會出智慧的火花。

　　學術上孜孜矻矻的努力，未獲得肯定，畢竟是孤單寂寞的，尤其老年孤
獨，生活蹇促，仇兆鰲寫《挹奎樓選稿・序》時，言西仲一生有奇窮：「甲寅
閩逆起，家罹兵燹，坐繫獄中十八月」是「一窮」也，抵杭州時，營書舍典
墳，與四方名士往來唱和，一時藝壇往來，似乎際遇不錯，但甲戌（1694）
年，西仲六十七歲時，「嘉平祝融熾熾」家中一切又遭祝融，是「再窮」也，
其實際遇不佳，生活困頓，精神生活圓滿，亦不覺困苦，但唯一的精神食糧
赴之一炬，生活家當財物全毀，真可謂「奇窮」矣，因此仇兆鰲云：

平時尚友古人，不以貧窶介意，獨是著書等身，泲經烈燄，舉一切
鏤肝琢腎，覃思研慮之文，隻字不留人間，則遭際奇窮，抑又古今
所罕覯矣！〔註26〕

　　而乙亥（1695）年見之，西仲六十八歲，已「意意如故，而僂蹇淪落，
播遷顛躓之狀，多人世所不堪者。」〔註27〕西仲以年邁之軀，歷經世所不堪，
愀然央求兆鰲曰：

吾生平精力，盡在詩文，今神氣日衰，流光不待，昔年斷簡殘編，
掇拾於□〔註28〕塵灰爐之餘者，子能為我進退甲乙，俾苦心不沒於
天壤，從此亦可無憾矣！〔註29〕

讀之心中為之酸楚。其後仇兆鰲將《損齋焚餘》十卷、《吳山戢音》八卷，加
上新篇之作，嚴加汰選，完成《挹奎樓選稿》十二卷。

　　尤其在西仲五十五歲時，其妻蔡捷（步仙）過世；五十六歲時，二女芳
佩（杜若），適堉錢唐學生翁必蕃（淵若），二女在北京死亡；五十七歲時，

〔註24〕《挹奎樓選稿・序》，卷九，集230-134。
〔註25〕《楚辭燈・序》集2～157。
〔註26〕《挹奎樓選稿・序》集230-2。
〔註27〕《挹奎樓選稿・序》集230-2。
〔註28〕此字其版本看不清楚。
〔註29〕《挹奎樓選稿・序》集230-2。

副室連氏亦亡。長女瑛佩（懸藜）適於閩地，所適爲西仲之學生鄭郊（官五）；此時身邊唯有稚子，及未嫁之季女，〔註30〕其心境從他寫了許多哀悼亡室的作品中，如〈滿江紅〉五首、〈蒿里〉等，寫自己的際遇是「如今已白髮盈頭，僅留無用癡骨」〔註31〕可見得其晚景孤獨。惟其子林沅（芷之），在他寫《楚辭燈》時爲他校正，在晚年時尙有親人在旁，足堪安慰。

西仲書讀得多，文章寫得也多，但《四庫全書總目・挹奎樓文集十二卷》提要中認爲：

> 王師破閩始得釋，其志操有足多者。然學問則頗爲弇陋，所評註選刻，大抵用時藝之法，不能得古文之源本。故集中諸文，亦皆不入格云。〔註32〕

《四庫全書總目・楚辭燈四卷》提要，言其著書未能深造，譏稱「書癡」：

> 國朝林雲銘撰。雲銘字西仲，侯官人，順治戊戌進士，官徽州府通判，王晫〈今世說〉稱：「雲銘少嗜學，每探索精思，竟日不食。暑月家僮，具湯請浴，或和衣入盆。里人皆呼爲書癡。然觀所註諸書，實未能深造，是編取楚辭之文，逐句詮釋。又每篇爲總論詞旨，淺近蓋鄉塾課蒙之本。江寧・朱冀嘗作《離騷辨》二卷攻雲銘之說甚力，然二人均以時文之法解古書，亦同浴而譏裸裎也。〔註33〕

這種評曰「同浴而譏裸裎」，評價是頗差的，如同《莊子因》在《四庫提要》中是附於西逸《口義》之下，並以時文八比法譏之，是如出一轍的。

西仲的一生，在經歷人事的挫折後，幾乎完全奉獻在著書的學術生涯中。仇兆鰲在《挹奎樓選稿・序》所言，可作他一生的定論：

> 先生於經史無不淹貫，又探奇於莊屈，取法於史漢，摹神於唐宋大家。宜其才雄力厚，品格高古，而姿韻悠揚，不愧當代作者。

向非數十年間，迫之以患難坎坷，鍊之以窮愁抑鬱，恐有盡年。華銷磨於仕宦，經營人情酬酢之內，亦安能激昂感慨，一吐胸中之奇，而達觀任化，超然與造物者遊哉！

〔註30〕由《古文析義合編》，卷下所載：婿仁和葉世宸（殷紫）、男沅（芷之）仝校知，西仲《古文析義合編》完成時（年六十歲），季女已適葉氏。臺北：廣文書局，民國90年10月九版，頁367。

〔註31〕〈萬年歡〉《挹奎樓選稿》，卷十二，集230-190。

〔註32〕《四庫全書總目・挹奎樓十四卷》提要，集230-191。

〔註33〕《四庫全書總目・楚辭燈四卷》提要，集2～241。

文必窮而後工，正天之篤於造就才人也！別有《莊子因》、《韓文起》、《古文析義》行世，領異標新，每闢前人所未及。故薄海內外，咸奉爲準繩。其所以開後學津梁者，又豈在左史韓蘇下！〔註34〕

這樣的評語，對西仲而言，應是至當的。今西仲文章、著作，都收錄於《四庫全書》中，且《古文析義》、《莊子因》至今仍爲人所一再引用，尤其此種以文章章法討論經典，影響到日本江戶後期古文辭學派，作爲一種解經的方法學，使他流芳域外，名留千古。〔註35〕

二、林雲銘之著述簡介

西仲一生重要著作有八本，有三單篇散見其他輯冊中，整理成表格如下：

表五：林雲銘著述表

	著　　書	緣　由　、　內　容	書　籍　情　形
1	《莊子因》六卷（1663；36歲）《增註莊子因》〔註36〕六卷（1688；61歲）	1. 康熙癸卯二年（1663）作，貯於建溪別墅（福建・浦城），西仲三十六歲。《莊子因》第一版。 2. 由於耿精忠寅卯閩變（康熙甲寅十三年1674）林氏遭牢獄之災，《莊子因》賴有鋟板，故康熙戊辰二十七年（1688），于西湖再版，西仲六十一歲。	1. 《增註莊子因》臺北：廣文書局，民國57・1，初版。 2. 《增註莊子因》乾隆白雲精舍刊本。臺北：藝文印書館影印《無求備齋莊子集成初編》第18冊，民國61年。 3. 和刻本《補義莊子因》、《標註補義莊子因》《京都大學人文科學研究所漢籍目錄》，〔註37〕《靜嘉堂文庫漢籍分類目錄》〔註38〕有載。《標註補義莊子因》六卷，日本秦鼎補義・日

〔註34〕《挹奎樓選稿・序》集230-2。

〔註35〕林雲銘簡要年譜，見於本論文附表：附錄一。

〔註36〕《莊子因》傳至今日，由於第一版未見，以目錄資料作整理之後，因涉及《莊子因》一書之傳沿，及和刻本之增補，只得分述於第四章第二節及第七章第三節，統整如下：

《莊子因》（《增註莊子因》）　→傳入日本→　源暉辰《校訂增註莊子因》　秦鼎《補義莊子因》　東條保《標註補義莊子因》　→今日所見→　藝文書局《增註莊子因》　廣文書局《增註莊子因》　秦鼎・東條保《標註莊子因》

〔註37〕《京都大學人文科學研究所漢籍目錄》日：株式會社同朋舍出版，昭和56年12月10日發行，頁317。

〔註38〕見《靜嘉堂文庫漢籍分類目錄》日・明治23年刊，臺北：大立出版社，1980年，頁609

			本東條保標注，明治 23 年大阪松村九兵衛等刊本。臺北：蘭臺出版，民國 74 年。
2	《損齋焚餘》十卷（1667：46 歲）	退居建溪，結廬治圃（1667）七年以來之作品。	（未見）。
3	《古文析義》（1682：55 歲）《古文析義》前後編（1687：60 歲）	1. 康熙壬戌二十一年（1682）初版。 2. 康熙戊辰二十七年（1687）將《古文析義》前後編再版。 3. 康熙壬戌二十一年（1682）之〈序〉；康熙丁卯二十六年（1687）·之〈編序〉見《挹奎樓選稿》卷二 4. 上記：晉安林雲銘西仲評註。壻受業鄭郊官五、壻錢塘·翁必遶淵若、男·沅芷同校。《二編》記：壻仁和葉世宸殿紫、男沅芷之仝校。	1. 《古文析義》十四卷，嘉慶六年重刊本。 2. 《古文析義》十六卷，三讓堂刊本，見《京都大學人文科學研究所漢籍目錄》，同朋舍出版，頁 1365 下 3. 《古文析義》六卷《古文析義二編》八卷，臺北：廣文書局，民國 78 年初版，民國 90 年 10 月九版。廣文書局版有〈凡例〉十七則、〈目次〉
4	《吳山鷇音》八卷（1684：57 歲）	1. 康熙甲子二十三年（1684）出版于西冷。 2. 內容：卷一～三：序，卷四：題辭，卷五：贊、說、祭文、墓誌銘，卷六：書，卷七：書傳，卷八：記、賦、詩、詩餘 3. 前面〈序〉共十人 1. 尤侗 2. 馬如龍 3. 洪圖光 4. 毛際可 5. 毛先舒 6. 王晫 7. 陸寅 8. 吳陳琰 9. 釋道需（題詞） 10. 璐鹿菴及自序（康熙甲子，于西冷）。	1. 《京都大學人文科學研究所漢籍目錄》，同朋舍出版，頁 630 下，記《吳山鷇音》一卷，集于《百名家詞鈔初集》六十家，昭和五十六年十二月十日發行，株式會社同朋舍出版。 2. 北京圖書館藏，清康熙刻本，見《四庫全書存目叢書》補編·第 3 冊，濟南：齊魯書社出版，2001。
5	《韓文起十卷附韓文公年譜一卷》（1693：66 歲）《韓文公年譜》	〈韓文起序〉見《挹奎樓選稿》卷二，康熙癸酉三十二年（1693）。	1. 日本秦鼎等校，文政六年尾張書林·永樂展東西郎等刊本。見《京都大學人文科學研究所漢籍目錄》同朋舍出版，頁 484 上。 2. 《韓文公年譜》北京圖書館出版社，《北京圖書館藏珍本年譜叢刊》11 冊，1998 年。

6	《挹奎樓選稿》十二卷（1696；69歲）	1. 康熙丙子三十五年（1696）出版。 2. 前有：仇兆鰲〈序〉及〈自序〉 3. 上記：晉安林雲銘西仲著，甬上仇兆鰲滄柱選，同里陳一夔瀨水訂	福建省圖書館藏，清・康熙三十五年陳一夔刻本，見《四庫全書存目叢書》集部・別集類・230冊，臺南：莊嚴文化事業有限公司，1997年6月初版
7	《楚辭燈四卷附楚懷襄二王在位事蹟考一卷》（1697；70歲）《晉安林西仲先生楚辭燈》	1. 康熙丁丑三十六年（1697），孟春望日晉安林雲銘西仲氏題於西冷挹奎樓。 2. 上記：晉安林雲銘西仲論述，男沉芷之較。 3. 前有〈序〉、〈凡例〉、〈目次〉	1. 《晉安林西仲先生楚辭燈》東京：青木嵩山堂，據千百年眼河內堂版影印 2. 《楚辭燈四卷附楚懷襄二王在位事蹟考一卷》遼寧大學圖書館藏，清康熙三十六年挹奎樓刻本，見《四庫全書存目叢書》集部・楚辭類，二，臺南：莊嚴文化事業有限公司，1997年6月初版。 3. 《楚辭燈》臺北：廣文書局，民國60年。據清・康熙36（丁丑）年（1697）刊本影印民國52年初版。
8	《陳龍川文粹》四卷		1. 清・林雲銘撰；佐藤一齋（1772～1859）校訂。東京：青木嵩山堂，據浪華嵩山堂版影印。
單篇	1.〈讀莊子法〉一卷 2.〈遊雨花台記〉一卷	1-1 清康熙36年（1697）刊本，《昭代叢書》甲集・第三帙・射・3。 1-2 清道光十三年（1833）道光中吳江沈氏世楷堂刊本有補鈔。清・張漸、張潮輯，清・楊復吉、沈楙悳（德）續輯。《昭代叢書》甲集第三帙，射・2。 見《京都大學人文科學研究所漢籍目錄》頁803下。 2-1 小方壺齋輿地叢鈔十二帙，清・王錫祺輯。 2-2 光緒中，上海著易堂排印本，南清河王氏所輯書之一。見《京都大學人文科學研究所漢籍目錄》頁234。	1-1 臺北：新文豐出版，民國78年（1989），據昭代叢書本排印。《叢書集成》續編・哲學類，第38冊。 1-2 上海：上海書店1994，據昭代叢書影印，《叢書集成》續編，子部・76。 2-1 上海：中華書局，民國13年（1924）《古今遊記叢鈔》・4。

		2-3 見《挹奎樓選稿》卷六。	
		2-4 光緒丁丑（三）年（1877）至丁酉（十三）年（1897），上海著易堂排印本，《小方壺齋輿地叢鈔》第 30 冊。	
3.	〈林四娘記〉一卷	3-1 《舊小說》清・吳曾祺輯・己集。	3-1 上海：商務印書館，民國 3 年。《舊小說》己集・清・1。
		3-2 見《京都大學人文科學研究所漢籍目錄》頁 1054 下。	
		3-3 見《挹奎樓選稿》卷六。	
		3-4 見《吳山覈音》卷八。	

　　由上述整理得知，林雲銘一生都有持續不斷的著述，而且在當時《莊子因》出，而諸注悉廢，注者惟有林西仲可觀，能用之於制義八股，能爲初學者示義，頗多簡便，當時頗受學子重視。清朝乾嘉之後，學風轉向實學，鄙棄八股制文，因此其論述未受重視，惟《古文析義》、《莊子因》尚有行世，並傳至日本，受到日本漢學之重視，《莊子因》在日本江戶後期及明治年間，大量被學者標註、引用，此於第七章部分作詳敘。

第二節　《莊子因》一書之寫作動機與傳沿

一、《莊子因》之寫作動機

　　《莊子因》由於出版兩次，今版已無初版之序，乃造成後世對其書名不明所以，產生許多誤解與誤讀，殊爲可惜。〔註 39〕茲以《莊子因》之序文及西仲在《楚辭燈》及《古文析義》談到寫作動機部份，一併說明之。

（一）西仲解莊之心路歷程

　　西仲性格矜勝，讀書求博，自視甚高，一直以用世行志爲目標，認爲只

〔註39〕婁世麗，《莊子「兩行」觀》〈莊子「因」字義理試詮〉中云：「雖然有林雲銘爲《莊子》作註，命其書名爲《莊子因》不過並未明確指出其命名之由，只是在〈齊物論〉『照之於天，亦因是也』句下提到『因是兩字，是齊物論本旨，通篇俱發此義』」台南：漢風出版社，2002 年 11 月。此論文詳述「因」的來龍去脈，非常詳盡。筆者另補充〈莊子總論〉中有言「此又內七篇相因之理也。」及〈莊子雜說〉「有因一言而連類他及者」。西仲的「因」，是包括篇章結構及莊子義理之詮釋，亦有自己解莊的理念。

要是「吾意所欲爲」，則「不侮鰥寡，不畏強禦」，〔註40〕天下無不可爲之事。戊戌中進士（三十一歲），終於可以智效一官，才發現爲官不易之處，於是嘆曰：

> 及數年以來，一困於同寮之蔽獄，再困於奸人之伏闕，三困墨於吏
> 之尋仇，而此日之雄心盡矣！〔註41〕

這時深深體會，自己個性懍愚，不適於用，〈楚辭燈・序〉道出其讀莊屈之緣由：

> 及筮仕後，所見所聞，皆非素習，以故動罹譴訶，每當讀騷，輒廢書
> 痛哭，失聲什地，因取蒙莊，齊得喪忘是非之旨，以抑哀憤。〔註42〕

原來仕宦之路如此艱險，求俯仰於天又不失於人，是何其困難，身處上下交相罪之境，又是何其不堪！

　　其實西仲出生爲晚明時期，明・熹宗天啓七年（1627），因此清兵入關，滿清建國　六四四年，他正是十八歲青少年時期，多少人投筆從戎，或遠走他鄉，隱居閉關，少壯如西仲者，何以埋首書堆，視若無睹，若非不是無愛國之心，就是另有所寄，希望藉求學以爲官，希冀藉爲官以報國，「以爲天下事，惟吾意所欲爲耳。」〔註43〕豈知一心向滿清，一心求學問，卻在官場上輒遇小人、又經闖變，幾次都幾乎要被處決而身首異處；在學術的道路上，亦是幾經坎坷，書籍被賊人所毀、被祝融所焚。失意、失望之餘，在莊、騷中覓得知音，可以得「齊得喪忘是非之旨，以抑哀憤」。於是開始注莊，就在三十六歲那一年，寫下《莊子因》六卷（1663）以寄予個人情懷心志。

（二）注莊之目的與解莊方法技巧的突破

　　每一位學者，不論創作或註解前人注疏，恐怕都有一個前題，就是對前人的作品不甚滿意，作者以現在的理解、比前代古人有更多的方法與技巧，一定能重新詮釋，作更有效的理論建構，以西仲而言，他擁有解讀時文的《古文析義》的能力，又在前人的註解中，看不到全面又有系統的論述，因此想要運用他的學養、理解，重新解讀莊子，自是必然。因此在方法技巧上他提出：

〔註40〕〈損齋記〉見《挹奎樓選稿》，卷六，集 230-83、84。
〔註41〕〈損齋記〉見《挹奎樓選稿》，卷六，集 230-83、84。
〔註42〕《楚辭燈・序》集 2～157。
〔註43〕《挹奎樓選稿》，卷六〈損齋記〉，清康熙三十五年陳一夔刻本，《四庫全書存
　　　　目叢書》集 230，臺南：莊嚴文化事業有限公司，1997 年 6 月初版，集 230-83、
　　　　84。

1. 改進前人筌蹄之解

西仲在寫《莊子因》時，深深感到從郭象解莊以來，談莊之人亦不遑多讓，但他總覺得是言人人殊，各說各的話，各談各的調，人人手中一把號，吹亂了莊子本意，擾亂了和諧的虛己遊世之修養，更在福禍相倚、風雨寒暑的人生挫折中，無法以其莊子的註解，浸入內在的靈台，徒然只是修正外物之義，求道者怎能只求區區言詮之筌蹄義，作「同聲相應」或「同氣相召」的魯遽之瑟呢？讀莊、治莊其真正目的是：求得得意而忘言者也。故西仲言：

> 夫虛己遊世，人莫能害，而流遁決絕，爲大道所不出。則今日之余，
> 禍福淳淳，相與爲風雨寒暑之序，舉不足以滑成，斯其所得於莊者，
> 固不在區區筌蹄間也。但大道日漓，去古漸遠，譚莊之家，自郭子
> 玄（玄）以後，言人人殊，究爲魯遽之瑟，無關異同，使人徒受其
> 嚚闍，適得恠焉！〔註44〕

要得其意，雖不在訓詁註解而已，但是一味的說心性之理，亦落入空泛之野禪狐罷了，如何切實的掌握文本，清楚字句之間關係、脈絡，真正做到以莊子解讀莊子的目的，再解讀作者之意旨，將篇中眼目所注，精神所匯者之深層意義，由表層「句讀」、「段落」，進入「大旨」、「精神」，使其一一清楚呈現，如果含混以對，雲霧繚繞，即使讚美之詞不絕於耳，在西仲而言，只是浮誇溢美，有如醉話囈語般，即使莊子再生，也一定不接受的，所以西仲說：

> 若不逐字訓詁，逐句辨定，逐段分析，如前此註莊諸家，解其可解，
> 而置其不可解，甚至穿鑿附會，顛倒支離，與作者大旨風馬無涉，
> 凡篇中眼目所注，精神所匯，悉付之雲霧惝怳，雖極口嘉贊，無殊
> 醉呶夢寐，莊必不受也。〔註45〕

他這種看法，在《楚辭燈》中亦有提出，許多人注莊、騷兩家，把篇篇千古奇文，加上千層霧障、如陷入八卦迷陣中，看不出作者在文章寄懷抱、感憤慨，首尾端緒都在前人任意賣弄、隨意附和中失去了，文中本題的層層曲折，行文的脈絡步驟，所欲呈現的千古奇思，所以這種人言言殊，只得其筌蹄，而謬加讚美，是西仲所唾棄的。於是西仲在《楚辭燈·序》云：

> 治騷者，向稱七十〔註46〕二家評本，大約感於舊話之傳訛，隨聲附

〔註44〕 《莊子因·序》見《挹奎樓選稿》，卷二，集 230-17。
〔註45〕 《增註莊子因·序》乾隆白雲精舍本，頁 2。
〔註46〕 原版本此處作「士」由於上下文不順，故改爲「十」不知對否，註明在此。

和，而好奇之，又往往憑穿鑿，削趾適屨，甚至有胸中感憤，借題抒洩，造出棘句鈎章，武斷賣弄，懵然不知本題之層折，行文之步驟，反謂莊騷兩家，無首無尾，無端無緒，將千古奇思所爲，日月爭光奇文，謬加千層霧障，幻成迷陣，其所由來久矣。〔註47〕

西仲還在〈復仇滄柱〉特別指出一段註解，說明前人是畫鬼註解，徒增許多困擾，甚至有同室操戈之勢，不但對理解莊子無益，更是添了許多閱讀者理解上的躓踣重重。西仲說：

郭子伭（玄，郭象）後，有許多畫鬼註腳，不勝捧腹。即「秦失弔老聃」一段，遁天倍情之議，舊註相沿已久。僕嘗疑莊之於老，猶孟之於孔，不宜有此，忽接大教，將首句夫子解作老聃，「遁天倍情」四字指「弔哭之人」而言，一轉換間，不須著力，遂能爲同室操戈者，尋出一條解救活路。是以煩毛畫人妙手，爲鬼寫照，可謂知鬼神之情狀者矣！〔註48〕

在〈養生主〉中：「老聃死，秦失弔之」一段，西仲認爲傳統以「遁天倍情」批評老子，說老子不算至人，無法避開「遁天之刑」以抵達「帝之懸解」之境。西仲則認爲莊子於老子，猶如孟子之於孔子，不應有此說法，他認爲應將首句夫子解作老聃，「遁天倍情」四字指「弔哭之人」，如此又何須自相殘殺，認爲莊子是詆毀老子境界不夠。

不過這個解釋是西仲在〈復仇滄柱〉書信中所言，此信爲康熙辛酉二十年1681年，即西仲五十四歲之說，在1688年《莊子因》再刻前所言，因此，其書註解〈養生主〉：「是遁天倍情，忘其所受」下云：

是違天之理而倍益以人之情，忘其所受之初，本未始有物也。〔註49〕

此處並未解所指爲「老子」還是「弔哭之人」，在說及：「情之所鍾，自爲桎梏而已」、「必有不蘄言而言，不蘄哭而哭者。」下云：「以平日用情過深，其死後故有自然之感動。」這樣的解法，是指出老聃處理遁天倍情不得當，平日仍是用情過深，因此西仲在注莊時，顯然仍以老聃「爲善而近名」指出老子之不足處。因此，西仲在〈養生主〉篇末評：

故知善形之不如善神矣！如老聃之生用其情，死致其哀，似爲善而

〔註47〕　《楚辭燈》序，見《四庫全書存目叢書》集部二，集2-156～158。

〔註48〕　〈復仇滄柱〉見《把奎樓選稿》，卷九，集230-126。

〔註49〕　《莊子因》乾隆白雲精舍本，頁81。

> 近名矣！乃帝之懸解有時，而薪火無盡。則何也？故知任人不如任
> 天矣，惟利害不攖以生而全其主，哀樂不入以主而待其生，則吾生
> 有涯而實無涯也，斯爲善養已！

不過其立論，晚年之定論較爲持平，認爲毋須同室操戈，不需以遁天倍情詆毀老子。但是注解處並無更改莊子非議老子之見，只是以「老聃之生用其情，死致其哀」仍是「爲善而近名」此語氣較爲平和而已。

2. 以「因」爲解讀之方法

西仲認爲「因是」是〈齊物論〉中的本旨，他以爲「通篇俱發此義」，但西仲何以把《莊子因》命之「因」，並不只是由於「因是」而來，而是以「因」爲其全書宗旨，在《莊子因・序》中說得很清楚：

> 余考證諸本，叅（參）以管見，櫛比其詞，驪括其旨。惟因是因非，
> 因非因是，以治莊之道，讀莊之書，求合乎作者之意而止。
> 異日者，驪龍未寤，腐鼠已捐，汎若不繫之舟，虛而遨遊，將手此
> 一編，以質於大莫之國。若謂漆園功臣，漆園罪人，呼牛爲牛，呼
> 馬爲馬，余何靳乎而人善之，而人不善之邪！亦因之而已矣！遂以
> 因名。〔註 50〕

以上所述，可以分幾個層次，一是作者以「因」的角度，「因」有「順之」之意，即是「因任自然，隨順而行」之義，對《莊子》一書，作品的處理上，如何治莊、讀莊，經由考證、參照自己的看法、分梳詞義，總括旨意後，解讀莊子而後合乎莊子之意，這一層次屬於在方法上與義理上的「因」。

另一層次是作者在心態上，在如此精心努力、細細品玩之後，經過細讀、理解後，也不過是作到某種層面的理解，如果優秀的驪龍未寤，此如腐鼠般瑣碎之事，若不是被有心作爲的鴟所放棄，也輪不到我來作此註莊之工作。只要有更優秀的解莊者出現，我又哪裡有機會得以寫下此書呢？更何況讀莊子要獲得的應是言外之意的精神層面，如果任何讀者已能讀到如不繫之舟，虛而遨遊一切事務、宇宙之境界者，對此書作一評價，則說我是漆園功臣或罪人、爲牛爲馬，我又何須在意，何必在乎別人的稱譽或肯定呢？所以另一層次的「因」，指作者心理上，不必然期待閱讀者讀懂到何種程度，若閱讀者能體會眞正莊子之「因」，如此作者本身註莊的外在評價，也就隨「因」之的

〔註 50〕《挹奎樓選稿》二卷，集 230-17。

觀點，無可無不可，作者不必然，而閱讀者可以不必必然。

　　莊子之「因是」，有袪除個人主觀之成見後，所呈顯和以天倪，莫若以明之心靈世界，西仲則以「因」，除了標舉出莊子〈齊物論〉之要旨，並作爲全書之旨，以得其環中，解決全書環環相扣，層層相因，互相涵蓋，以應於無窮之要訣，由文入理，得其言外之意。

　　不知何故，初版《莊子因・序》不再刊刻於書前，只留有《增註莊子因・序》，其中亦未言「因」之理，〔註51〕其序只就第一個層次「考證諸本，叅以管見，櫛比其詞，檃括其旨。」西仲作說明如下：

> 蓋凡讀書家，必先識得字面，而後能分得句讀，分得句讀，而後能尋得段落，尋得段落，而後能會得通篇大旨，及篇中眼目所注，精神所匯，此不易之法也。莊之爲文，其字面有平易醇雅者，即有生割奇創者，其句讀有徑捷雋爽者，即有艱澀糾纏者，其段落有斬截疏明者，即有曼衍錯綜者。〔註52〕

又在〈莊子總論〉中提出外、雜篇與內七篇「相因之理也」，如〈胠篋〉、〈在宥〉、〈天地〉、〈天道〉，皆因〈應帝王〉而及之，〈天運〉則因〈德充符〉而及之，以印證《莊子因》在字、詞、義、篇章中，如何做到相因的文理脈絡之方法。〈莊子雜說〉亦言：

> 莊子篇中有一語而句數義者，有反覆千餘言而止發一意者，有正意少而傍意多者，有因一言而連類他及者，此俱可置勿論，惟先求其本旨，次觀其段落，又次尋其眼目、照應之所在，亦不難曉。〔註53〕

這裡可以看得出來，《增註莊子因》專就實際解讀莊子方法，由「字面」而「句讀」，由「句讀」而明「段落」，最終得其「通篇大旨」及「眼目所注，精神所匯」，如此解讀技巧的層層相因部份，篇章結構的相因之理，構成《莊子因》之「因」，除了「順之」、「因任自然」之義以外，更具有更實際上的功能，《莊子因》書中「因」是方法，及篇章中「相因」之理，與〈齊物論〉中「因是」爲齊物之旨，的篇章內容是相關且引申式的闡發，並非完全等同。西仲取其書名爲《莊子因》即是希冀由莊子文本的細讀，藉由「施圈點、晰文理、批

〔註51〕　《莊子因・序》藝文印書館乾隆間刊本，嚴靈峰，《無求備齋莊子集成初編》，第 18 冊，頁 1。可參見論文後附表：附錄三。
〔註52〕　《莊子因・序》乾隆白雲精舍本，頁 1。
〔註53〕　《莊子因》乾隆白雲精舍本，頁 15，又見本論文附表：附錄九。

蘗導窾，較易通曉」〔註 54〕後，得其全書篇章之間「相因」之理，進而解莊子之原本面貌，掌握莊子精神所匯之處，最終託寓西仲自己「因之」而不以為意的懷抱。

3. 還諸莊子真面貌

西仲明白註解者本身，會隨著其學識見解，視域的擴大，眼界自是不同，因而不斷改變，要求「至當」確屬不易，如朱熹註《大學》，完成於五十九歲，一直到七十一歲尚有更深入的體悟而改註解，西仲以自己對《莊子》大旨的掌握、段落字句之義，皆能全盤理解，不至於任加臆測「射覆臆鈎」，只做表面的浮誇、虛溢的贊美，務求深入了解，始無遺憾，最終目的，是要開卷欣賞時，見書如見人一般，真正「以治莊之道，讀莊之書，求合乎作者之意而止」，這是西仲的苦心壹志處，故提出：

> 昔朱晦菴《大學章句》成於五十九歲，至七十一猶改註〈誠意章〉，學以年進，務求至當不易，良工苦心，千載如見。余何敢妄儗古人，但以數十年寢食於莊，久已稔其大旨，迄今論定。而段落字句之間，始無遺憾。因歎著述之難。如此海內讀莊者，開卷欣賞，如見其人，不至茫然，射覆臆鈎，僅為世俗虛贊，當亦諒余今日之苦心也。〔註 55〕

一般解莊者常常雲霧怡悅，射覆臆鈎，在當解處未解，僅作世俗的虛贊，西仲則希望藉由他的筆，使讀者如觀火般具有洞見，清楚通澈，還他一個有首有尾，有端緒之文，在註莊註屈，皆是如此態度，因此他說：

> 使讀者洞如觀火，還他一部有首有尾，有端有緒之文，與注莊同一法。

在註解書中字義文章脈絡之前，應作對莊子，心靈的相通與理解，立足點在「推此志」與「悲其志」，先作以意逆志的推論，和感同身受的了解，才會在文字中，與莊子的生命交融，理解出為文真正意涵與目的，還他一個本來面貌。如西仲認為屈原是「寄之於文以自見」故云：

> 志無所伸，義無所逃，不得已以一身肩萬世之綱常，寄之於文以自見，太史公既云「推此志」，又云：「悲其志」，可謂善讀屈子之文者，若知世風遞降，而巋立存乎其人，去流俗之見，以意逆志，則各篇

〔註 54〕見《標註莊子因》日·龜谷行·序，和刻本，頁 1～2，臺北：藍臺書局，民國 58 年 6 月初版。
〔註 55〕《莊子因·序》乾隆白雲精舍本，頁 3～4。

中，層折步驟，恍覺有天然位置，不啻爲後人寫意中事，是以尚友
古人，貴論其世也。〔註56〕

其實，他在解莊時何嘗不是體會到，莊子的生命精神，在字字間流露出其命意
之深，寄意之遠，措意之巧，抒意之工，「寄於文以自見」的一份眞精神，云：

務期千百年來，古人精神與余相遇於窅寐間，如引當世奇士，以爲
知己，與之輸肝膽、抒情愫而後快。〔註57〕

讀一篇奇文，如交一位奇友，朋友不能盡交、書不能盡讀，都是有外在
的侷限的，但如果有心去做，卻可以「以意交心」而與古人輸肝膽、抒情愫，
相引以爲知已，在千百年的作品中，讀出不可磨滅之精神，跨越時空的限制
與阻隔，成爲莫逆之交，這是西仲一直在序中強調，他所要呈現給讀者的部
份，所以他說：

古人奇文能盡讀乎，曰：不能。古人奇文，不能盡讀，猶當世奇上，
不能盡交也。然不能盡者，存乎勢。而必欲求盡者，存乎意。意有
必至，如當世奇士，爲見聞所及，不憚延頸舉踵，以氣類爲招，與
之輸肝膽、抒情愫，必有相引以爲知已者，又非勢之所能限也。古
人之有奇文，在千百年中，其精神不可磨滅，原與生於吾世無異，
乃讀之者。茫不知其命意之深，寄意之遠，措意之巧，抒意之工，
譬求友者，千里相遭，一揖遽別，尚未暇通姓氏，輒詡詡於人，曰
此吾知已（己）也，友其許我乎！〔註58〕

本此初衷，西仲一再強調在務實的釐析旨意、句義之後，其最終目的在還一
副莊子原本之眞面目，如畫家繪圖，不論美醜，總要把其形貌清楚明白的描
繪出來，才是一個畫家基本的職責，註解者何嘗不是如此，總應該自我要求，
還他書中眞面目。故在回覆其好友仇兆鰲信中云：

評註古人書，如丹青家寫照，或好、或醜、總要還他一副眞面目。
南華變幻不測，好醜原無實相，所以先輩稱爲文字中鬼神。諺云：
「書人難，書鬼易」。以鬼無人見可以臆寫，非如書人必求還他眞
面目也。〔註59〕

〔註56〕　《楚辭燈‧序》，見《四庫全書存目叢書》集部二冊，集 2-156～158。
〔註57〕　《古文析義二編‧序》見《把奎樓選稿》，卷二，集 230-16。
〔註58〕　《古文析義二編‧序》見《把奎樓選稿》，卷二，集 230-16。
〔註59〕　〈復仇滄柱〉見《把奎樓選稿》，卷九，集 230-126。

西仲在論述《莊子因》希望藉由欣賞奇文，如見其人入手，再由文寄託處，見出莊子之眞精神之所在，還他一個眞正的原貌，因此在下一節中會提出，他如何以指導讀者閱讀時的視角，運用如觀貝、觀地理、讀五經、與傳奇法來解析莊子，更重要的是，光用這些方法，對窮盡莊子之深義仍有所不足，在議論發揮處，更需要有合盤打筭法與進一步法的邏輯思維，才能豁然貫通。

（三）自我生命之期許

1. 學術生命之完成

西仲喜愛《莊子》之文，如千百年來的讀者，無不讚嘆奇妙，西仲年少時，即喜歡讀莊，對逍遙寢臥於何有之鄉，一向心所嚮往，對莊子神奇工妙之文，更是歆羨，所以一再言文是「神奇工妙」故言：

> 古今能文之士，有不讀莊者乎！既讀，有不贊其神奇工妙者乎！余
> 竊謂讀莊者，實未嘗讀得莊；而贊之者，亦未嘗贊得神奇工妙處也。
> 〔註60〕

但人生往往亦有雄才抱負，有志不行之憾，君子出將入相，又一向是古人認為的道路，他於清順治十五年，已三十一歲時，才中進士，可見得走入仕途是很晚了。但喜愛《莊子》則一向自年少則好之，所以在《莊子因》初版時的序，即說明他是將莊子之生活理想之境，視作自己此生之事業：

> 余支離成性，不爲事物所宜。於莊爲近，故少而好之，久而彌篤，
> 稍長涉獵佐門諸書，私念人生地上寓也，其與幾何，逍遙寢臥於無
> 何有之鄉，一笠一瓢，此生之事業畢矣！〔註61〕

如不是爲官期間「天損人益，難以自遂」（《莊子因‧序》）恐怕他也不會在《莊子》中寄託生命的情懷，人生的挫折，反而造就他對學術更深的自我期許，而經過閩變兵燹的罹禍，家中十餘種藏書稿，盡赴劫灰，惟獨《莊子因》因爲鋟版尚存，因此在歷經三十六歲初版，到再刻印行，西仲已六十一歲，期間已歷經二十五年。在《增註莊子因‧序》中言：

> 余註莊二十又七年矣！鋟木之後，分貽良友，即攜歸里，貯建溪別
> 墅，與二三方外畸人，講究丹訣，借爲印證，原不斬於問世。寅卯
> 閩變，余家盡爲逆氛毀奪，所註經書藏稿十餘種，同作劫灰。而是

〔註60〕 見《莊子因‧序》乾隆白雲精舍本，頁3。
〔註61〕 《莊子因‧序》見《挹奎樓選稿》，卷二，集230-17。

書賴有鋟板獨存，懲羹吹韲，不得不爲無窮之慮。與近註《古文析

義》前後編，並行於世，今且遍及海內矣！〔註62〕

這是西仲註莊寫莊及印莊的緣由。足以見得他對《莊子》神奇工妙之筆、逍
遙無爲之境，由年少的讚嘆到中年人間世事的體悟，進而完全服膺《莊子》
之思想，並身體力行的在著書立說中尋得一人生獨立一切的新境界。因此註
莊、解莊，已化作西仲一生之事業，在仔細玩味、揣摩之下，在內外雜篇三
者之神奇工妙之處，無不一一標出，以饗讀者。故言：

> 茲再加繙閱，其中有鄙意所未盡者，恐初學或費探索，因竭四閱月
> 玩味揣摩之力，重開生面，將內七篇，逐段分析，逐字訓詁，誓不
> 復留毫髮剩義。而外篇雜篇雖屬內篇註腳，遇有神奇工妙處，亦必
> 細加改訂，分別圈點、鉤截，得其眼目所注，精神所匯而後止。至
> 如贗手擬莊竄入篇內，往往得罪名教，實莊之秕莠，蟊賊必不可姑
> 容者。謹一一摘其紕繆，從旁抹出，鐫爲定本，以公同好。〔註63〕

從以上所述，看得出釐出《莊子》之神奇工妙之處，由字句文章章法處，找
到相因之理，解一個原本之莊，把此工作納入生命的事業，畫出莊子眞正面
貌，應是西仲在人心舛測的痛苦試鍊之下，轉而以著書爲精神事業之所託，
成爲其寫作之動機之一。

2. 讀書論古的樂趣

西仲雖然評騭從郭象註莊以來，多少註莊者誤讀莊子，造成雲霧怡悅，
妄加讚溢之詞，但是並非註莊到此，於焉完成，他有一個「讀書論古，與遊
山陟歷相類」理論，與西方所謂「開放的文本」〔註64〕頗爲類似，其意指讀
書論古，以今日之解莊者，與前人相比，如同遊山陟險，前人何嘗沒有見到
海內諸川名山，但前人以竹杖芒鞋，步步探賞，陟歷實在有限，而今人有新
的交通工具，新的開山鑿路的技術，也就有新的方式俯視海內名山，也有新

〔註62〕《增註莊子因·序》乾隆白雲精舍本，頁2～3。

〔註63〕《莊子因·序》乾隆白雲精舍本，頁3。

〔註64〕指從傳統作品到新解釋學的文本觀進而至解構主義新文本觀，文本成爲：不
應當被看作是一種可以測量的客體、範圍亦不限於文學、可以在其對符號的
反應中被觸及和被經驗、文本是多元的、不需要追溯到一個起源進程中、文
本成爲遊戲活動生產與實踐、亦是愉悅的姿態。見王岳川，《後現代主義文化
研究》，臺北：淑馨出版，民國81年，頁116、楊大春，《後結構主義》〈文本
的產生〉臺北：揚智文化，1996年12月，頁145～189。

的視野去解讀前人書籍，可以從更多的角度與面相，看出過去人所未見的定識、眞面目，何其快哉！因此西仲說：

> 僕聞黃山有天都峰，自開闢以來，至明萬曆年間，始鑿通其處，每私念海內大矣。諸名山中，豈無萬曆以前之天都峰乎！讀書論古，與遊山陟歷相類，若以足下今日解莊推之，則古人之書，數千年來，至今其間未經詮出者，不知凡幾。吾輩果有定識，一一爲之傳神阿堵，還得他眞面目，譬如高寄雙眸，向崑崙絕巘，俯視海內諸名山，知從前以竹杖芒鞋，步步探賞者，陟歷有限，其快心當在何等也！。
>
> 〔註65〕

當然，後人詮解前人書籍，西仲認爲不可以無的放矢，需具備一定的素養才可，對西仲而言，要有一定的寫作練習是必要的，故言：

> 文品之至貴者，其始亦有冶鑄雕琢之勞，舂揄簸蹂之力。簡練揣摩，甚至窮年累月，不能作一二語，然後蓄而出之。可以馳驟變化，如疏川決澤，不待擇地挹注，此其中甘苦疾徐之數，得心應手之機，大約非一日之積矣。
>
> 必談所爲文，即在稠人廣坐中。亦鮮旁涉他事，余嘗歎曰：用志不分，乃凝於神，其是之謂乎！夫人生平矻矻諸務，勢難兼及，必有所棄也，方有所取。〔註66〕

其實這種爲文的功力，對西仲而言，從小以書癡爲名，又編有《古文析義》，自然是已具備了，有此功力加上對前人註解之不滿，重新在《莊子》這開放的文本中，用當世的新理念與理解，運用不同以往的解讀方法，找出爲當世所適用的新觀點，或新方法，才能發前人所未發，言前人所未言，有異於前人註解，而有新的創獲，這也是西仲有心突破前人窠臼，寫成《莊子因》的原因之一。

3. 千古文章以傳世

文章千古事，雖然西仲註莊解莊，但他是運用當時制藝之法，以此法如庖丁解牛般解讀《莊子》，求其：「講貫題旨、理會題神、相度題位、闡發題蘊」〔註67〕爲第一義，但這只是一個開端罷了，爲文的最高境界應是「文章

〔註65〕　〈復仇滄柱〉，《挹奎樓選稿》，卷九集 230-126。
〔註66〕　〈安序堂文鈔序〉，《挹奎樓選稿》，卷三集 230-37、38。
〔註67〕　〈四書存稿自序〉，《挹奎樓選稿》，卷三集 230-46。

定價，寸心千古。」〔註68〕文章豈是有價，它的價值不在一時間流行而已，而在於千古年後，仍能表現其心志，以慰貼千百年來文人的心，文章的天價，原是在後人的心中。西仲企圖借註莊之脈絡條理，以還其有大美而不言之本心，其苦心詣意，甚爲明顯。

　　制藝法對西仲而言，只是一種方法學的運用，絕不可以此法爲主，如同抄錄生般，寫到哪裡就藉機大肆賣弄學問，如街頭賣藝者，扮鬼臉戲，唱幾套爛熟曲子，就可以討得百十銅錢，如此作則是文人最可悲的。他說：

> 余十餘齡學爲制藝，即嗜先正諸大家傳文。時當明季風氣數變，始而駢偶，繼而割裂，終而詭異。余雖不能盡屏時趨，然必以講貫題旨、理會題神、相度題位、闡發題蘊爲第一義，但苦無可與語。嘗撫几自奮曰：文章定價，寸心千古。若僅粗記二三百篇爛時文，影響剽竊，逐隊棘榜中，學做謄錄生，走筆寫就，縱掇上第通顯，亦不過如乞見弄猢猻，扮鬼臉戲，唱幾套爛熟曲子，向市井駔儈手中，討得百十銅錢，途遇羣丐持出相誇，誠可哀也。人咸以爲迂，嘲侮訕斥，余益不顧。〔註69〕

西仲對制藝之法，是非常熟悉的，他認爲：「制藝以講貫題目爲要訣，每一題目中，自有天然位置。諸君儘多合作，求其陷題之堅，批却導窾。」也能清楚的看出制藝之方法如何運用，他說：

> 八股文字，當年王介甫不是騰空捌出這般格式。蓋聖賢之言，義理精奧，非從四方八面說來，不能發明殆盡。故先輩八股中，有虛實、有主客、有反正、有淺深、有題前推原、有題後脫卸、有題中洗發、有題外拓開，看來自破至結，其實只是一滾說話，總妙在開手步步養局，所謂一篇如一股，一股如一句者此也。今人不明此法，一起講中，便把題目說盡，下面各股，總是此意改換字句而已，是聖賢當年說話時，把一句話重疊說了八九遍也，豈不好笑。〔註70〕

但你若問他，他是否是以制藝時文之法，去爲文，去解莊，相信他一定會指出諸位讀者未見西仲之用心，因識得文章脈絡只是一個文人基本素養罷了，如何能視作惟一的解刃，對任何文章皆可牛刀霍霍，一以貫之呢？因此有人

〔註68〕〈四書存稿自序〉，《抱奎樓選稿》，卷三集230-46。
〔註69〕〈四書存稿自序〉，《抱奎樓選稿》，卷三集230-46。
〔註70〕〈與壻鄭官五論八股〉，《抱奎樓選稿》，卷九集230-134。

向他請教如何做制藝時文時，他覺得如今用制藝之法，如將舊調新唱，在當今時代文風的日新月異之下，豈不好笑，所以他說：

> 某不談制藝二十餘年矣。制藝謂之時文，隨時而變，少婦歌舞，競作別調新粧，乃令五六十歲老嫗，以久廢舊套，品題高下，豈不令人齒冷。〔註71〕

文章應是各時代各具特色的，西仲有言：「世人論文，謂宋不如唐，唐不如漢。信也，後此者無傳文矣。余以爲一代有一代之文，不必相師，其傳者則存乎其人，苟非其人，雖其文可喜。不足傳也。」〔註72〕一代有一代的文章特色，不一定要學習而傳之永久，其中個人又有個人的特色，若未具任何特色，即使模擬前人如何得法，亦非千古流傳之作。而千古文章，不同處可能是語彙、文章形式與表現內容的不同，但其真正可存之永恆的，應是「真文章」、「真文品」，藉由這種「真」才能將我心，換你心，直指本心，開通彼此的心眼，千古不磨滅的作對話式的交流。因此西仲說：

> 夫一代真文章猶之乎真人品也，真人品若合若離，磊落自喜。而有一段不可抑塞之性情。真文章有意無意，洸洋自恣，而有一段不可磨滅之神理。〔註73〕

而文章要寫得好，往往藉登涉山川奇勝，歷經千辛萬苦中，開拓其心眼，在天大地大中，傳達造物主所激發的一種天地之氣，心頭的一種體悟，然而一般人，往往在造物之跡上描繪，卻無法表現心識的真知灼見，因此西仲說：

> 後人以屬辭亦命爲文章者，取其氣勢相次，猶書事之五色耳。故古人論文章云：鼓氣以勢壯爲美，而勢不可不息，不息則流宕而忘返。余嘗以此意曠觀天地間，由之勢高，以水爲息，水之勢下，以山爲息，高下相次，爲天地一部大文章，彼造物者，亦不自知其何起何落，結撰而出，謂之化工凡畫，筆之所能傳，乃其跡也。〔註74〕

天地大化，遍在萬物，卻不知所以，一般屬辭爲文者，往往取其形貌，無法寫出天地之美，萬物之理，只能描摹型態，作「化工凡畫」罷了，故西仲言道：

> 惟是古今能文巨子，又往往藉山川奇勝，開拓心眼，毋論籃輿蠟屐，

〔註71〕 〈復黃次辰冢宰〉，《挹奎樓選稿》，卷九集 230-130。
〔註72〕 〈人文大觀序〉，《挹奎樓選稿》，卷三集 230-33。
〔註73〕 〈上杜肇余少宰〉，《挹奎樓選稿》，卷九集 230-128。
〔註74〕 〈山輝堂偶集序〉，《挹奎樓選稿》，卷二集 230-43。

能盡與不能盡，皆可即意中所激發，著爲文章跅踔，百代龍威，丈
人所謂：天地大文不可舒，亦以此爲造物所秘惜耳。非專爲登涉之
難而言也。〔註75〕

由天地形成之氣，取之於心而注之於手，「萬夫辟易，足以徵其氣之沛然，莫可
抑塞矣。所存之文，識愈卓，思愈沉，法愈嚴，理愈粹，無一不臻極詣」〔註76〕
氣沛然而成，在筆下揮灑的就是卓然的見識、沉著的思想、嚴密的法式，精粹
的文理，文如其人般顯出融合古今，卻又獨樹一幟的個人特質，這才是文章會
傳之永恆的一種特色。所以說：

文爲氣之所形，有不可一世之氣，而後有不可一世之文。蓋以其養
之有素，卓然自命，不爲寵辱是非所播奪，因得殫畢生之力，與古
爲徒。及取於心，而注於手。一種不可遏抑之氣，覺置身一世之上，
俯仰千百年間，有不必斤斤於陳迹，以故文如其人，爲必傳之業，
非從外得也。〔註77〕

因此讀其文者，必當如見其人，這才是文章之精神所在，若文章能「恒獨往
獨來於天地間，與左國史漢唐宋諸大家作者，千古猶生，而目前之修短存亡，
還之造化，皆可以無餘憾也。」〔註78〕個人生命常短，是天地造化弄人，但
一篇佳作，卻有不同的效果，故西仲言：

故發而爲文，落落自喜，若笑若哭，若怒若罵，迫曠之以歲月，縱
之以舍咀，閉之以羈絏，然後出之愈約，味之彌永，高者嶽峙，深
者淵渟，有不期其然而然，此爲文之極詣也。〔註79〕

這樣活靈活現的把個人風貌特質、心眼本色，透過真精神的呈現發抒成文，
才是文章之極詣，也是西仲在其注莊、解莊在解析與評論的背後，所欲呈現
的文章定價，寸心千古之義。

二、《莊子因》之傳沿

《莊子因》一書，在林西仲時代就已再版增註，因此今所見爲當時增註
版本，第一版於康熙癸卯二年（1663）西仲三十六歲完稿，因閩變以致書籍

〔註75〕 〈重鋟五岳遊草序〉，《把奎樓選稿》，卷二集 230-28。
〔註76〕 〈歲寒堂存稿序〉，《把奎樓選稿》，卷三集 230-38。
〔註77〕 〈南沙文集序〉，《把奎樓選稿》，卷三集 230-35。
〔註78〕 〈沈寙菴文集序〉，《把奎樓選稿》，卷三集 230-40。
〔註79〕 〈歲寒堂存稿序〉，《把奎樓選稿》，卷三集 230-38。

多遭劫灰，幸而鋟板獨存，故於康熙戊辰二十七年（1688）與《古文析義》前後編重新再版。

日人秦鼎於寬政八年（1789）以日文加上標點，並在其上方，補充許多宋、明、清注莊之資料，又於明治甲申十七年（1884）年東條保加上其父東條弘（一堂）與其他莊學著作，再加註於秦鼎註解之上，成爲《標註莊子因》，目前台灣所見第三個版本，詳述如下：

（一）傳沿之情形

目前台灣出版之《莊子因》有三版本，說明如下：

1.《莊子因》六卷

　　※乾隆間刊本，藝文印書館影印，嚴靈峰編《無求備齋莊子集成初編》十八

　　※書象鼻白口記書名《莊子因》，下方記「白雲精舍」刊本，有圈點，字體清楚

　　※篇目前敍論排序：分六卷，卷下記「三山林雲銘西仲評述」

表六：藝文本《莊子因》篇目排序

1	2	3	4	5
增註莊子因序	凡例	莊子篇目	莊子總論	莊子雜說

　　※缺〈讓王〉‧〈盜跖〉‧〈說劍〉‧〈漁父〉四篇

　　※康熙戊辰二十七年（1688）季秋望日，三山林雲銘西仲氏，題於西湖畫舫。

2.《增註莊子因》六卷

　　※台北廣文書局印行三冊，民國五十七年一月初版，此版與《標註莊子因》排版頁數相同，疑由《標註莊子因》抹去日本漢音訓讀，及秦鼎、東條保之眉批，評點符號一併抹去。

　　※首有寬政八年丙辰（1796）三月秦鼎〔註80〕〈補義莊子因序〉丙戌（明治十九年 1886）歲晚三島毅〔註81〕〈標註莊子因序〉

〔註80〕秦鼎，尾張人，愛知縣士族。見嚴靈峰，《老列莊三子知見目錄》，北京中華書局，1993 年 4 月，頁 257。

〔註81〕三島毅著有《莊子內篇講義》一卷（未見）（1911 年），伊豫人，字遠叔，號中洲齋藤拙堂門人文學博士，東京帝國大學教授，大正四年卒年九十。《目錄

※本書增加：〈補義莊子因序〉（寬政八年丙辰春三月，尾張，泰鼎撰）〈標
　註莊子因序〉（丙戌歲晚東京學士，會員學士，三島毅撰南海堂主人書）
　六卷，完足三十三篇，第六卷中有〈讓王〉、〈盜跖〉、〈說劍〉、〈漁父〉
　又於〈齊物論〉後增加《公孫龍子》〈白馬論〉、〈指物論〉二篇。〔註82〕
　及〈莊子列傳〉

表七：廣文本《增註莊子因》篇目排序

1	2	3	4	5	6	7	8
補義莊子因序	標註莊子因序	增註莊子因序	凡例	莊子列傳	莊子總論	莊子雜說	莊子篇目
秦鼎	三島毅	林雲銘		（增加）			

　※更動部分：將〈莊子總論〉、〈莊子雜說〉放在〈凡例〉之後〈莊子篇目〉
　　之前。更動情形與《標註莊子因》完全相同，內容排版位置也一樣。

3. 《標註莊子因》六卷

　※原名《標註補義莊子因》，今以蘭台本之名稱之。
　※清・林雲銘評述，日本・泰鼎補義，日本・東條保標註
　※明治二十三年（1890）十月二十日大松村九兵衛刊浪花溫古書屋線裝
　　本此書放入《和刻本諸子大成》第一輯至第十二輯中，日本長澤規矩
　　也輯昭和五十年、五十一年。東京汲古書院景印本。〔註83〕
　※台北蘭臺書局印行，民國五十八年六月初版。即嚴靈峰《老列莊三子
　　知見目錄》記載之《標註補義莊子因》六卷，清・林雲銘評述，日本・
　　秦鼎補義，日本・東條保〔註84〕於寬政八年西元1796年標註。

　　大成》著錄，見嚴靈峰，《列子莊子知見目錄》，民國50年10月香港無求備
　　齋出版，頁313。
〔註82〕在〈齊物論〉後加〈公孫龍子〉下二行小字說明附文原因：「莊叟指馬之說，
　　或曰出《公孫龍》或曰否，諸說紛然。各言其所欲言也，要之學者當循其本
　　耳，姑校二論而附之。秦鼎云」頁84，《標註莊子因》和刻本，臺北：蘭臺書
　　局，民國58年6月初版。
〔註83〕見《京都大學人文科學研究所漢籍目錄》：「明治二十三年十月二十日松村兵
　　衛刊浪花溫古書屋線裝本」頁317上；嚴靈峰，《老列莊三子知見目錄》記載
　　「明治二十三年浪花溫古書屋松村兵衛刊本」兩本應是相同，頁257。今依照
　　《京都大學人文科學研究所漢籍目錄》所記更正
〔註84〕東條保，琦玉縣武藏園兒玉郡人。見嚴靈峰，《老列莊三子知見目錄》，頁257，
　　北京：中華書局，1993年4月，其父東條弘曾著有《郭註莊子標註》（未見）

表八：《標註莊子因》篇目排序

1	2	3	4	5	6	7	8	9
標註補義莊子因序	補義莊子因序	標註莊子因序	增註莊子因序	莊子總論	莊子列傳	莊子雜說	凡例	莊子篇目
明治乙酉1885龜谷行	寬政八年1796秦鼎	明治丙戌1886三島毅	康熙戊辰1688林雲銘		（增加）			33篇

※六卷三十三篇足，亦有《公孫龍子》〈白馬論〉、〈指物論〉於〈齊物論〉後

※由明治乙酉仲秋省軒龜谷行撰〈標註補義莊子因序〉，由此推知，此書爲秦鼎《補義莊子因》與東條保（淡齋）《標註莊子因》二書合刊而成。〔註85〕

※更動：〈凡例〉置於〈莊子篇目〉之前

※據林雲銘《莊子因》本加標註、補義，眉欄分二格，上格是東條保標註，下格是秦鼎補義。上格注〔東條保標註訓點〕，引各家雜說，下格爲秦鼎補義，引胡文英《莊子獨見》及各家註解。

※內容：有日文標點、漢文圈點，非常完整，是《莊子因》目前所見，較好之版本。

（二）版本之比較

表九：《莊子因》三版本比較

書名（出版社）	三 版 本 比 較 異 同
莊子因（藝文）	1. 增註莊子因序（林雲銘） 2. 凡例 3. 莊子篇目（六卷·少讓王·盜跖·說劍·漁父） 4. 莊子總論 5. 莊子雜說 6. 有評點符號

（1852年），東條弘，上總人，字子發，號一堂，又號瑤谷閒人，安政四年卒，年八十一。《目錄大成》著錄，見嚴靈峰，《列子莊子知見目錄》，頁307，民國50年10月香港無求備齋出版。筆者案：《標註莊子因》中東條保引用時，就引其父的標註，用「一堂曰」稱之。

〔註85〕《莊子因》傳入日本，於寬政四年，1792年，源暉辰翻刻《校訂增註莊子因》，詳細請參見第七章第三節。見嚴靈峰《老列莊三子知見目錄》〈日本莊子目錄〉，頁257～258。

增註莊子因（廣文）	增加（序）：補義莊子因序（秦鼎）標註莊子因序（三島毅） 相同：增註莊子因序（林雲銘）、凡例、莊子總論、莊子雜說。 增加（內容）： 1. 讓王・盜跖・說劍・漁父 2. 莊子列傳 3. 《公孫龍子》〈白馬論〉、〈指物論〉增於〈齊物論〉後 4. 無評點符號，無眉批
標註莊子因（蘭臺）	1. 增加（序）：標註補義莊子序（龜谷行）補義莊子因序（秦鼎）標註莊子因序（三島毅） 2. 相同：增註莊子因序（林雲銘）。莊子總論。莊子列傳。莊子雜說。凡例。 3. 增加（內容）：讓王・盜跖・說劍・漁父放入卷六 眉批二格，第一行注〔東條保標註訓點〕第二行為秦鼎補義。增《公孫龍子》白馬論、指物論於齊物論後。 有圈點、日本漢音訓讀

　　《莊子因》一書，在林雲銘時代就有重刻，初序是康熙癸卯歲秋（1663）七月校補，重刻序是康熙戊辰季秋（1688）。目前所見三個版本，皆無林雲銘之原序，只有《挹奎樓選稿》中傳錄，茲將《莊子因・序》、《增註莊子因・序》、《標註補義莊子因・序》、《標註莊子因・序》、〈凡例〉、〈莊子總論〉、〈莊子雜說〉附於論文後附表中供參考。

（三）內容說明

　　林雲銘《莊子因》六卷，林雲銘在書目下即自署：「三山林雲銘評述」，因為此書不但有「評」亦有「述」，故是「以文解莊」的角度，評論莊子之章句、取制藝評文的方式，解讀莊子之全文，作一個文與理的貫通與了解，闡發莊周無為之旨。其時為康熙癸卯季秋，他三十六歲，也是他退官歸隱之際，藉莊以抒己懷，從此身隱政界，是林雲銘註莊、用莊、為莊的一段生命實踐過程。

　　林雲銘的《莊子因》，書中有《莊子總論》、《莊子雜說》二十六則，總論《莊子》宗旨、真偽、讀法。注釋雖簡要，詳略不一，但每篇末有述評，是其長處，對其宗旨、藝術技巧，作了許多分析。注文中，對一些段落和部分章節描寫有特色之筆，亦有評論，能概括地說明其藝術特色之所在。此書亦從蘇軾之說，認為〈讓王〉、〈說劍〉、〈盜跖〉、〈漁父〉四篇為偽作，提出不合莊意或筆法處，皆一一舉出其為贗品之因，提出辨偽之法。

其書風格承自林希逸《口義》的文章血脈之說，又綜合當時評點之風，是繼明‧陸方壺撰《南華眞經副墨》以來，融合「以文評莊」與「以文脈解莊」而成「以文解莊」的第一人。「文脈」與「文評」兩相結合的成果，影響到清‧宣穎《南華經解》等人，故此書是「以文解莊」的代表作。

從本書目前的傳沿情形可以發現幾個情形，在乾隆白雲精舍本《莊子因》將初版的〈莊子因序〉都已刪除，〈讓王〉等四篇更是摒棄了，雖然評點的符號未被抹去，但已經是殘本了；廣文書局之《增註莊子因》是原日本‧秦鼎《補義莊子因》之和刻本，〔註86〕抹去日本的漢音標註〔註87〕、秦鼎的眉批、評點的符號而成；目前保存較完整的《莊子因》版本，反而是和刻本《標註莊子因》，雖然沒有初版之序，但卻是目前最完整的版本。

由以上歸納，可約略知藝文印書館之乾隆年間白雲精舍本，是目前最早之版本；日本和刻本加上〈讓王〉等四篇，順序更動，內容增加，但須注意增補部分，何者是林雲銘原來的，或是後人所增〔註88〕，此比較查證的部分，放在第七章中說明，本論文仍以乾隆白雲精舍本爲主，兩者一起對照參考。

第三節　評點符號之閱讀引導

林雲銘用評述方式解古書除了《莊子因》卷上云：「三山林雲銘西仲評述」之外，同時期尚有《古文析義》〔註89〕記：「晉安林雲銘西仲評註」及晚年所

〔註86〕和刻本，又稱爲「日本刻本」是指古代日本以中國歷代之寫本或刻本爲底本，加以翻刻或重刊之書籍。見趙飛鵬〈傳播與回流──「和刻本」漢籍的淵源與價值〉台灣日本韓國東亞文獻資源與研究主題學術研討會 2004 年 5 月 15 日。

〔註87〕指標註在經書原典上左右之小字，由於日人不會唸漢籍之中國文字，因此需在字的右方標註日本音，字的左方分寫一、二、三，說明讀時的順序，以合乎日人的語言文法，如此標註漢音，才能理解漢文書籍之義，長崎大學連清吉教授說明。

〔註88〕除了眉批、《公孫龍子》兩篇，秦鼎會註明「秦鼎云」，其他增加在段落部分，用「──」表示分隔，故筆者不予採用，因查證是抄自明‧清其他註家；另有〈養生主〉篇末評之小字，及〈寓言〉題目下小字，皆抄自胡文英《莊子獨見》；唯一困擾的是〈讓王〉等四篇，林雲銘說得很精采，遍查各明清註本皆無，胡文英《獨見》對此四篇所言：「筆力軟弱」等語，與《莊子因》部分相同，目前暫時無法證明不是林雲銘作品，目前先視爲林雲銘所註，特在此說明。詳見本論文第七章第三節。

〔註89〕清‧林雲銘，《古文析義合編》，臺北：廣文書局，民國 90 年 10 月九版，頁 2、3。

著《楚辭燈》〔註90〕上：「晉安林雲銘西仲論述」，三本書都是用評點的方式，解析文章法式，逐句逐段解析，提出總說。故體例相近，其評點符號用法亦相同。

西仲用評點方式處理，乃是以讀者閱讀方便、能擷取重點為出發點，他一再說明自己用心至深，如《楚辭燈・凡例》云：「總以讀者省力為主」、〈凡例〉：

> 總欲讀者開卷便得。海內博雅君子，得是編者，不妨先取舊註一閱，
> 方知作者深意，止在目前，人自看不出耳。譆！讀古書豈易言哉！
> 〔註91〕

如能方便閱讀者，「觸目便覽，不煩檢閱」，觸目即知重點所在，開卷便得其意旨何在，此是西仲註書時的基本態度。因此三本可以互相參看，以更加透析作者旨意。

《莊子因》在書前寫下〈凡例〉計五則，此體例是自《古文關鍵》以來，古文評點家，都會在書首提出的，日本版本《標註莊子因》特地將〈凡例〉五則，放到篇目之前，方便讀者，在閱讀文本時，方便參閱，隨時對照，是其與中國白雲精舍本不同之處，也可以看出日本學者，在刊印書籍時之用心。

〈凡例〉是就《莊子因》中內容評點的基本方法，說明評點時所用之符號，標示其意義，其功能區分為二，一是標示其訓詁之功能，對字音、字義、句義及如何區分的說明；二是標明章法運用之功能，說明眼目、章法、章旨美學意境。符號的使用，分為有意義的文字符碼，如「已上」、「通段」、「全段」或音註旁邊說明之，另以無意義的符碼，「○」、「・」「──」等引導讀者，對文章形式的區分，脈絡的掌握，美學的體會，有一方便又快捷的掌握，作一通盤的了解，說明並舉例如下：

一、訓詁標示

字音、字義、句義、區分段落

（一）註音彙義

在字音方面，注在字旁是用以「原本音註，總彙二紙，舉目即得，其為省力」做為說明。

〔註90〕清・林雲銘，《楚辭燈》四卷附《楚懷襄二王在位事蹟考》一卷，遼寧大學圖
書館藏清康熙三十六年挹奎樓刻本，《四庫全書存目叢書・集部二》集 2-161。
〔註91〕清・林雲銘，《楚辭燈》集 2-161。

　　《古文析義》與《楚辭燈》在旁只標註字音的部分：如《楚辭燈》八條：「是編字有音叶者，即註於本字之傍，如反切有定音，亦改用之。總以讀者省力爲主，如下句不便於叶，即叶上句，蓋叶音原出於不得已，非可以正音論也。」但《莊子因》則分爲音註、總彙兩項。

1. 音　註

　　即注音，或同音異字。以〈逍遙遊〉爲例：

（1）「榮辱之『竟』」旁「境」同——音義相同

（2）「數數然」旁「音朔」——音同

（3）「脊然」音「香」——西仲言音同，今二者已不同

（4）「以『盛』水漿」「平聲」——表聲調

2. 總　彙

　　當有其他說法、其他義旨、或描述旨意時，則指提出其他說法。以〈逍遙遊〉篇爲例：

（1）「齊諧」下注：「古書名」但旁邊即言「或作人名」——另種說法

（2）「正色」旁註「猶言定色」——另一義

（3）「彭祖」旁「明歸人」——說明其主旨由上句「八千歲爲春，八千歲爲秋」歸結到人

（4）「夫知效一官」旁「始歸人事」——開始將主旨歸結到人事的討論

（5）「三餐而返，腹猶果然」旁「借喻意，夾寫議論」——借以有三餐一日之食爲喻，可以不飢作爲議論

（6）「世蘄乎亂」旁「四字疑」——因與前文意義不合，故懷疑是錯的句子

（二）字義句義

　　在字句訓詁方面，是以「本句」爲單位，本句之下，先解「字」面訓詁，合數句作一「總解」，以小圈「○」代表。如以〈齊物論〉一篇「冷風則小和，飄風則大和，厲風濟則眾竅爲虛」注解爲例：

　　　　猛風渡過後，諸竅寂然矣！○三句言風勢粗細不同，各形各聲中，

　　　　又有不齊如此。上從無生有，此自有歸無，來路去路井然。

先於句下說出單句解，再合三句爲一總解。

（三）區分段落

　　1. 其每段小住歇處，必加橫截「＿」

2. 一大截處、大住歇處，必加曲截「乚」

3. 段落注歇處，段落大意時：用「已上」說明或加評語，並加一小圈區別用「通段」「全段」說明，並加一小圈區別即一段落中，按照語氣文義，再細分小節，以及轉折或停頓之處。

二、章法標明

篇中眼目、章法、章旨、美學意境說明

（一）篇中眼目

綱領段中眼目，或是凡遇主腦結穴處，必旁加重圈「◎」

如：〈逍遙遊〉之「大」；〈齊物論〉之「因是」等。

（二）章法埋伏

1. 在文句埋伏照應處，竅卻之處，旁加黑圈「•」以〈齊物論〉為例：「仰天而噓」旁加「•」

2. 轉折另提或襯貼找足處，精采發揮及點襯處，上下呼應處，旁加密點「、、、、」，表示轉折之處，例如：

「汝聞人籟而未聞地籟，汝聞地籟而未聞天籟夫！」「形固可使如槁木，心固可使如死灰乎!」皆以密點「、、、、」加在旁邊。

（三）美學意境

神理所注、奇正相生、字句工妙精妙處、筆墨變化處，旁加密圈「。。。。」表示摘詞工妙處，亦可以旁加密圈或黑圈與密圈混合，以〈齊物論〉為例：

（1）「咸其自取。怒者其誰邪！」全加密圈「。。。。」

（2）「大知閒閒，小知間間，大言炎炎，小言詹詹。」知與言是一篇之眼，所以用「•」，其餘用「。。。。」

（四）章旨總論

標明總論本旨，以「逐段唧接脫卸」的方法，解構其文章體式脈絡，猶如撰寫一篇全章八股文字，解構之後，還要再重組，「俱要還他渾渾成成，一篇妙文」，為其目標。故西仲在每篇之後都有其總論，說明本旨之所在，文章妙處在何。

這個方法，亦見《古文析義》於〈凡例〉中云：

讀古文最忌在未明其大旨，只記了從前坊本評語，謬加虛贊，如馬

首之絡，篇篇可以移用，甚覺贅瘤，是編只解其大旨脈絡，佳處自
呈，西施王嬙，原不待揄揚而後美耳！〔註92〕

西仲相當重視要旨的了解，如此文字義理得以貫通，《古文析義・凡例》亦云：

是編全文中有明白義曉處，只於逐段下總評數語，以闡發通篇血脈；
其深心結構，出沒收縱，有鬼斧神工之妙者，必逐句註出，不敢草
率。〔註93〕

可以看出西仲在處理古書的基本方法是運用評點的技巧、其態度是以方
便讀者閱讀為出發點，其基本模式皆以此方式既評且點，詳細分析字、句、
意、旨才得以真正了解其文章血脈，真正義涵，以透徹的理解作者為文之旨
意為主要目標。

總是以「還他渾渾成成，一篇妙文」，最終能「揭出本旨」，而不可「不
敢如前此註莊諸家，輒指東話西，自逞機鋒，將本旨，盡行埋沒卻也，具眼
者諒必知之。」這是西仲務實的態度與為文的苦心。

另外，自呂祖謙《古文關鍵》、謝枋得《文章軌範》講求古文章法以來，
其書前凡例在說明符號意義時，皆以，圈、點、截段等評點符號，同時說明
其符號意義、功能作用、目的，說明時不加區分訓詁、章法類，同視為圈點
符號，一併說明，西仲亦是如此，筆者如此歸納，期在符號運用與意義上，
能判析得更清楚。〔註94〕

第四節　讀者之閱讀視角

林雲銘在歷代註莊的學者中，是非常重視讀者角度的學者。如在《古文
析義》〈凡例〉：「是編閒有拈出，在善讀者會心，筆墨中不能盡也」，〔註95〕
對應如何閱讀《莊子》方面，文獻上的記載在《京都大學人文科學研究所漢
籍目錄》中有〈讀莊子法〉一卷，輯於《昭代叢書》清・張漸、張潮輯，清・
楊復吉、沈楙悳（德）續輯。道光中吳江沈氏世楷堂刊本有補鈔，目前雖未
見其資料。但由《莊子因》前所附〈莊子雜說〉計二十六則，推論可能就是

〔註92〕《古文析義合編》，臺北：廣文書局，民國 90 年 10 月，頁 2。
〔註93〕《古文析義合編》，臺北：廣文書局，民國 90 年 10 月，頁 2。
〔註94〕〈凡例〉部分除見《莊子因》乾隆白雲精舍本，頁 5～6；又可參考本論文附
　　　　表：附錄七。
〔註95〕《古文析義合編》，臺北：廣文書局，民國 90 年 10 月，頁 2。

〈讀莊子法〉，因爲其中都是討論讀者如何閱讀《莊子》，如〈莊子雜說〉中：「讀者須知有和盤打算法」、「讀者須知有進一步法」、「讀者不以詞害意可也。」

由他反覆以「讀者」角度討論如何閱讀，進而提出讀莊子四法：「看地理之法讀之」、「觀貝之法讀之」、「五經之法讀之」、「傳奇之法讀之」，並於議論處提出：由整體看是「讀者須知有和盤打算法」，由過程論是「讀者須知有進一步法」可以看出西仲在閱讀《莊子》時，已有一套自己的閱讀方式與方法，很值得吾人去學習。

此四法先以看地理之法，由章節、脈絡入手，視其地理龍穴（眼目、結穴）的分布，找出主旨之後，以進一步法去仔細分析，用不同角度與面向去看，是「觀貝之法讀之」，看出宗旨之所在，再以文理脈絡，去尋出內在深層之義涵，是爲「五經之法讀之」，最後勿支離其義，須知「和盤打算法」，還一個莊子的原本眞正面貌，提出莊子之爲莊子，與老子同而有異，與孔子異卻有同，故須以「傳奇之法讀之」，看出莊子之所以爲莊子的獨立特殊之處。

一、讀者閱讀之法

（一）全面觀照之看地理法

以看地理法讀莊子，這是西仲對《莊子》文章有全面的體悟與了解，知道莊子行文，高低起伏，跌宕波瀾，如何能用具象來加以的描述呢？因此他提出「地理法」，在閱讀時，如觀風水般走入山間海畔，看出山勢高低起伏、看出海邊波濤洶湧，在文章中找出本旨、眼目、照應等，如看風水之找出龍穴，抓住重點，才是上乘的讀者。因此西仲在〈莊子雜說〉云：

> 莊子當以看地理之法讀之，欲得正龍、正穴於草蛇灰線，蛛絲馬迹處尋求，徒較量其山勢之大小，無有是處。〔註96〕

此地理之法指的就是〈雜說〉中：

> 莊子篇中有一語而包數義者、有反覆千餘言而止發一意者、有正意少而傍意多者、有因一言而連類他及者，此俱可置勿論，惟先求其本旨，次觀其段落，又次尋其眼目照應之所在，亦不難曉。〔註97〕

此一語數義、千言一意、正意少旁意多、一言連類他及，就如同草蛇灰線、

〔註96〕《莊子因》，乾隆白雲精舍本，頁 23。
〔註97〕《莊子因》，乾隆白雲精舍本，頁 19～20。

蛛絲馬跡般，有山勢大小，有無有是處，如何找到本旨、眼目，如同找到正龍、正穴般。舉書中例證，如〈逍遙遊〉評云：

> 以爲斷而非斷，以爲續而非續，以爲複而非複。只見雲氣空濛，往
> 返紙上，頃刻之間，頓成異觀。陸方壺云：綫中線引，草裏蛇眠，
> 誰得之矣。〔註98〕

即藉由脈絡的賞析，去看出其中斷而非斷，以爲續而非續之關係。這一部份由本旨、段落、眼目、照應、正穴（結穴）處，將在下一章節謀篇佈局中作說明。這裡先提醒作者要有這種閱讀視野，到進入本文時才能掌握重點，做全面的了解。

（二）細讀文本之觀貝法

西仲很重視讀者應細讀文本，不管在《古文析義》或《楚辭燈》中，西仲都會用「細讀」、「細玩」等辭，說明對題目、內容、段落應細細品味，善加琢磨，才能看出作者眞正的旨意，如《古文析義》〈凡例〉：

> 一古文，當先細玩題目，掩卷精思，開手如何落筆。既讀過一段，
> 復思一段之後，應如何接寫，如何收拾，直到思路窮竭，方知古人
> 有許多不可及處。若開卷便一氣讀畢，縱能成誦，必茫無所得之人。
> 此百試不一差者也，是篇段標出，或可爲好學深思者之一助。〔註99〕

此種細讀方法，與西方細讀理論強調保持文本的獨立性，以文本中文字符號的音、義或位置的放置，形成一陌生化的獨立語言，再個別把每一個獨立又陌生加以研究、理解，系聯，系譜，因爲如此分析之後，發現文本未言或不足，或深層義含，再細讀分析之後呈現一嶄新的面貌，重新建構更深入的解讀，是爲細讀理論。西仲的細讀理論則不同，他在〈莊子雜說〉則言：

> 莊子當以觀貝之法讀之，正視之似白，側視之似紫，睨視之似綠，
> 究竟俱非本色，纔有所見，便以爲得其眞，無有是處。〔註100〕

此觀貝法以觀其眞、觀其本色爲其目的，如〈人間世評〉：「無用之用，爲孔子告也。曰來世，曰往世，入世之情窮，而出世之術深矣。此〈人間世〉之旨也。文之古奧離奇，細讀方知其妙。」由此細讀觀貝之法，才見莊子文中的奧妙之處。

〔註98〕《莊子因》，乾隆白雲精舍本，頁41。
〔註99〕《古文析義合編》，臺北：廣文書局，頁1。
〔註100〕《莊子因》，乾隆白雲精舍本，頁23～24。

　　西仲的細讀理論，在方法上，是用玩上下文，知其來路去路，找其立言之處，是藉由文章文理脈絡的理解，及用義理的洞視，作爲細玩的方法；找到立言基礎之後，進一步要做邏輯思維的辨證工作，從同中知異，在異中求同；最後要破除所知障，須知寓言、重言、厄言都是如鏡花水月般，種種幻象，其實是空，作所有論證的否定與遮蔽，而目的卻在道體的眞正實踐之義。此三種推論，是不同於西方細讀理論多在表層結構作說明，其內容要領則說明如下：

1. 深入玩味文章

　　西仲〈莊子雜說〉以「玩」上下文、尋其理路，「深」處淺讀之、「曲」處直解之，用字、句一一讀之，再一氣呵成以看來路去路，這是他觀貝法的第一個方法。其立論爲：

> 莊子當隨字隨句讀之，不隨字隨句讀之，則無以見全書之變化，又
> 當將全書一氣讀之，不將全書一氣讀之，則不知隨字隨句之融洽。

莊子有易解處，有艱澀難解處，有可作此解，彼處俱無足疑，止玩上下文，來路去路，再味其立言之意，便迎刃自解矣！

> 莊子命意之深處，須以淺讀之，爲文之曲處，須以直解之，若一味
> 說伭說妙，只管附會入心性裏面去，便成一部野狐禪矣！今人蹈此
> 病者，什之八九，須痛絕之。〔註101〕

此三段足以說明細讀的幾個步驟，第一步驟，是讀的方法上，先隨字隨句讀之，以見全書之變化；再一氣呵成讀之，了解隨字隨句之融洽。由讀當中先做變化與融合的理解；第二步驟，則是就是在理解辭意方面，其詞有各種的解法時，就須往返文義脈絡，力求從不斷反覆尋繹中，把握出立言之義；第三部份是在命意深處，即今所謂哲學上的命題，若一味以玄理妙義去解，則易流於宋明理學之心性之說，這種談玄而不務實的各逞機鋒，西仲言此是「一部野狐禪」，因而要用生活上淺顯的例證去說明，比較易解。

2. 仔細辨別異同

　　觀貝法的細讀理論，在第二層理路的了解上，希望讀者在理路的來去間，細細尋繹之後，切忌走入迷津、陷入支離之境，故要把握在同中求異，在分中求合，的要訣，故言：

〔註101〕《莊子因》，乾隆白雲精舍本，頁20～23。

> 莊子大旨說外死生、輕仁義、黜聰明，詞若不殊，而其每篇立意，
> 卻又不一，當于同處而求其異，當於分處而求其合，自有得於語言
> 文字之外，若草草讀過，便是不曾讀。〔註102〕

《莊子》一書因年代湮遠，多人竄掇，以致文義常有出入不合之處，因此西仲主張先把握莊子要旨：外死生、輕仁義、黜聰明，依此觀點在每一篇中作對照，可能相同，亦有相異處，發覺不同的對比，才能發覺到言外之意、弦外之音。如〈盜跖〉：「平爲福，有餘爲害者莫不然。」下面注解曰：

> 世人知人生於憂患，言禍多而福少，所以吉居一而凶悔客居三也。
> 不知大《易》中所言「無咎無譽」處，皆爲福地。但昧者不肯打算，
> 宜其營營逐逐於無已也，讀此可以藥迷。二語倒說盡平陂往復之理，
> 消息盈虛之道，不可草草讀過。〔註103〕

人往往不能理解「平爲福」的優勢，常常追逐「有餘」，殊不知實則爲害，西仲此處要破一般人對「平爲福」的漠視，爲生活中反於常理的解釋，作一紓解，就以《易》經無咎無譽之道解之，並以萬事萬物消息盈虛之道來說明其意。希望讀者細細思量，才得以體會其深意。

3. 言語為幻象之超然

讀者運用觀貝法的細膩處理時，會在文本中，一再作精細的處理，但是相對的，也會囿於細細分析，縱橫捭闔之迷障中而不自覺，往往不能理解莊子遣辭用句，往往是正言若反，不明此眞諦者，往往誤把虛幻當作實相，會把莊子運用語言的歧義性，與象徵性的特殊修辭技巧，視作一般眞實的論述。故對莊子三言（寓言、重言、巵言）及用字方式，他特別舉出：

> 莊子只有三樣說話：寓言者，本無此人此事，從空駕撰出來；重言
> 者，本非古人之事與言，而以其事與言屬之；巵言者，隨口而出，
> 不論是非也，作者本如鏡花水月，種種幻相，若認爲典實，加以襃
> 譏，何嘗說夢？
>
> 莊子用字有與他書不同，如「怒」而飛，非「喜怒」之「怒」；冷然
> 「善」，非「善惡」之善；游心乎德之「和」，非「和順」之「和」，
> 此類甚多，當具別解。〔註104〕

〔註102〕《莊子因》，乾隆白雲精舍本，頁 21。
〔註103〕《莊子因》，乾隆白雲精舍本，頁 594～595。
〔註104〕《莊子因》，乾隆白雲精舍本，頁 17～22。

《莊子》在語言文字上的運用，往往是超然的，常常站在道的立場，超越主客體的爭論，他以「因是」兩行的「莫若以明」看法，在「得其環中」，「和以天倪」中，藉文字以表現眞正的道，所以，一切的言，對莊子而言，都只是幻相，如寓言是無此人無此事，憑空杜撰的；重言是非古人之事、非古人之言，以事以言寄託之；巵言者，無是非、無典實純爲水月鏡花之幻象罷了，勿落入言詮的紛擾，而找出壹虛而靜的道心，才是眞正「觀於天地之謂也」。

（三）以五經學養解莊

西仲提出以讀詩、書、易、禮、春秋此五經之法讀《莊子》，猶如宋·林希逸提出讀莊有五難：「莊子有五難，必精於語、孟、學、庸等書，見理素定；又必知文字血脈，知禪宗解數，而後知其言意。」希逸提出讀莊要精論語、孟子、大學、中庸，才能見理素定，西仲之意是以讀五經方式，讀出經典中義理之所宗，才能眞正讀懂莊子之「理」。

西仲特別以「理」爲閱讀核心之深意，希望讀者勿輕忽其文中之內涵深層的寓意，得其「神理」才是眞正解其文，知其文的眞正閱讀之目的與目標，在《古文析義》〈凡例〉即言：

> 一讀古文要得篇中神理，如王荊公讀〈髯蘇表忠觀碑〉云：「似太史公楚漢以來，諸侯王表，試問那一句相似此神理也？」今人讀古，或遇不切舉業者，輒云：不必究心。不知觀鬭蛇而字法進，觀舞劍而畫事工，亦思字與蛇何涉，畫與劍何涉乎？若不解此縱全篇，學步邯鄲，徒來醜婦臏里之誚耳，是編閒有拈出，在善讀者會心，筆墨中不能盡也。〔註105〕

閱讀文章並不只爲科考爲文，邯鄲學步而已，眞正善於讀之人，是要讀出書中弦外之音、言外之意，得意而忘象，會其心得其神理，故西仲在〈莊子雜說〉提出：

> 《莊子》當以五經之法讀之，使其理爲布帛，菽粟日用常行之道，
> 不起疑異於心，則與我相親矣。〔註106〕

以五經法讀莊子，是掌握其「理」，這也是莊子所謂之「道」，雖在日用常行、行住坐臥間，道無所不在，但把握原則之後，自是切合於自身之心，藉由莊子之文得其文理，得其神理，更要得其眞理，這才是莊子眞人品、眞精神的

〔註105〕《古文析義合編》，臺北：廣文書局，民國 90 年 10 月九版，頁 1～2。
〔註106〕《莊子因》，乾隆白雲精舍本，頁 24。

顯現，才是讀莊者，在掌握文理之後，所應得知的義理之所在，這樣莊子之「理」，才能如日用常行之道，毋須勉強即能得之，讀者在閱讀《莊子》時，在相互接觸與碰撞中，體驗莊子眞正的理，原是如此簡單易行，化諸萬物，於我內在相契合，因爲它是每個人都具有的本心、眞性情、眞人品，如此才是得其神理，又與自己潛藏之眞生命相結合的。因此，西仲有言：

> 夫一代眞文章，猶之乎眞人品也。眞人品若合若離，磊落自喜，而有一段不可抑塞之性情；眞文章有意無意，洸洋自恣，而有一段不可磨滅之神聖。〔註107〕

由文以見其人，由文已交其心，由文理以見義理，能「原天地之美而達萬物之理」才是解莊讀莊的重要意義。而在西仲在以五經法讀之時，他希望由「理其文理宗旨」與「辨其書中贋手」入手。

1. 文理與宗旨之把握

西仲很重視文章血脈，以其文理脈絡得其文理宗旨，更是他全書之核心目的之所在因此以五經法得其神理的角度而言，是讀者在閱讀時，重要的目的所在，因此他在〈莊子雜說〉提出：

> 莊子全部以內七篇爲主，外篇雜篇旨各分屬，而總不離其宗，今人誦其文，止在字法句法上著意，全不問其旨之所在，此大過也。
>
> 莊子或取其文不求其理，或詮其理不論其文，其失一也；須知有天地來，止有此一種至理，有天地來，止有此一種至文，絕不許前人開發一字，後人摹倣一字，至其文中之理，理中之文，知其解者，旦暮遇之也。〔註108〕

得其宗旨解其文理才是讀者閱讀《莊子》重要的目的所在。但文理只是一個過程，其最終目的在由文理、知萬事萬物本然的，屬於現象界的物理或事理；最終要明白的是，生命本根而實存不變的道理、生死實理、當然之理。

在文理方面，篇與篇之間有相因之理，有義分屬而理互寄，如〈莊子總論〉中言：

> 〈逍遙遊〉言人心多狂於小成，而貴於大；〈齊物論〉言人心多泥於已見，而貴於虛；〈養生主〉言人心多役於外應，而貴於順；〈人間世〉則入世之法，〈德充符〉則出世之法，〈大宗師〉則內而可聖，〈應

〔註107〕〈上杜肇余少宰〉，《挹奎樓選稿》，集 230-128。
〔註108〕《莊子因》，乾隆白雲精舍本，頁 15，22。

帝王〉則外而可王，此內七篇分著之義也。然人心惟大，故能虛，
惟虛，故能順，入世而後出世，內聖而後外王，此又內七篇相因之
理也。

若是而大旨已盡矣，外篇、雜篇，義各分屬，而理亦互寄，如駢拇、
馬蹄、胠篋、在宥、天地、天道，皆因〈應帝王〉而及之，天運則
因〈德充符〉而及之。〔註109〕

在此是說明內七篇其主旨之間有相輔相成的因果關係，與外、雜篇又有相因相
寄的脈絡聯屬之關係，因此在〈山木〉篇後評曰：「此篇闡發全身遠害之理，可
以補內篇人間世所未備。」〔註110〕也就是說明全書血脈相因相寄的文理關係。

在句中的文理層次清楚者，如〈知北遊〉：「果蓏有理，人倫雖難，所以
相齒。」西仲分析此句話，認為其中層次很清楚，他說：

木實曰果，草實曰蓏，言為物雖微，其卑高之相亞，大小之相綴，
亦自有文理而不亂。人道之大，雖難與果蓏比倫，然所以相齒之序，
未嘗有異也。〔註111〕

由文字表層的「文理」，進而有五經義理上「理」，如〈知北遊〉：「天地有大
美而不言，四時有明法而不議，萬物有成理而不說。」下面西仲解云：

三語與《論語》：「天何言哉，四時行焉，百物生焉。」數語同意。
〔註112〕

西仲認為莊子的「理」與孔子「天何言哉」之理相同，是生於斯，長於斯，
自然而然形成於天地間，因此二人皆認為又何須明言。

此天地之理不言、不議、不說，但凡夫俗子何以體會呢？其實它是表現
在「使其理為布帛，菽粟日用常行之道，不起疑異於心，則與我相親矣。」
是在萬物中而不覺，與我相親而不疑。此萬物之「理」，存在於現象界中，就
稱之「物理」、「事理」，是「惟以有形之物理，取則於無形之造化，是出而知
反，而人事定矣。」〔註113〕也就是說「物理」的一切有形的存在，是根源於
萬物無形之造化，人事的一切變遷之理，也歸因無形之理的造化。西仲又言：

〔註109〕《莊子因》，乾隆白雲精舍本，頁11。
〔註110〕《莊子因》，白雲精舍本，頁398。
〔註111〕《莊子因》，白雲精舍本，頁429。
〔註112〕《莊子因》，白雲精舍本，頁423。
〔註113〕見〈庚桑楚〉：「以有形者象無形者而定矣。」句下，見《莊子因》乾隆白雲
　　　　精舍本，頁462。

> 夫人必有諸中而後發諸外，若不見其實有於己，而發於事理，則每
> 發而不當，是亦妄發而已。既入於不誠之中，又不能舍其故轍。屢
> 屢更變，以自掩飾，惟成其失而已。〔註114〕

西仲由「文理」入「物理」、「事理」，認爲若不能發乎至誠，則往往表現不當，
故在事物與人之間，形成一萬事萬物之「道理」，所謂：「謂與論道理，往往
當於人心也」〔註115〕此道理是萬物之源頭，也是人心之根源，是出乎人心，
又合乎人心的，與人性潛藏的本然、本質之眞性相符合，才是眞理之所在，
才是當於人心，不會扞格而不入的。

　　經由「道理」，進一步就是要了解，人所以成形的天地造化「當然之理」，
西仲在〈庚桑楚〉：「性者生之質也」下的說明爲云：

> 性，即理也。有生，即有當然之理，故爲生之本質。〔註116〕

人有性、人有生，原是天地無形的化育，而成有形的軀體，但其生命的延續，
資質性情的開展，是無形卻又是生命之本質，因此，人的生存與死亡，除了
無形本質的延續或停止之外，也是有形軀殼的延長或終結，這也就成爲一個
「生死實理」〔註117〕，存在世上，有生就有死的當然之理。

　　如此層層入理，講到生命的源頭，才是西仲以讀五經之法讀之的眞正義
涵，並非由《莊子》書中看出此句如詩之意、此句如易之解，而是由經典詮
釋中，得其合乎人心而未言的天下至理，以《莊子》篇章文理入手，進而理
解《莊子》所言現象界種種事理、物理最終是解人生的道理，視之爲實理，
爲當然之理，於是生死也就不足以畏之，人有此通透「理」之識見之後，詩
書義禮之教，也就眞正落實於生活中，詩書禮教行仁處義，也是行乎「理」
之上，如此了解「理」的來龍去脈，自然心悅誠服的遵從六經之教，而不覺
勉強痛苦有束縛之感。

2. 駁莊與全莊之論

　　《莊子》書中內、外、雜篇三者的討論，從蘇軾疑〈讓王〉等四篇淺陋
不入道，以爲應刪去，將〈寓言〉與〈列禦寇〉合爲一篇來看，自此註莊者

〔註114〕又如〈庚桑楚〉中：「不見其誠己而發，每發而不當，業入而不舍，每更爲失。」
　　　　　下《莊子因》乾隆白雲精舍本，頁460。
〔註115〕〈田子方〉：「稱道數當」下注。《莊子因》乾隆白雲精舍本，頁399。
〔註116〕《莊子因》乾隆白雲精舍本，頁468。
〔註117〕〈庚桑楚〉：「出無本，入無竅。有實而無乎處，有長而無本剽。」下西仲言
　　　　　「生死本有實理也。」《莊子因》乾隆白雲精舍本，頁463。

會在其內容、文句或意義上加以論述眞假，有的註解只註內七篇，有的刪去
〈讓王〉等四篇，有的列入，但註解很少。對書中篇章眞僞部分，西仲在《增
註莊子因‧序》中即言：

> 至如贗手擬莊竄入篇內，往往得罪名教，實莊之秕莠，蟊賊必不可
> 姑容者。謹一一摘其紕繆，從旁抹出，鐫爲定本，以公同好。〔註118〕

可見得如何辨識贗手竄入，也是讀者該詳知之處，他的方法是用文理宗旨去
理解莊子，並經由此法去解《莊子》中眞僞，將後人擬作部份提出來，以解
歷代對《莊子》篇章的懷疑。西仲說：

> 莊子五十三篇，載在《漢書‧蓺（藝）文志》嚴君平作《老子指歸》
> 所引用者多書中不載，如關奕、意脩、危言、遊鳧、子胥等篇，世
> 存其目，則此書爲郭子玄刪定無疑，但外雜兩集，尚有贗手，未經
> 擯斥，世無明眼以爲相沿已，久不敢復道，然亦不可不辯也。（〈莊
> 子雜說〉）

西仲是以一位優秀的讀者角度，辨識《莊子》外雜之贗手操作，但也是用尊
重經典的看法以讀莊，找出謬誤不辨之處，以還經典之完整性，故言「駁莊
而全莊也」：

> 但其中孔子見老聃而語仁義一段，竟爲贗手粂入，遂使狗尾續貂，
> 瑕瑜並見。識者憾焉，吾特而出之，所以駁莊而全莊也。〔註119〕

這也是西仲在看出贗手的眞正目的，他希望摘出紕繆，而能鐫爲定本，以公
諸同好之學者專家，尤其在前面注莊諸賢，或只解內七篇，或不詳加辨析，
唯有西仲在找出眞僞部分，做得最徹底，說明最清楚翔實，由於此「駁莊而
全莊」的解經態度，因此，這一部份在明清注莊的部分，可說是最有價值的。
以下詳加說明之。

（1）篇章贗手之分析

如同前人的肯定，西仲完全不質疑內七篇，而外雜篇他有許多自己獨到
的見解，這和他本身古文學養豐富有關，西仲在〈莊子總論〉即指出，《莊子》
三十三篇中，有全篇皆非莊子所言者如下：

> 如此若〈刻意〉、〈繕性〉，義有所屬而無味，〈讓王〉、〈說劍〉、〈盜
> 跖〉、〈漁父〉，義無所屬而多疵，昔人謂爲昧者勦入，非虛語也，〈天

〔註118〕《莊子因》，乾隆白雲精舍本，頁 3。
〔註119〕《莊子因》，乾隆白雲精舍本，頁 302。

下〉一篇，則後人訂莊者所作，是全書之後序耳！

因此西仲會在段落下或篇末之評中，論斷篇章眞偽，若是全篇都沒有問題，應是莊子之作，其文句段落就沒有說明眞偽，如外篇〈駢拇〉〈在宥〉〈達生〉〈知北遊〉雜篇〈徐無鬼〉〈則陽〉；若全篇文氣脈絡完整，但可能意義無味，或文氣爲漢之作品，對莊子本身過於褒揚，讓人覺得莊子不可能如此毀人以自譽，就會在評中指出，應非莊叟之作，如外篇〈馬蹄〉〈胠篋〉〈刻意〉〈繕性〉雜篇〈庚桑楚〉〈天下〉等在篇末作說明；若是在某幾段特別明顯，非莊子之文者，或認爲全篇爲贋手所作者，則在段落、篇末都有說明，內篇有〈天地〉、〈天道〉、〈天運〉、〈秋水〉、〈至樂〉、〈山木〉、〈田子方〉雜篇有〈外物〉、〈寓言〉、〈讓王〉等四篇及〈列禦寇〉〔註120〕。可以看出西仲在分析時是非常仔細，且由此看出他對篇章的看法，及對篇章的高下之見。

〈讓王〉等篇西仲雖未刪除，但亦同意蘇軾〈莊子祠堂記〉中云：「去其讓王、說劍、漁父、盜跖四篇，以合於列禦寇之篇首」，當蘇軾看到〈寓言〉最後一段老子說陽子睢盱跋扈，因此所過之處別人都對他又敬又怕，陽子聽老子的指點後，改其行止容貌，別人才改變對他的態度；而〈列禦寇〉篇首是伯昏瞀人，到了齊國又折返，因賣豆漿的人，十家有五家先送他的，讓他驚覺自己的外貌，是否過於威赫。此二段意義相近，因此蘇軾言：「然後悟而笑曰，是固一章也。莊子之言未終，而昧者剿之以入其言，余不可以不辨分章名篇，皆出於世俗，非莊子本意。」西仲因此讚美蘇子是：「此老讀書，自是千古隻眼」。

另外，西仲認爲〈列禦寇〉篇末有莊子將死的部分，應是如《春秋》，至西狩獲麟之後，聖人絕筆於此，故莊子絕筆於此，西仲言：

> 蘇子瞻作〈莊子祠堂記〉，言讀〈寓言〉之終：「陽子居爭席一段」，因去〈讓王〉、〈盜跖〉、〈說劍〉、〈漁父〉四篇以合於〈列禦寇〉之篇。然後悟而笑曰：「是固一章也！」此老讀書，自是千古隻眼。後人惟以篇目已定，不敢擅自改訂，亦古人闕疑之意，然亦不可以不辯也。篇末載「莊子將死一段」，以明漆園之絕筆於此，猶春秋之獲麟，此外不容添設一字。則〈天下〉一篇，不辯而知爲訂莊者之所作矣！後世紛紛，猶以莊自爲之。甚矣！讀書之難言也。〔註121〕

〔註120〕詳見附表：附錄十〈莊子因外雜篇贋手說明表〉。
〔註121〕《莊子因》，乾隆白雲精舍本，頁579～580。

對於〈天下〉篇，前人對其作者亦多有爭論，如王安石〈莊子論上〉則認爲莊子對天下，因諸子百家爭鳴，又特別標舉仁義禮樂，但往往更加壓抑人性，使得道術爲天下裂，故王安石曰：

> 莊子病之，思其說以矯天下之弊，而歸之於正也。其心過慮以爲仁義禮樂，皆不足以正之。故同是非、齊彼我、一利害，則足乎心爲得。此所以矯天下之弊者也。既以其說矯弊矣，又懼來世之遂實吾說，而不見天地之純，古人之大體也。於是又傷其心於卒篇以自解。〔註 122〕

王安石認爲〈天下〉篇是莊子感到天下已病，來世天下大亂，因而想回歸到本然的天地純然、人心樸實的世界，因而寫下〈天下〉篇，以矯正時弊，因此他認爲〈天下〉是自解之作，而蘇軾則在〈莊子祠堂記〉曰：

> 莊子之言，皆實予而文不予，陽擠而陰助之。其正言蓋無幾，至於詆訾孔子，未嘗不微見其意，其論天下道術，自墨翟、禽滑釐、彭蒙、慎到、田駢、關尹、老聃之徒，以至於其身，皆以爲一家，而孔子不與，其尊之也至矣！〔註 123〕

認爲莊子根本是在表面上對孔子詆毀，但反而在內心的深處，是既羨慕孔子的執著，又覺得何必自苦如此，因此以一種諷刺的行文方式，去嘲笑、打擊孔子，實際卻是心嚮往之，而欲換另一種至人無爲、大聖不作、觀於天地之位也的方式，達到莊子所謂的原天地之美，達萬物之理，是以文不予孔，但二人是殊途而同歸。因此蘇軾亦認爲〈天下〉爲莊子所作。但是西仲的看法則不然，他在〈天下〉篇末云：

> 段中備極贊揚，眞所謂上無古人，下無來者。莊叟斷無毀人自譽至此，是訂莊者所作無疑。王荊公〈莊子論〉、蘇長公〈莊子祠堂記〉，皆以此篇出乎漆園自作，各有獨見，但可徒資談鋒，總非定論。而議者又以爲訂莊者，不著名姓爲疑，不知莊叟生於戰國，彼時猶爲近古國策，筆法橫絕，俱無名氏。千載而下，以不知出自何手爲恨。豈若後世淺儒粗就一篇爛時文，便自署其姓字於上，災梨以自誇詡，徒以供覆瓿之用，當使古人笑人，至今齒冷矣！〔註 124〕

〔註 122〕見焦竑，《莊子翼》所附。明・萬曆十六年長庚館刊本影印，《無求備齋莊子集成續編》，第 12 冊，頁 947～952。

〔註 123〕宋・蘇軾，《莊子祠堂記》，嚴靈峰，《無求備齋莊子集成初編》，第 12 冊，頁 519～520。

〔註 124〕《莊子因》，乾隆白雲精舍本，頁 601。

西仲此處提出兩個論點，一是天下篇把莊子獨立在眾家之上，以西仲由《莊子》書中義理的掌握，去理解莊子其人，應不會也不必自吹自擂，把自己捧上青天；另一個觀點是莊子的時代背景，正是戰國時期，戰國策筆力雄渾，但千古之下誰知作者究竟是誰，多少優秀的作品留下時，都未曾留下姓名，只能託古罷了，因此，莊子外雜篇未必不是戰國時優良的作者所寫的。

（2）文句旨義之辨解

西仲第一先看遣辭用句，是否如莊子般迴宕餘韻，還是在篇章中部份段落，若莊子文章文句或意義上，一再重複敘述，狗尾續貂，瑕瑜並見者，即認為是贗手羼入，如〈漁父〉中言：「孔子又再拜而起曰」下面好幾句一拜、在拜、三拜，西仲看了已甚為光火，就直言贗手絞盡腦汁，也只能把孔子寫成個懺頭陀，他說：

> 四再拜，禮煩而生厭矣。此時幸而漁父告去，不然則孔子竟成一拜懺頭陀，一句一拜，自晨至晚，無一休歇矣。贗手搜索枯腸，冤苦已極，不得不於此處用力點綴。〔註125〕

〈漁父〉中談孔子是：「甚矣子之好學也」、「甚矣子之難悟也」、「甚矣由之難化也」西仲嘲笑說：「此等句法，有何驚天動地之奇，而屢用如此。總之才竭思窘，不得不如此也」〔註126〕極盡譏諷之能事。

再就文章結構上，筆力是否有力，如能數段遞遞說下，立論醇實，文實並茂，才會令人賞心不已，但若是文字有訓詁氣，〔註127〕如此則不是莊子為文之風格，因此在〈天地〉篇末他提出：「余細玩其中，如華封人伯成子高漢陰丈人數段，結搆雖工，咀嚼無復餘味，疑為好事者竄入，然非寢食於莊，亦不能辨也。」其中「子貢南遊於楚」一段下，他認為：

> 此段言去其機心方能入道，借為圃畦，發出多少議論。大類〈漁父〉篇意。其文絕無停蓄蘊藉，中間又有紕繆之語，此為後人竄入無疑也，惟善讀莊文者知之。〔註128〕

其三則要旨義深刻，能夠掌握莊子的文章，義理餘韻繚繞，宕氣迴長的特色，不是讀過就知，一覽而盡，無復餘味，將全書之旨，與內容自相牴牾，

〔註125〕《標註莊子因》，和刻本，頁611。
〔註126〕《標註莊子因》，和刻本，頁612。
〔註127〕《標註莊子因》，和刻本，頁329。
〔註128〕《莊子因》，乾隆白雲精舍本，頁248。

還妄鼠奇說，焉有不被識者所破的道理。〔註129〕因此在〈說劍〉評云：

> 篇中口角，絕似戰國策士之談。莊叟言：寧曳尾塗中，王公大人所
> 不能器，乃顧為人作說客邪。其就劍上發出天子、諸侯、庶人三段，
> 詞意體裁，頗類國策。初讀之似覺奇闢，再繹之而意致便索然矣。
> 要知讀古人書其一覽而盡者，即非佳文。莊子為此，又何以為莊子。
> 〔註130〕

最高明的莫過於西仲是位熟讀百千篇古文的優秀讀者，本身才學之高，
隻眼獨具，他已經把各個文家的風格體式，甚至各朝代文章風格都看出來，
在辨識文章時，自然慧眼獨具，因此他在〈讓王〉：「孔子窮於陳蔡間。七日
不火食。」下面表現出他豐富的學養：

> 自篇首至此，共十五段。其中所引，大約俱輕外重內之意，強半於
> 末段用斷語。調既庸俗，意亦重複，讀之令人生厭，至此段末，忽
> 用古人二事，對待雙收，其格法自西漢之後始有之。今乃指為莊子
> 手筆，豈不笑殺。〔註131〕

西仲功力的雄厚，可見一二，辨偽原本就不容易，自宋以來，注莊者除
了大多服膺蘇軾的鑑定外，贋手段落的指出，成為注莊者熱烈關注的項目，
即使到現在，劉笑敢的《莊子哲學及其演變》用文字統計歸納莊子這件百衲
衣，有述莊派、黃老派、無君派等；劉榮賢《莊子外雜篇研究》〔註132〕以材
料分合、黃老思想、哲學命題如「理」、「氣」等在先秦諸子及漢代之變化，
作《莊子》外雜篇真偽的參考指數，都看得出學者不斷的想還得莊子之真面
貌來。西仲《莊子因》中外雜篇贋手部分，參見篇末附表。

（四）愉悅的傳奇法讀之

一人有一人的特色、風格，西仲深切地了解，一位大學問家、大思想家
之所以能有自己獨創性的見識，當然前有所承，後出轉精，莊子敘事時能將
筆下人物「鬚眉畢張」、躍躍欲出，寫前人所未寫，發前人所未發、言前人所
未言，自是有一定之識見與看法，其深度是與眾不同的，在《莊子》敘述的

〔註129〕西仲曰：「不但非全書之旨，竟與本篇自相牴牾。一曲之士，妄鼠奇說，焉有
　　　　不為識者所破。」《標註莊子因》和刻本，頁576～577。
〔註130〕《標註莊子因》，和刻本，頁603～604。
〔註131〕《標註莊子因》，和刻本，頁572。
〔註132〕劉榮賢，《莊子外雜篇研究》，臺北：聯經出版社，2004年4月。

技巧上，應理解《莊子》應用的技巧是描摹人物，無不事有原委，人有特色，千載之下，人物猶在目前。故其言曰：

> 莊子當以傳奇之法讀之，使其論一人、寫一事，有原有委，鬚眉畢
> 張，無不躍躍欲出，千載而下可想見也。

另外，對莊子本人的理解，亦應先有此「以傳奇之法讀之」的慧眼，先看其文，再讀其人，你就會深深體會，他與前人相異之處，最後還他一個特殊思維的哲學體悟、瑰瑋宏肆的文學才情，本來面貌與眾不同之傳奇人物，此是西仲解莊時，閱讀者之閱讀視角中重要的發現，也是閱讀時一種很愉悅的經驗，除了以意逆志理解的快樂之外，發覺別人所未注意的《莊子》性格面貌，突破歷史、文化、心理上對歷史人物的隔閡，而產生新的見解。〔註133〕

由於中國讀經典一向文以載道，能以獨立性觀點去讀《莊子》一書，以獨立性方法去解《莊子》思想，看出與孔子、老子相同、相異之處，進而發現其特出之處，除了是優秀的讀者所須具備的，更是開啟了閱讀莊子的新視野。因而西仲在〈莊子雜說〉所提出的方法如下分論之。

1. 莊子獨立風格之展現

西仲一再說莊子是：「另是一種學問」，放在第一條與第四條，他的學術思想，乍見之與老子同，卻在同中存異，仔細考量，似乎表面與孔子相異，其實內在卻有相同之處，〈莊子雜說〉中提出：

> 莊子另是一種學問，與老子同而異，與孔子異而同。今人把莊子與
> 老子看做一樣，與孔子看做二樣，此大過也。

莊子在學思歷程中，必定受到先秦諸子儒家、道家之宗祖的孔子與老子兩人學術思想的影響，這是必然的，但是說莊子的想法與兩人相同，又是大謬之見，莊子接受前人的論點，卻轉化與融合，藉由自己為漆園吏後，生活、見聞、惠子、由技入道的藝術大師等...·影響之後，重新體現一種，與眾不同，既出世卻又入世，既有哲學性又具文學性的筆法，既有美的空間呈現，又有審美與創作心理的描繪，無一不讓人佩服其學問的淵博、文筆的奧妙、思想的活絡、藝術化境的提昇，因此，他的學問實在是另一種學問。西仲舉出「薪盡火傳」之例說明，他說：

〔註133〕此概念為巴爾特在《文本的愉悅》（1975）表達的看法，他認為由於作者已死，讀者可以從任何方向自由進入文本，無所謂正確或不正確，此處祇取其閱讀愉悅的概念，參見《後結構主義》，頁166～167。

莊子另是一種學問，當在了生死之原處見之，其曰遊于物之所不得
遁一句，即「薪盡火傳」之說，爲全部關鑰，老子所謂「長生久視」
〔註134〕，則同而異也，孔子所謂：「未知生，焉知死」〔註135〕，則
異而同也。

西仲以爲莊子在「薪盡火傳」意義的闡發上，似乎與老子「莫知其極可以有
國，有國之母可以長久，是謂深根固柢，長生久視之道」的長生久視之道，
是將人的生命或國家的國祚，納入薪盡火傳，一代又一代的延綿不絕中來看，
莊子與老子看起來是相同的，但是其實莊子應該更重視的是，老聃之死，仍
未解遁天倍情之眞義，無法對生死做懸解的了脫，應該是「人苟安於自然而
生。則不以爲樂。處於自然而死。則不以爲哀。」〔註136〕安時而處順的體悟，
自然而生，自然而死，不因生死而特別悲戚或快樂，把握當下，這種理念，
應該更接近孔子之：「未知生，焉知死」的論點。

　　另一個例證，西仲認爲〈天下〉篇，把莊子獨立出來，給他至高的讚美，
將莊子「上與造物者遊，而下與外死生無終始者爲友。其於本也，弘大而辟，
深閎而肆。其於宗也，可謂稠適而上遂矣。」這裡，對莊子稱譽至極，似乎
古往今來，惟莊子一人耳，因此把莊子放到自爲一家來看。〈莊子雜說〉云：

　　莊子末篇，歷敘道術不與關老並稱，而自爲一家，其曰：「上與造物者游，
而「下與外死生無終始者爲友。」此種學問，誠所謂不可無一，不可有二者，
世人乃以老莊作一樣看過，何也？〔註137〕

　　西仲在〈天下〉篇末評中，還一直強調莊子「另是一種學問」他說：

　　及至莊周「上與造物者遊，下與死生無終始者友」，其寓言、重言、
卮言，皆發其充實於巳（己）者，是爲方術也，而實道術矣。若夫

〔註134〕《老子》五十九章：「治人事天莫若嗇，夫唯嗇是謂早服，早服謂之重積德，
　　　　重積德則無不克，無不克則莫知其極，莫知其極可以有國，有國之母可以長
　　　　久，是謂深根固柢，長生久視之道」《老子註》王弼，集唐宇老子道德經注，
　　　　古逸叢書之六，遵義黎氏校刊，藝文印書館印行，頁 122～124。
〔註135〕論語先進第十一：「季路問事鬼神？子曰：未能事人，焉能事鬼？曰：敢問死？
　　　　曰：未知生，焉知死？」謝冰瑩等，《新譯四書讀本》，臺北：三民書局，頁
　　　　149、宋・朱熹《四書集注》，臺北：學海出版社，民國 67 年 8 月三版，頁
　　　　71。
〔註136〕西仲在〈養生主〉：「安時而處順，則安樂不能入」下的註解，見《標註莊子
　　　　因》和刻本，臺北：蘭台書局，頁 93～94。
〔註137〕《莊子因》，乾隆白雲精舍本，頁 15、16。

> 惠施以勝人之日，日與辯者相應，弱於德，而強於物，祗爲多方而
> 已，爲無術而已。不特道術所不居，即方術亦所不取也。名爲善辯，
> 究何益哉！求道術者，當審所尚矣。此篇爲莊子全書後序，明當日
> 著書之意，一片呵成文字。雖以關尹老莊，髁頂一曲之士來，語意
> 卻有軒輊。其敘莊周一段，不與關老同一道術，則莊子另是一種學
> 問可知。〔註138〕

西仲以方術、道術之別，區分莊子與眾不同之處，並比較惠施、關尹、老子，
其實在〈天下〉篇中，就由其束於「多方」之學，而莊子是道術的傳承，〈天
下〉篇西仲認爲是訂莊者所爲，其篇對莊子非常肯定，故證明後世訂莊者亦
認爲，《莊子》是另一種學問。

2. 老莊工夫立論之不同

西仲以個別獨立、與眾不同的角度去看莊子，既是獨立個體，難道前無
所承嗎?難道後無轉精嗎?魏晉以來之解莊者，把易、老、莊視爲玄學，前人自
然會將老莊併而言之，因此認爲莊子思想與老子相近。但西仲特別提出老莊
二者，工夫、立論各不相同，孔莊二者學術雖同出乎子夏，但亦有莊子欲破
迂儒之異，論述事理，不以言廢人，只在文字表面的敘述，而看不出作者文
心所在，著書之意，意在言外的眞正義涵，加上讀者無法辨析書中眞僞的敘
述，自然就得一個模模糊糊，雲霧惝恍中的莊子了。

因此，西仲提出老莊二者，工夫不同、立論不同，並進而言與孔子有相
同之處，他在〈莊子雜說〉中說：

> 莊子言逍遙、言重閬心，期乎大。老子言儉、言慈、言嗇心，期乎
> 小，是工夫不同處。老子言：「無名天地之始」莊子卻言：「泰初有
> 無，無有無名」，則無名之上，尚有所自始矣，是立論不同處。若云
> 子夏之後，流爲田子方，子方之後，流爲莊周，即謂莊子與孔子同，
> 而與老子異，亦無不可也。〔註139〕

老子、莊子屬道家系列，道與儒有最大的區隔處，在一出世，重視長生久視
之道，儒家入世，重學而優則仕的進取，因此道家由養生作開端，儒家由修
己作基業，但是，雖同爲道家的老、莊，二者西仲特別提出兩人工夫與立論
相異之處。

〔註138〕《莊子因》，乾隆白雲精舍本，頁600。
〔註139〕《莊子因》，乾隆白雲精舍本，頁16、17。

　　在修養工夫論上，西仲認爲雖同爲養生之道，由自身作出發點，莊子由闢心〔註140〕出發以逍遙之遊，期與天地萬物合一，境界是大而高遠的；老子由嗇心〔註141〕出發，由慈、儉〔註142〕入手，卻不敢爲天下先，這是與萬物泯然同一，是化諸萬物而不見己的小而美的理想境界，二者修養工夫是不同的。

　　在形上宇宙觀的立論上，老子言：「無名天地之始」如晉·王弼言：「凡有皆始於無，故未形無名之時，則爲萬物之始。」「無」、「有」是中國哲學本體論或宇宙論的一對重要範疇，老子四十章：「天下萬物生於有，有生於無」，是把現象界的有無，源自於無，無是宇宙間究竟眞實的道。

　　而莊子在宇宙形上理論，西仲亦指出宇宙的根源是道，是無，但無並非指涉一切存在之根源，無之前仍是有一個無所以形成的本然，是謂「無無」西仲在〈天地〉：「泰初有無無，有無名」〔註143〕下注解曰：

　　　　泰初，造化之始初也。無無者，連無之一字，亦無處安著也。無名
　　　　者，即老子所謂無名，天地之始也。〔註144〕

西仲認爲萬物「雖有必本之於無也」，但本之於無，誰又能把無說個清楚呢？它是已存在，還是已存在的更早之前就已存在？無是無的狀態，還是它也有一個產生無的原始的、演化式的過程，是不是一旦「無」形成之後，「理」於是生成，化諸萬物而成爲生命之理、生活之理。西仲在下面又接著說：

　　　　此箇未形之理，物不得不可以爲生，德之爲言得也，故曰德。〔註145〕

西仲此言即表示理一但形成，萬物得之於它而生焉。此基本性質是「德」，是

〔註140〕《莊子·外物》言：「目徹爲明，耳徹爲聰，鼻徹爲顫，口徹爲甘，心徹爲知，知徹爲德。凡道不欲壅，壅則哽，哽而不止則跈，跈則眾害生」在說明道家的身體觀，各司其能，各盡其職之外，卻一定要注意到內心寬廣的空間，是如何重要，因此又說：「胞有重閬，心有天遊。室無虛空，則婦姑勃谿；心無天遊，則六鑿相攘。大林邱山之善於人也，亦神者不勝。」《莊子因》，頁 546～547。

〔註141〕《老子》五十九章：「治人事天莫若嗇，夫唯嗇是謂早服，早服謂之重積德，重積德則無不克，無不克則莫知其極，莫知其極，可以有國，有國之母可以長久，是謂根深固柢，長生久視之道。」王弼《老子註》，臺北：藝文印書館民國 64 年 9 月三版，頁 122～124。

〔註142〕《老子》六十七章：「我有三寶，持而保之，一曰慈、二曰儉、三曰不敢爲天下先」王弼《老子註》，臺北藝文印書館，民國 64 年 9 月三版。頁 138。

〔註143〕現在通用的莊子版本，如黃師錦鋐，《新譯莊子讀本》、陳鼓應，《莊子今注今譯》、傅佩，榮《解讀莊子》原文之句讀爲「泰初有無，無有無名」皆以：「沒有『有』也沒有『名』的出現。」爲其義解。

〔註144〕《莊子因》，乾隆白雲精舍本，頁 240。

〔註145〕《莊子因》，乾隆白雲精舍本，頁 241。

俱「陰陽闔闢，往來不窮，且然無間」〔註146〕之命，最後隨物造化，各有其性，各有其德，各有其形，成爲一自然之性。所以西仲注曰：

> 有形矣，必有形形者，以主之，則神也。形體而保守其神，使視聽
> 言動，莫不有自然之儀則，謂之性。以上言天道從內而之外有如此。

天道在無名無形之德中，自然形成生命造化之機，這是自然而然形成之「性」，是由內至外之道，最後又回返到本初之狀，所以西仲繼續言到：

> 故修性者，貴反於德，德者即物得以生者也。德之至則同於初，初
> 即泰初之初，無無無名者也。
>
> 同乃虛者，神返於虛也。虛乃大，言虛則無所不容，無所不納也。
>
> 脩也，脩性而同於初，其至德如此。

在此，西仲把「泰初有無無，有無名」作了一個很清楚的說明，將莊子形上論的特質，由內到外，循環反覆的特質，通透的說明之。

除了修養工夫、宇宙形上論兩者不同之外，西仲又提出莊子思想是源自子夏，由儒家基本概念而來，並非親自者受益於老子者，所以應是與儒家較爲接近。

雖然，大多數的人會認爲《莊子》書中是宗老而黜孔的，但西仲提出，書中褒揚孔子整理春秋，卻能「聖人議而不辨」，老聃死卻言其「遁天倍情」，其眞正意涵是：就人間世事而言，二者的地位是莊子更敬重孔子，他說：

> 莊子宗老而黜孔，人莫不以爲然，但其言曰：「春秋經世先王之志，
> 聖人議而不辨」何等推尊孔子，若言其宗老也，則老聃死一段，何
> 又有遁天倍情之譏乎？要知著書之意，是非固別有在，難與尋章摘
> 句者道也。〔註147〕

西仲在〈齊物論〉篇：「六合之外，聖人存而不論，六合之內，聖人存而不議。春秋經世先王之志，聖人議而不辯。」下注解說：

> 春秋立大經以爲世道之計，此即先王之志也，其中有是有非，聖人
> 有微詞焉，未嘗反覆稱引以示人也。莊叟可謂尊孔之至，書中貶聖
> 處，皆非本意。

莊子以孔子在春秋經典上，以「聖人懷之，眾人辯之，以相示也」說明莊子對孔子胸襟氣度的評價，西仲並在下面補充說明云：

〔註146〕《莊子因》，乾隆白雲精舍本，頁 241。
〔註147〕《莊子因》，乾隆白雲精舍本，頁 17。

聖人知有言即以起爭。故有不論、不議、不辯之條者，以其分之、

辯之，即爲不分、不辯之人。則懷之，與示之，相去遠矣！

西仲明白指出，聖人明曉有言即易起爭執，才會用不論、不議、不辯爲條例，因爲一旦區分之後，反倒是落入言詮，引起更多爭議，反而看不清事情之眞相與原貌，因此聖人包容萬世萬物，眾人則靠爭辯事物來互相誇耀，二者相去甚遠。

對老子「遁天倍情」一段，出自〈養生主〉末段，老聃死秦失弔唁時，對老子的論斷，莊子藉秦失之口說明老子非至人也，西仲則註解說：「已上詆老聃，俱在平日上論。」〔註148〕明·朱得之《莊子通義》則言：「惟老子死，足破方士之狂，而養生之主，莫善於聃，故存於此」，〔註149〕此說是讚美老子善於養生，老子對人平日的影響，足以破除一般方術之士的狂妄自大；而宋·褚伯秀則針對老子弟子而言：「秦失弔之而三號已爲方外，剩法然弟子，猶不能無疑。」言其弟子對生死來去之體悟，尚不能通解安時處順之義。

西仲與前人看法則不同，他認爲老子是「爲善近名」，雖然莊子與老子相近但也非完全相同，莊子自有其不同於老子的觀點。雖然不必同室操戈，但是兩者仍應有所不同。〔註150〕

除了讚美孔子，評驚老子之論點外，西仲認爲莊子與孔子相同，與老子相異，應是站在對人間世同有憤世嫉邪，有救世之心，是相同的，但何以莊子書中，描述孔子時多用嘲弄式的論述，對孔子似乎大肆詆毀呢？西仲的理由是：

莊子詆訾孔子，世以爲離經畔道，不知拘儒剽竊，乃離經畔道之尤

者也，考書中所載，孔子不過言其問業于老氏，子貢稱夫子無常師，

是不足爲詆訾者也，若盜跖、漁父，乃其徒爲之，所謂其父殺人報

仇，其子必且行劫，亦已甚矣！

〔註148〕《莊子因》，乾隆白雲精舍刊本與《標註莊子因》和刻本二本，在〈養生主〉篇末評論中，《標註莊子因》加上兩段小字，一段增加焦竑《莊子翼》對薪盡火傳佛典的解釋，一段對篇章意境筆法的敘寫，並對老聃下一段注腳云：「末段帶出一極養生之老聃，拈出一無關養生閒事，坐他最足傷生的過失。正見得養到老聃模樣，還須仔細，非貶薄老聃也。」經查證出於胡文英《莊子獨見》，詳見論文第七章第三節。

〔註149〕明·朱得，之《莊子通義》，嘉靖四十三年浩然齋刊本影印，無求備齋莊子集成續編，第3冊，頁132～133。

〔註150〕對老子的評驚，西仲看法有修正，認爲莊之於老，猶孟之於孔，何必同室操戈，見本章第二節《莊子因》之寫作動機與傳沿。

西仲說明，莊子書中描述孔子，只是強調孔子行儒家之道，卻成為「拘儒剽竊」，一般人以離經畔道責怪莊子把孔子解成如此，殊不知莊子所強調的拘儒剽竊，其實比離經叛道更為嚴重，如果考察《莊子》書中談孔子的部分，可以發現孔子在《莊子》書中，出現有陳蔡絕糧，或與弟子周遊時種種見聞，向老聃問道，則出現八次，但根據《論語》的記載，子貢也說：「夫子無常師」，〔註151〕因此孔子向老子請益，應不屬於詆毀，至於孔子見老聃後，三日不談，或以「見龍」稱老聃，也屬於景仰。

在莊子書中，孔子被描繪得可笑復可憐者，應是在〈盜跖〉、〈漁父〉，把孔子見盜跖後差點落入虎口的窘態，及在〈漁父〉篇中被數落一番的窘態，西仲認為一是其文筆敘寫方式太拙劣（見上面贗手部分），一是在情理上，有許多不合之處，不足以證明莊子詆毀孔子，在〈漁父〉篇末，西仲就評曰：

> 篇意以無位而設教，固屬多事，必貴真而去偽方為聖人。比前三篇意義差勝，但所謂「八疵四患」，中賢之士，亦已飫聞，乃取以教孔子。是遇上乘之人，反說下乘之法，無是理也。若謂漁父不知孔子何等人，則為漫然套談，亦不足取矣。其筆法庸弱，與上三篇如出一手。然非深於莊子者，亦不能辨。惜哉太史公亦為所欺。

加上內容有「所謂其父殺人報仇，其子必且行劫」之意，根本不合常理，因此該篇「乃其徒為之」，因此西仲強調莊子談孔子部分，是對拘儒剽竊，所作的反思，如西仲言「迂儒剽竊不得其要。其一段尊信古人糟魄處，如狂如癡，可憐可憐。」〔註152〕儒者身穿儒服，反而侷限於儒教之形式、字句糟粕的訓詁、儒家教化的規範中，不知儒之真義，反而可憐復可笑。

西仲又言讀《莊子》應匯通老、儒、禪教，將儒釋道三者融會貫通，方有助於讀通莊子義涵：

> 莊子肯近老氏，人皆知之，然其中或有類於儒書，或有類於禪教，合三氏之長者，方許讀此書。〔註153〕

〔註151〕《論語》子張第十九：「衛公孫朝問於子貢曰：『仲尼焉學?』子貢曰：『文武之道，未墜於地，在人。賢者識其大者，不賢者識其小者，莫不有文武之道焉。夫子焉不學，而亦何常師之有？』」《新譯四書讀本》謝冰瑩等編，臺北：三民書局，頁239、宋·朱熹《四書集注》，臺北：學海出版社，民國67年8月三版，頁135。

〔註152〕見〈在宥〉：「甚矣！天下之惑也，豈直過也，而去之邪，乃齋戒以言之，跪坐以進之，鼓歌以儛之，吾若是何哉。」《標註莊子因》和刻本，頁219。

〔註153〕《莊子因》，乾隆白雲精舍本，頁20～21。

宋‧林希逸《口義》以讀莊子有五難，必精於論、孟、大學、中庸、識文字
血脈、知禪宗解數，才能在莊子縱橫變化中得到眞義；清‧宣穎有謂，讀「莊
子之書與中庸相表裡」，及「孔子之絕四也、顏子之樂也、孟子之浩然也、莊
子之逍遙遊也，皆心學也。」〔註154〕都在在說明，莊子書中豐富性，與融會
貫通才是一個優良的閱讀者所必備的，故其〈知北遊〉篇末評中，西仲亦引
用陸西星《莊子副墨》中言：

> 篇中發明道妙，微言如屑，玄之又玄，不可思議。陸方壺云：讀此
> 則三藏大乘。皆可迎刃而解，知言哉！〔註155〕

西星此言，把莊子視作讀三藏大乘經典的鎖鑰，其玄言道妙讀之後，可以閱
讀佛經而無礙，足見得《莊子》在這些注莊大家的眼中，是部經典之作，更
是融合儒釋道三者的重要著作，已無怪乎章太炎說：讀莊子會使人聰明。莊
子可比擬成菩薩一般，這些學者專家以其學養的豐厚，融會貫通的能力，都
爲我們後學者提供一個最佳的解莊讀莊的閱讀視野。

3. 還一個本然的莊子

西仲在寫《莊子因》序言就曾言：「余考證諸本，朵以管見，櫛比其詞，
櫽括其旨。惟因是因非，因非因是，以治莊之道，說莊之書，求合乎作者之
意而止。」還莊子一個莊子的本來面貌，其實是每一個注莊者的共同出發點，
但目的相同，每個人使用的方法也不同，研究佛教者，會以熟悉佛教的字眼
如「般若」、「空」等名相解釋，熟悉老子者，會以老子的詮釋方法，由「道」，
一生二，二生三，三生萬物的角度去闡發；一位自小即讀論孟學庸者，自然
會以其熟悉的語句去理解，但西仲提出「還以莊子解之」他說：

> 莊子爲解不一，或以老解，或以儒解，或以禪解，究竟牽強，無不
> 如還以莊子解之。〔註156〕

但如何以莊子解，依照西仲在《莊子因》的處理方式看出，他是以文家分析
古文的方法解莊，西仲自己認爲莊子爲文，具有一個獨特的，別人模仿不來
的行文方式與風格，是屬於他自己的典範，在此模式下，加以評比之後，不
合其模式者，自然淘汰，這是西仲所謂的以莊子解之。

〔註154〕見清‧宣穎，《南華經解‧序》及〈逍遙遊〉篇目下之註解。臺北：宏業書局
　　　　出版，民國58年6月。
〔註155〕《莊子因》，乾隆白雲精舍本，頁446。
〔註156〕《莊子因》，乾隆白雲精舍本，頁21。

這又回到前面第二章所謂「以莊解莊」，對西仲而言，他已嫻熟這些古文章法的行文方式，他便認為這就是以莊子解之之義，但對熟悉其他文類系統的人，如哲學、自然科學，他便完全對西仲此種方式不以為然，所以，以莊解莊在有效與實施程度上是有困難的，對西仲的解法，可以「以文解莊」名之，但面對這一切的詮釋方法，以及各有各的系統中，只能姑且全稱之為「以己解莊」。

《莊子因》本諸此原則，用一個客觀的、全知的、超然的角度看莊子，自然發現，莊子行文具有另一種學問的獨特方式，莊子的思想容攝了儒道釋等渾然合一的理念，其描述的人物，卻又每個活靈活現、栩栩如生，因為他自己如此特殊、卓然而不群，因此如同劇作家在創作時，每一個人物都成了鮮活的、特別的人物，故西仲在〈雜說〉謂：

> 莊子似個絕不近情的人，任他賢聖帝王，矢口便罵，眼大如許，又似個最近情的人，世間里巷，家室之常，工技屠宰之末，離合悲歡之態，筆筆寫出，心細如許。〔註157〕

西仲細心，才會看得出，沒有心思細膩，觀察入微、全心投入的情感與意識的交流，如何能寫得出這些市井小民、技師庖丁之人物，如何在超然地與天地與我並生，萬物與我合一之下，尚且說「形固可使如槁木，而心固可如死灰乎？」

唯有用情至深之人，才能體會領受別人的感情，如言醉過方知酒濃，愛過方知情重，沒有經歷過種種人生的試鍊，又怎能在筆下繪出種種情志，最後看透、看開，而逍遙灑脫地揮一揮手，走向宇宙，走向與萬物冥合的自然境界，因此西仲認為，若探究莊子寫作動機，其實是憤世嫉邪的情懷，以及對社會期許，憂匪之思，因而說：

> 莊子生於戰國兵刑法術之家，徒亂人國。其所云：「絕聖棄知」、「掊斗折衡」等語，皆本於憤世嫉邪之太甚，讀者不以詞害意可也。〔註158〕

所以西仲在〈胠篋〉曾言「此言遏亂盜源，當絕聖棄知也」又於篇末云：

> 鳥亂於上，魚亂於水，獸亂於澤，俗惑於辯，其致一耳。然其為好知之故者何也？求乎外之異，而忘乎內之同，備乎人之責，而矜乎

〔註157〕《莊子因》，乾隆白雲精舍本，頁22～23。
〔註158〕《莊子因》，乾隆白雲精舍本，頁18～19。

己之用，是以至於亂而不知。天地萬物，皆失其性，舉以此矣，夫所舍如彼也，而所悅如此，則嘽嘽之意，已非恬淡無爲之風。治天下者，其即所以亂天下哉。此篇亦與上篇意同。但此更覺痛發。憤世嫉邪，幾於已甚矣，其文情飛舞，奇致橫生。〔註159〕

此「憤世嫉邪」實則源自於希逸曾引劉叔平《莊騷同工異曲論》：「莊周憤悱之雄也」又言：「看來莊子亦是憤世疾邪而後著此書。」故由此而知，還莊子著書之眞正動機與心態，閱讀出莊子書中與老子同而有異，與孔子異而有同，還莊子本來面貌。

西仲在〈莊子雜說〉中，以傳奇法讀之，下言：

論一人、寫一事，有原有委，鬚眉畢張，無不躍躍欲出，千載而下可想見也。〔註160〕

所指應以莊子之寫作技巧爲準，作品的人與事，都有獨立自主又活潑鮮明之處。如果配合西仲其他條例，卻發現西仲言：「莊子是另一種學問」，反覆使用，並細言與孔子、老子在功夫、立論有同亦有不同，亦即把莊子本人的特殊性，藉由西仲所言，歸納出莊子本人的傳奇風格，除了比較與孔老之同異處之外，更要還莊子一個獨自的面貌。

西仲以層層入裡的論述，看到莊子生命的底層，一個憤世嫉邪的靈魂，一個冷臉熱心腸的人，一個千古之後仍躍躍愈出的特別人物，因此宣穎《南華經解》有評莊子是：「疊疊爲世人寄痛，以深見其可悲，直從明眼慈心，流出一副血淚來也。」、〔註161〕「不自著一語，而意旨隱躍無不盡，眞大爐錘手」，〔註162〕這個眞性情，眞精神的解讀，才是以傳奇之法讀之的精髓所在。並且，西仲借以上的對老子、孔子在莊子筆下的體會，倒是把二位先哲的另一種風貌再現，並且舉證說明莊子如何尊敬、相近於孔子，而與老子相異之處，但是莊子仍舊是一獨立自主之莊子，千古之後的讀者，須知此三人同異的眞正道理何在，在這一點上，西仲算是以當時代而言，說得最清楚者。

〔註159〕〈胠篋〉：「故絕聖棄知，大盜乃止；擿玉毀珠，小盜不起；焚符破璽，而民朴鄙；剖斗折衡，而民不爭；殫殘天下之聖法，而民始可與論議。」《標註莊子因》和刻本，頁208。

〔註160〕《莊子因》，乾隆白雲精舍本，頁24。

〔註161〕《標註莊子因》，和刻本，頁23。

〔註162〕《標註莊子因》，和刻本，頁40。

二、讀者思辨議論之法

西仲以讀者閱讀的角度去看莊子，除了藉由閱讀視角的切入，作思想淵源、脈絡、方法、目標的理解，能對莊子作一個整體性的認識與了解之外，西仲一再強調，莊子是另一種學問，除了理解與前人同異之處，讀者更應知道，以上所述的種種不同，莊子是如何得解的，如何用演繹、歸納、論證，意即是須以邏輯思考推演辯證，才會產生如此獨出一幟的思想，或說另一種學問，因此西仲對莊子成就其學問的方法，他特別提出「和盤打算法」與「進一步法」作整體與部分的思考方式。

（一）整體性思維之法

在〈雜論〉中，西仲特別提出整體性思維的「和盤打算」法，作為議論時重要的依據方式，「和盤」指全體大用的思維，「打算」是指推論，思考推論後，才會體悟《莊子》之真正意義，而內化到生命深處，才能慢慢由內而外的去去思索及行動，故西仲言：

> 莊子學問是和盤打算法，其議論亦用和盤打算法，讀者須知有和盤
> 打算法。〔註163〕

西仲所用「打算」一詞，在〈盜跖〉：「平為福」下他說：

> 世人知人生於憂患，言禍多而福少。所以吉居一，而凶悔吝居三也。
> 不知大《易》中所言「無咎無譽」處，皆為福地。但昧者不肯打算，
> 宜其營營逐逐於無已也，讀此可以藥迷。

這裡以人生以平淡處之，生命中一切憂患禍福，全取決於自己如何去看待、去打算，這個打算包括去思考生命中的「福地」，即是《易經》所謂「無咎無譽」處，才是真正之福。因此言語上如何避禍，生活上如何做到心安理得，勿汲汲營營，心隨物轉、日日逐境而生，隨名利奔馳不已，忘卻自我生存之意義，為了自我，造成別人的傷害，應作到「無咎無譽」，才是真正的「打算」之意。

而西仲的「和盤打算」則在〈齊物論〉中：「天下莫大於秋毫之末，而大（泰）山為小；莫壽乎殤子，而彭祖為夭。天地與我並生，而萬物與我為一。」句下說明：

> 天下之理，和盤打算，大小壽夭，總為幻相，只見有我，便有天地，
> 是天地與我並生，自天地之視我、與視萬物，原無兩樣。是萬物與

〔註163〕《莊子因》，乾隆白雲精舍本，頁20。

我爲一矣！此數語是〈齊物論〉本義。〔註164〕

西仲以天地萬物，大小壽夭、我與物以一齊之，是整體觀之，也是一種視萬物爲幻象的空觀，但講空觀，太過空洞，他認爲在深處，要以淺讀之，因此他用具象的和盤打算作具體的思維，將天地萬物合而爲一的解釋，作爲一種統整的觀點。

又於〈秋水〉：「故大知觀於遠近，故小而不寡，大而不多，知量無窮；證曏今故，故遙而不悶，掇而不跂，知時無止；察乎盈虛，故得而不喜，失而不憂，知分之無常也；明乎坦途，故生而不說，死而不禍，知終始之不可故也。」下云：

> 南華學問，只是合局打算，胸中具有天地古今，故能置身物外。將
> 極相反事情，作平等觀，即〈齊物論〉云：「無成與毀，復通爲一」
> 之意也。〔註165〕

此西仲對《莊子》道通爲一的論點，提出以「和盤打算」做整體性通盤的了解，才能眞正了解莊子思想的精髓處。

（二）層層推演之法

議論的第二方法，西仲提出層層推演的「進一步法」也就是在論述時，一層一層的論述下去，作深入的探討，〈雜說〉中提出：

> 莊子學問有進一步法，其議論亦每用進一步法，讀者須知有進一步
> 法。〔註166〕

此「進」指〈應帝王〉：「物徹疏明，學道不勌。」西仲云：「物情透徹，理解通明，又且精進不已」的精進而言，因此，進一步法當然首先要做到的是「進於知」，所以〈大宗師〉：「夫孟孫氏盡之矣，進於知矣。」下「吾特與汝其夢未始覺者邪」云：

> 此頂上「進於知」句來，惟不知所以爲進於知，言與萬物同在造化中，
> 不知化爲何物。如既死之人，與未死之人，彼此各不相知，蓋本有不
> 可知者在也。今吾與汝拘於世法，猶夢未覺，豈能進於知耶！〔註167〕

因此，如何破除世法之限，如大夢覺醒，跳出萬物之造化所限，而進入道境，

〔註164〕《莊子因》，乾隆白雲精舍本，頁58。
〔註165〕《莊子因》，乾隆白雲精舍本，頁322。
〔註166〕《莊子因》，乾隆白雲精舍本，頁20。
〔註167〕《莊子因》，乾隆白雲精舍本，頁152～153。

是進一步法先要做的精進的第一步。

再由此「進一步法」進而至〈養生主〉中：「臣之所好者，道也。進乎技矣！」西仲並言：「出乎技之上」即是進一步是由技進道，如西仲在〈大宗師〉中：「玄冥聞之參寥，參寥聞之疑始。」下云：

> 疑其始而未始有始也。數句巧立名色，謂「道」得之言語文字，而領之以心，會之以神，漸進而深，方是大宗師源頭。此段言下手工夫次序。〔註168〕

西仲認為〈大宗師〉全篇的宗旨就在於「道」，此源頭如何得知，就在於以語言文字入手，漸進而漸深，以至於道，由文字表面達到知的層次，做到通透事理，才能以「進一步法」做到技進於道的終極目的。

故解釋「進一步法」的例證時有以文家之解，即知性的理解；進而至道的理性的理解，因此下分文學性的遞進與哲學性的繹思作說明。

1. 文學性的遞進

例如〈達生〉：「夫醉者之墜車，雖疾不死。骨節與人同，而犯害與人異，其神全也。乘亦不知也，墜亦不知也。」西仲解：

> 妙在乘亦不知，若知其乘，則必知其墜矣！是文家進一截法。〔註169〕

此處文字上一層一層遞進。

又如〈秋水〉：「計人之所知，不若其所不知；其生之時，不若未生之時。」西仲云：

> 上數知字，尚多一番色相。算來此知，卻用不著，倒不如以物還物，連我此生，亦屬多餘了，文情疊進疊深，玄之又玄矣。〔註170〕

文字上的層層疊進，其目的在於更深入的理解玄義，從文字字面上的論述，看出其內容的深入，體會莊子〈秋水〉中，由不自以為多，到以各種角度如「功」、「趣」等看事情，最終以「道」觀之，進而連「知」都可以看破，進入到「不知」之道。這種深入到理的見識，沒有進一步思考的方法，再一併打破舊有概念，是難以理解莊子之意涵的。

在段落上的層層疊進，如〈庚桑楚〉：「夫至人者，相與交食乎地而交樂

〔註168〕《莊子因》，乾隆白雲精舍本，頁145。
〔註169〕《莊子因》，乾隆白雲精舍本，頁360。
〔註170〕《莊子因》，乾隆白雲精舍本，頁323。

乎天，不以人物利害相攖，不相與為怪，不相與為謀，不相與為事，翛然而往，侗然而來，是謂衛生之經已。」西仲云：

> 上段是自求於己，湛然獨得，此則紛紜肆應，攖而後成，仍不害其
> 藏身深眇處，所以進上一層。〔註171〕

〈庚桑楚〉：「若是者，禍亦不至，福亦不來。禍福無有，惡有人災也！」西仲云：

> 上段言人物利害在境，而不在心。此言禍福由心，而不由境。是藏
> 身深眇之有得處。所以又進上一層。〔註172〕

此二例都是在層層遞進上，以段落的部份做說明，一句句絲絲入裡，說明人事之間，如何在「不怪」、「不謀」、「不事」的情況下，做到「翛然而往，侗然而來」心境自如的境界，此是由外在事件之干擾，而作內在心理的調整，再進一步要做到泯除外在，心中達到「動不知所為，行不知所之，身若槁木之枝，而心若死灰」（〈庚桑楚〉），則福不來，禍不至，無惡亦無災的境界。

　　由字面解句讀，進而段落了解，大旨明白，眼目所見，精神所匯，即在此層層推論的方式下標舉出來，而《莊子》篇章內七篇間相因之理，外雜篇旨意相互承接之理，形成文學與哲學間，一個有機的組織與結構，由文學的歸納，進而哲學的思辨，成為文學性層層遞進法的一個重要方法論。

2. 哲學性的繹思

　　西仲在說明〈齊物論〉：「有始也者，有未始有始也者；有未始有夫未始有始也者。有有也者，有無也者，有未始有無也者，未始有夫未始有無也者。」時，他提出「愈進而愈深」，層層遞進是莊子思辯的特色，因此由有以至於無，由無以至於無無，一層又進一層。

　　一般人往往在有無二元中打轉，在莊子的相對意義上無法跳脫，可是莊子卻一再否定吾人所謂的「有」、「無」、「有無」如同周敦頤《太極圖說》上有「無極」，學者以為高闊而發前人所未發，其實無極之上，還有無無，西仲認為宋儒未曾言道。因此在〈齊物論〉篇末中又揭示「尤有進焉」之法：

> 前以人之言，欲易地以相觀者。此以我之言，亦不妨易地以並處矣！
> 顧無是非之言何言哉！必遡於「無言」之始矣！尤有進焉；必遡於
> 「無無言」之始矣！尤有進焉。大小壽夭，天地萬物無不為一，然

〔註171〕《莊子因》，乾隆白雲精舍本，頁457。
〔註172〕《莊子因》，乾隆白雲精舍本，頁458。

一即爲言，由此相適於無己，是欲齊是非者，反以增是非矣！〔註173〕
西仲一句句一層層的「尤有進焉」，將物我是非泯除，先物我大小、壽夭的相
異性化合爲一，再進而兩忘，由「無言」、到「無無言」，因此〈知北遊〉西
仲篇末評曰：

> 故體道者惟無爲而歸根，以進於不知不言之境而已矣！夫道本一
> 也，聚散生死，氣之適然。臭腐神奇，由人所命。無爲而歸根，所
> 貴一也。〔註174〕

進於不知不言之境，亦即「無無言」之境，人之成形全由氣之聚散而來，
因此進於歸根之境，即是虛靜而貴一。他又言：

> 以有無不如無無，斯於言無者有進矣！捶鈎之對大馬也，以有用假
> 之不用，斯於言有者又有進矣！大抵道先天地而生，物物而非物，
> 無古無今，無始無終，生死死生，總爲一體。〔註175〕

西仲很清楚知道，這所有的法則，不過是方術罷了，眞正的目的不在於
此，而在於道術，因此〈天下〉末評云：

> 則博大眞人，視諸家有進矣！及至莊周『上與造物者遊，而下與外
> 死生無終始者友』，其寓言、重言、卮言，皆發其充實於已者，是爲
> 方術也，而實道術矣。〔註176〕

這才是「進一步法」眞正之義理要義，在層層相因之理中，解得其中眞正要
旨，也是在莊子三言之表象中，不至迷惑而由字面至字義，由段落到通篇，
由要旨到精神所貫注之眞正意義。

〔註173〕《莊子因》，乾隆白雲精舍本，頁 73。
〔註174〕《莊子因》，乾隆白雲精舍本，頁 443。
〔註175〕《莊子因》，乾隆白雲精舍本，頁 445。
〔註176〕《莊子因》，乾隆白雲精舍本，頁 599～600。